昆山高新区（玉山镇）村志系列丛书

南渔村志

NANYU CUNZHI

昆山高新区（玉山镇）村志系列丛书编纂委员会 编

苏州大学出版社
Soochow University Press

图书在版编目（CIP）数据

南渔村志／陆雅妮主编；昆山高新区（玉山镇）村志系列丛书编纂委员会编. -- 苏州：苏州大学出版社，2023. 12

（昆山高新区（玉山镇）村志系列丛书）

ISBN 978-7-5672-4671-3

Ⅰ. ①南… Ⅱ. ①陆… ②昆… Ⅲ. ①村史–昆山 Ⅳ. ①K295. 35

中国国家版本馆 CIP 数据核字（2023）第 240697 号

南渔村志

编　　者　昆山高新区(玉山镇)村志系列丛书编纂委员会
主　　编　陆雅妮
责任编辑　王海芹
助理编辑　闫莹莹
装帧设计　刘　俊
出版发行　苏州大学出版社
地　　址　苏州市十梓街 1 号
邮　　编　215006
电　　话　0512-67481020
网　　址　http://www.sudapress.com
邮　　箱　sdcbs@suda.edu.cn
印　　刷　苏州市越洋印刷有限公司
开　　本　787 mm×1 092 mm　1/16　插页 16　印张 19. 25(共两册)　字数 325 千
版　　次　2023 年 12 月第 1 版
印　　次　2023 年 12 月第 1 次印刷
书　　号　ISBN 978-7-5672-4671-3
定　　价　120. 00 元(共两册)

昆山高新区（玉山镇）村志系列丛书编纂办公室

主　　任：刘清涛

副主任：姚　兰　管　烨　张振华

成　　员：姚　晨　赵赋俊　季建芬

编纂统筹：苏洪根

编　　务：朱小萍　周凤花　金小华

《南渔村志》编纂委员会

主　　任：陆雅妮　徐明龙

委　　员：马征雁　戴正华　陆洪泉　王承超

《南渔村志》编纂组

主　　编：陆雅妮

副主编：马征雁

特聘总纂：陆　欣

撰　　稿：郁荣海（主笔）　王小龙　鲁守霜

编　　务：方月仙　戴正华　徐青弟　徐永珍　陆忠生
　　　　　王小龙　戴信德　戴凤根

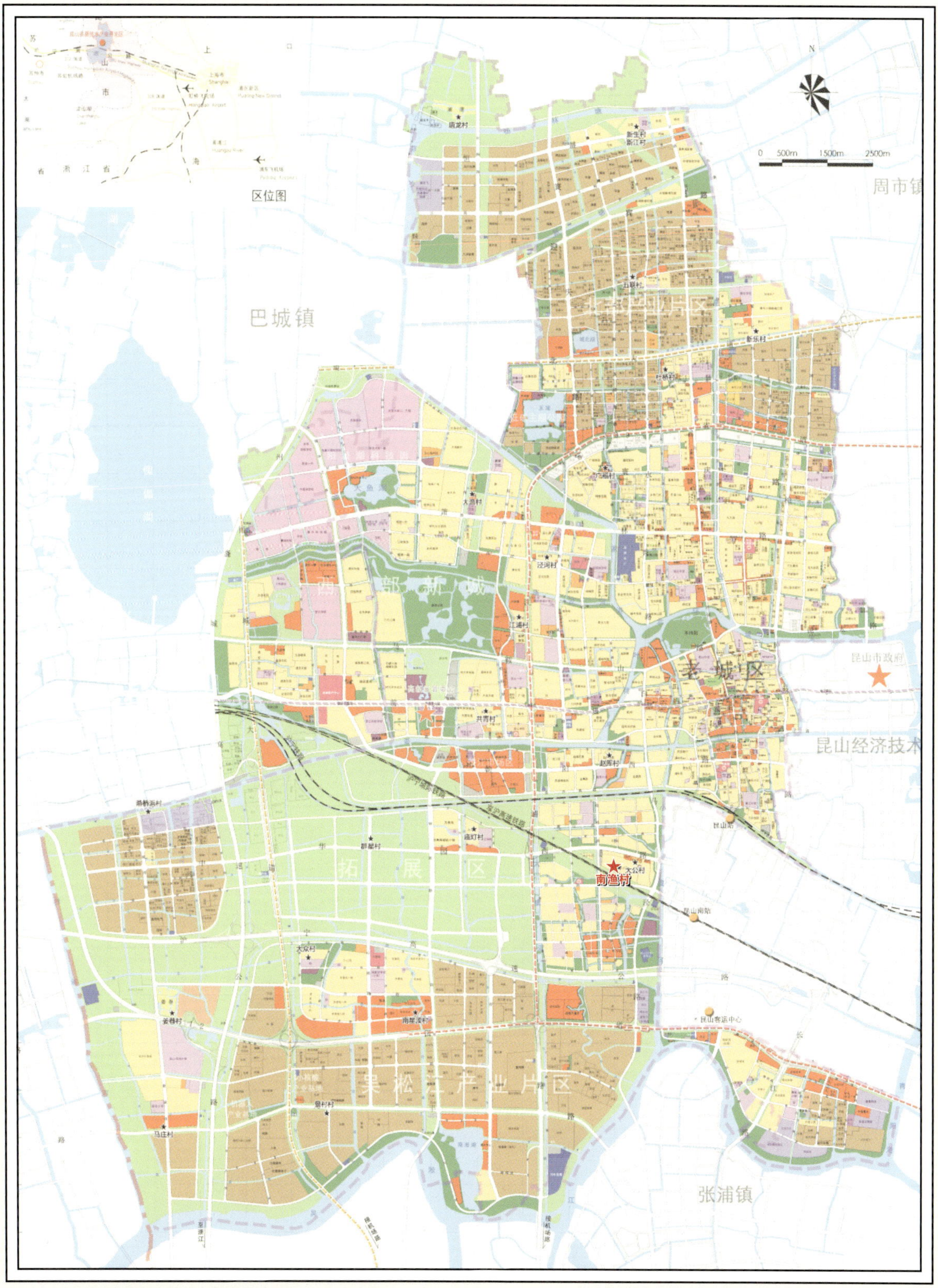

注：①本示意图由昆山高新区规划建设局提供（2020年）
②★表示南渔村在昆山高新区（玉山镇）的位置

上 昆山高新区（玉山镇）区划示意图

上 南渔村航拍图（2021年，唐瑀琦提供）

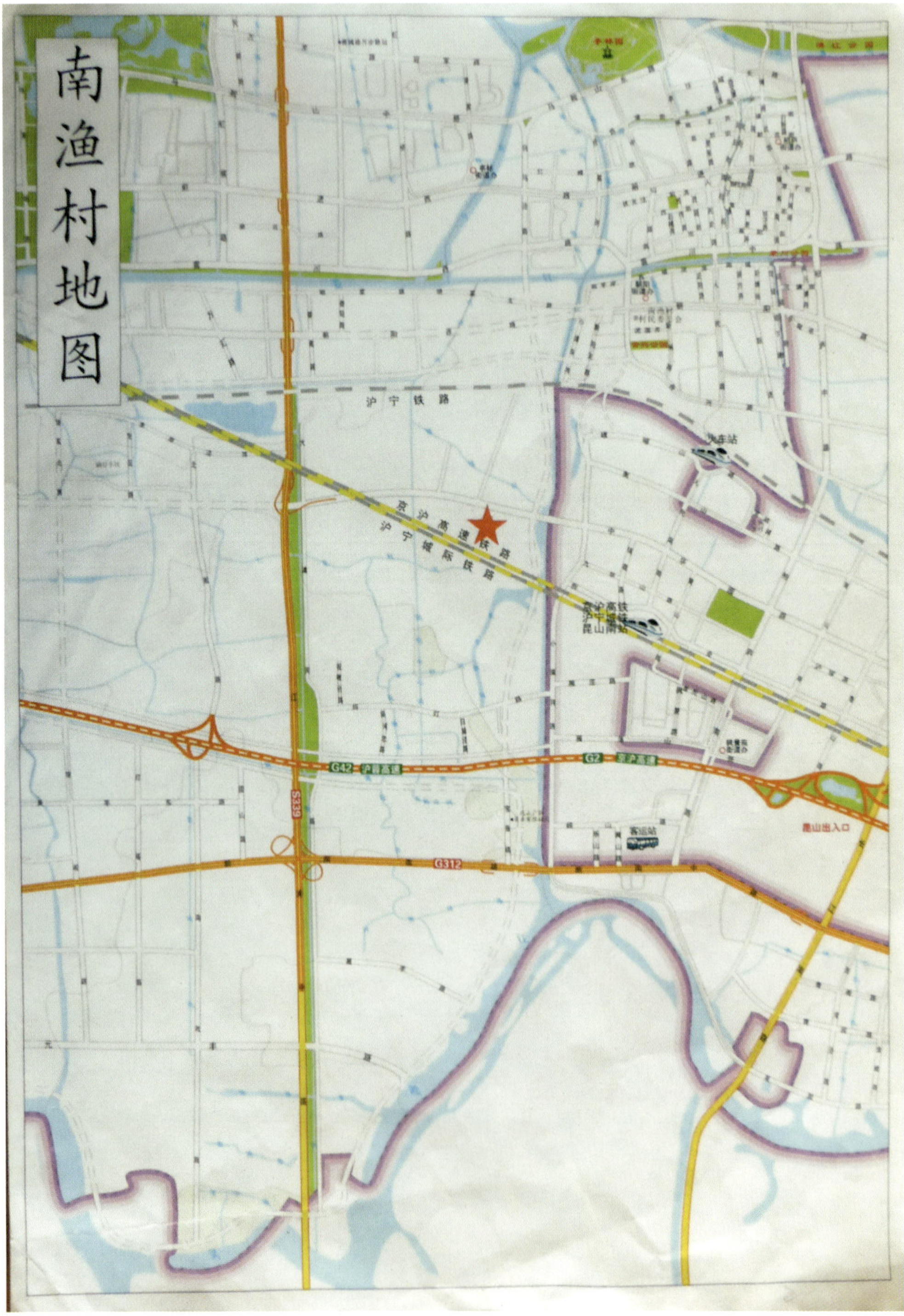

南渔村地图（2019年，昆山高新区规建局提供）

上 20世纪70年代前渔民连家渔船（1990年，王小龙提供）

下 1967年渔业大队第1生产队陆上定居住房（1982年，王小龙提供）

上 1989年南渔村第3村民小组住房（2012年，王小龙提供）

下 1992年南渔村第4村民小组住房（2007年，王小龙提供）

上　南渔村动迁安置新型社区——宝领新村（2020年，王小龙摄）

中　南渔村动迁安置新型社区——昆山大公小区（2020年，王小龙摄）

下　南渔村动迁安置新型社区——万丰苑（2020年，王小龙摄）

上 南渔村动迁安置新型社区——南华苑（2020年，王小龙摄）
下 南渔村动迁安置新型社区——虹桥新村（2020年，王小龙摄）

上 2010年新建南渔村党群服务中心（2020年，王小龙摄）

南渔村第十二届村“两委”人员合影（2018年，王小龙摄）
左起：马征雁、王承超、戴正华、徐明龙、陆洪泉、陆雅妮

南渔村第十三届村“两委”人员合影（2021年，王小龙摄）
左起：马征雁、陆雅妮、徐明龙、王承超

2011年南渔村群众文艺舞蹈人员演出（2011年，马征雁摄）

2011年南渔村群众文艺舞蹈人员演出（2011年，郑步法摄）

南渔村“弘扬爱国奋斗精神 建功立业新时代”活动（2019年，马征雁摄）

南渔村“垃圾分类进乡村 文明新风入人心”活动（2020年，方月仙摄）

南渔村“公共文明日”活动（2020年，方月仙摄）

南渔村妇联“小小园艺家”活动（2020年，马征雁摄）

南渔村妇联“小小园艺家”活动（2020年，马征雁摄）

南渔村远程教育学习活动（2021年，马征雁摄）

南渔村“重温百年历程 打造‘最美窗口’”活动（2021年，马征雁摄）

南渔村“重病慰问送温暖 南渔党群心连心”活动（2021年，方月仙摄）

南渔村疫情防控志愿服务队（2021年，方月仙摄）

2021年昆山高新区群众文艺汇演南渔村歌伴舞《我爱你中国》节目表演一（2021年，方月仙摄）

2021年昆山高新区群众文艺汇演南渔村歌伴舞《我爱你中国》节目表演二（2021年，郑步法摄）

2021年昆山高新区群众文艺汇演南渔村歌伴舞《我爱你中国》节目表演三（2021年，郑步法摄）

2021年昆山高新区群众文艺汇演南渔村歌伴舞《我爱你中国》节目表演四（2021年，郑步法摄）

2021年昆山高新区群众文艺汇演南渔村歌伴舞《我爱你中国》节目表演五（2021年，郑步法摄）

2021年昆山高新区群众文艺汇演南渔村歌伴舞《我爱你中国》节目表演六（2021年，郑步法摄）

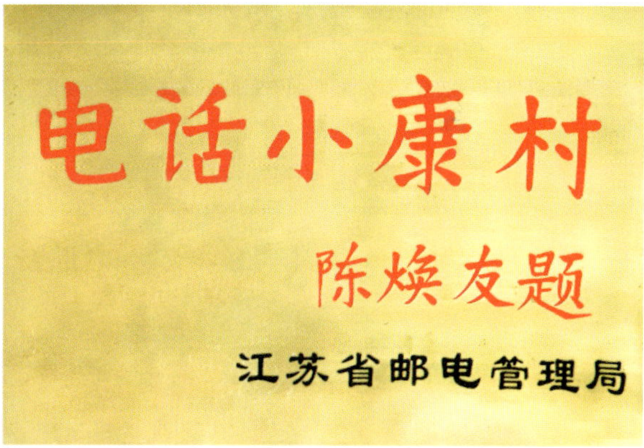

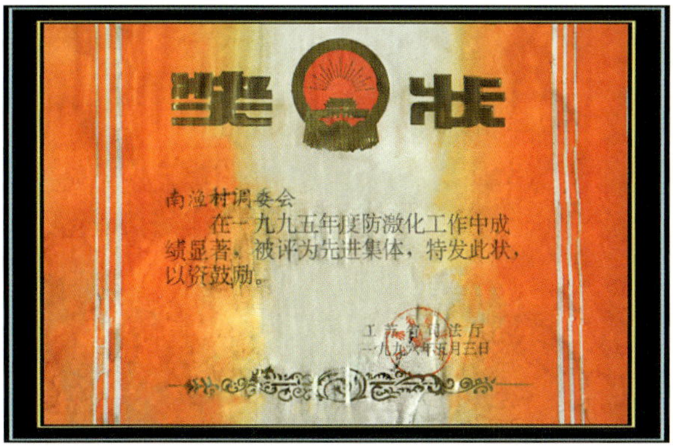
奖状

南渔村调委会

在一九九五年度防激化工作中成绩显著，被评为先进集体，特发此状，以资鼓励。

江苏省司法厅
一九九六年五月三日

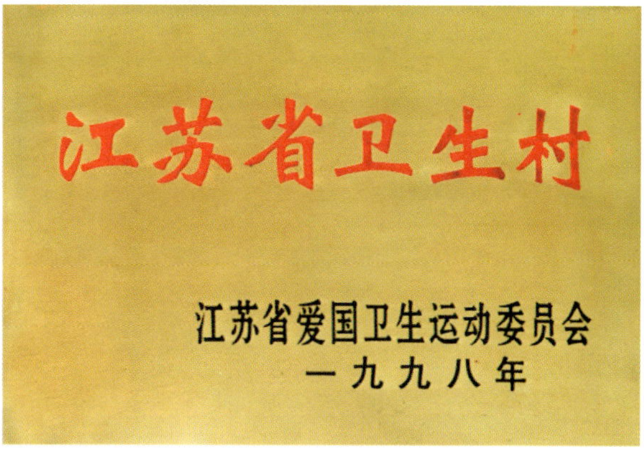

证书
昆山市消保委玉山分会南渔村投诉站
被评为苏州市农村（社区）消费维权工作先进单位
苏州工商行政管理局
苏州市消费者权益保护委员会
二〇〇八年十月

奖状
玉山镇南渔村
在一九九一年度，执行《渔业法》，保护渔业资源，发展渔业生产工作中，成绩显著特发此状，以资鼓励。
昆山市多种经营管理局

实践科学发展 推进“两个率先”
先锋村
中共苏州市委员会
二〇〇九年六月

一九九八年
昆山市卫生村
昆山市爱国卫生运动委员会

民主法治村
苏州市依法治市领导小组办公室
苏州市司法局 苏州市民政局
二〇一一年十二月

二〇〇一年度
双文明建设先进村
中共昆山市委员会
昆山市人民政府

奖状
一九九八年度
双文明建设先进村
中共昆山市委员会
昆山市人民政府
一九九九年二月

订阅2005年度《昆山日报》
先进集体
昆山日报征订发行工作小组

奖状
玉山镇南滨村：
一九九八年度，积极创建绿化造“千佳村”，经检查验收合格。
特发此状，以资鼓励。
昆山市绿化委员会
一九九九年三月

昆山市农村精神文明建设
先进村
昆山市精神文明建设委员会
二〇〇六年二月

“实践三个代表 实现两个率先”
先锋村
中共昆山市委员会
二〇〇七年六月

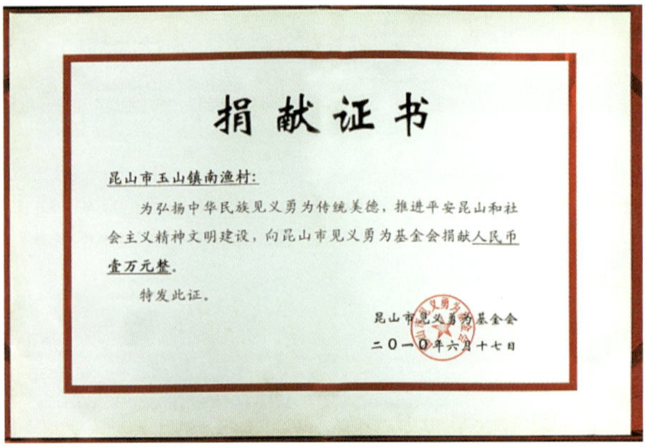
捐献证书
昆山市玉山镇南渔村:
为弘扬中华民族见义勇为传统美德，推进平安昆山和社会主义精神文明建设，向昆山市见义勇为基金会捐献人民币壹万元整。
特发此证。
昆山市见义勇为基金会
二〇一〇年六月十七日

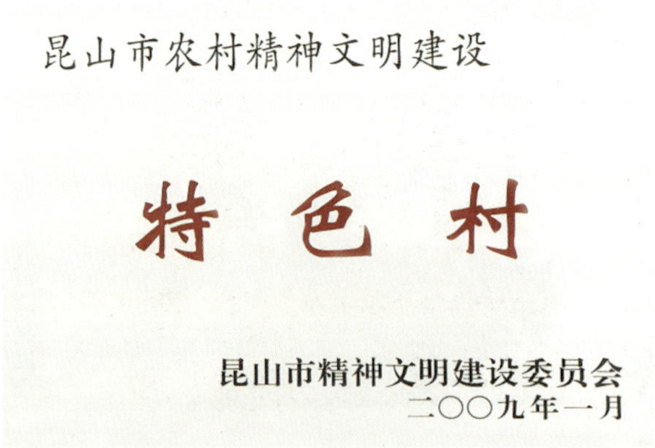
昆山市农村精神文明建设
特色村
昆山市精神文明建设委员会
二〇〇九年一月

荣誉证书
HONORARY CREDENTIAL
昆山市玉山镇南渔村投诉站:
在2010年度争创“样板维权投诉站”活动中，成绩显著，被评为先进“样板维权投诉站”。
特发此证，以资鼓励。
昆山市消费者权益保护委员会
二〇一一年三月

“无黑”（村）社区
昆山市扫黑除恶专项斗争领导小组办公室
2020年12月

上 《南渔村志》“五老人员”预审会（2022年，王小龙摄）

上 《南渔村志》编纂人员合影（2020年，王小龙摄）
前排左起：戴凤根、徐永珍、方月仙、陆炳生、王小龙
后排左起：戴信德、鲁守霜、戴正华、郁荣海、徐青弟、陆忠生

总 序

值此全面贯彻落实党的二十大精神的开局之年，欣闻“昆山高新区（玉山镇）村志系列丛书”之《大公村志》《南渔村志》《江浦村志》《广福村志》《新乐村志》《群星村志》《马庄村志》《燕桥浜村志》《新江村志》《新生村志》10部村志即将付梓。编修乡镇村志是落实国家“十四五”规划纲要，助力乡村文化振兴的一项重要内容，任务艰巨、意义重大。

2018年，昆山高新区（玉山镇）启动22个建制村的村志编修工作，这既为探索新型城镇化的发展经验、发展模式、发展道路提供历史智慧和现实借鉴，也是响应国家“学党史、学新中国史、学改革开放史、学社会主义发展史”的生动实践。村落是乡土文化赖以生存的土壤，活态地保存着各种村庄形态、传统民居、传统美食和民俗风情。村庄里的一座座祠堂、一本本家谱、一口口古井、一条条古道，无一不是村落文化的印记。那些反映宗族文化的家风家训、乡规乡约，反映村民声音的方言俚语，反映传统生活方式的手工技艺、民俗节庆等，对生活在这块土地上的村民来说，是难以割舍的精神滋养。

“昆山高新区（玉山镇）村志系列丛书”脉络清晰、内容丰富，既有理论又有实践，既有历史又有现实，客观再现了村民们在伟大历史进程中的奋进足迹和优异成绩。村志作为省、市、县三级志书的延伸和拓展，其丰富多彩的体裁形式在一定程度上体现了盛世修志工作的灵活性、包容性和多样性。

希望“昆山高新区（玉山镇）村志系列丛书”能讲好昆山高新区（玉山镇）乡村振兴的故事，并把故事和智慧传递得更远。希望全区广大干部和村民能够持续聚焦乡村振兴，做这一历史伟业的见证者、记录者和传承者。

在此，谨向在昆山高新区（玉山镇）发展改革进程中洒下汗水、做出重大贡献的先辈们致以崇高的敬意！向辛勤编纂“昆山高新区（玉山镇）村志系列丛书”的编纂人员表示衷心的感谢！

是为序。

中共昆山市委常委
昆山高新区党工委书记
2023 年 12 月

序

盛世修志，功在当代、利在千秋。《南渔村志》经过两年有余的编纂终于问世，这是南渔村村民生活中的一件大喜事，对弘扬乡村历史文化，具有重要意义。

《南渔村志》内容涵盖自然、政治、经济、文化和社会等方面，系统、客观、真实地记录了南渔村建置以来的自然、政治、经济、文化和社会等方面的历史和现状。

《南渔村志》主要记述了南渔村的发展历史和南渔村全体干部群众在中国共产党领导下“负重拼搏、艰苦创业、为民造福”，营造良好的“党风、村风、民风”的历史发展轨迹。20 世纪 60 年代，南渔村战胜了“穷土、恶水、血吸虫病”三大灾害；70 年代中期大办队办企业，借力农业产业结构调整，实行“亦渔亦农”，促进了渔民增收、集体增效；90 年代中期随着昆山工业化、城市化、城乡一体化建设的大力推进，着力发展区域经济。经过多年积累，南渔村集体资产超过 6 000 万元，年集体可支配收入超 700 万元，成为区域内的经济强村。

《南渔村志》记载的精神文明建设和典型人物事迹，可作为对全体村民尤其是青少年，进行爱党、爱国、爱社会主义、爱家乡传统教育的内容，激励村民树立正确的人生观和价值观，成为有理想、有道德、有文化、有纪律的新时代村民。

《南渔村志》用大量翔实资料，以辩证唯物主义和历史唯物主义为指导，分析论证、去伪存真，实事求是地记载史实，使志书具有真实性、可读性、传承性。

《南渔村志》在编写过程中得到昆山市地方志办公室和昆山高新区村志办公室领导和专家的关心、帮助与指导，也得到昆山高新区各有关职能部门的鼎力支持。同时志书的出版也离不开南渔村全体编纂工作人员的辛勤付出。在此，谨代表南渔村党支部和村委会一并表示衷心的感谢！

昆山高新区南渔村党支部
书记、村民委员会主任 陈斌凤
2023 年 10 月

凡　例

一、本志以马克思列宁主义、毛泽东思想、邓小平理论、“三个代表”重要思想、科学发展观、习近平新时代中国特色社会主义思想为指导，坚持辩证唯物主义立场、观点和方法，力争全面、系统、客观地记述时限内的发展历史和变化情况，为存史、资政、育人服务。

二、本志记述上限追溯事物发端，下限至2020年末，大事记下限延至2022年末，图照下限延至2022年。

三、本志记述地域范围，以2020年末南渔村行政区域为限。

四、本志所述内容运用述、记、志、传、图、表、录等方志载体，以志为主。全志语言采用现代语体文，概述叙议结合，大事记采用编年体和纪事本末体相结合。

五、本志志首设图照、序、凡例、概述、大事记；志书主体设置坚持社会分工和科学分类相统一的原则，按自然、经济、政治、文化、社会五大类依次排列，采用章、节、目结构，横排门类，纵述史实；编后记殿于末。

六、本志地名、政区及机构记述均用当时名称，必要时加注现名。一般用全称，用简称时则在第一次使用全称时括注说明。凡未用全称的“省”“市”“县”“公社”“乡”，均分别指江苏省、昆山市、昆山县、城南公社、城南乡；未用全称的“镇”，以1986年10月为界，此时间前指城南乡，之后指昆山高新区（玉山镇）。

七、本志所载人物，遵循“生不立传”的原则，以本籍在地方上有重大影响或在社会发展等方面有较大贡献者为主，亦记载少数对地方经济社会发展有较大影响的客籍人士；在世人物选择重要人士简介入志；一般人物若有突出事迹以事系人入志；部分知名人士列表入志；立传人物以卒年为序，简介人物以生年为序。

八、本志采用公元纪年，所列年代未标明世纪的均为20世纪年代。所言“党”又未指明何种党派，均指中国共产党。所言“解放前后”，以1949年5月13日昆山全境解放为准。

九、本志计量单位原则上按国家规定的标准书写，保留“亩”“市斤”等单位的使用，不需要换算。有关统计数据以统计部门提供的数据为主，统计部门未提供的以相关部门提供的数据为准。

十、本志资料源于昆山市档案局和昆山高新区档案室档案、旧志以及有关图书、报刊、音像等历史资料，所有入志资料包括采访的口述资料，均在考证核实后选用，不再注明出处。

十一、本凡例未尽事宜，且在编后记中予以说明。

目　录

第五章 村域经济

第六章 乡村建设

第七章　精神文明建设

第八章　教育　文化

第九章　卫生　体育

概 述

南渔村（原城南公社渔业大队）是一个渔业村。自中华人民共和国成立至1968年，渔民以船为家，无固定居住地。1968年后，渔民先后上岸建房，形成复线、老小河、远街村和叶荷4个自然村落。村（大队）驻地几经迁移变动，现驻地为大公花园，位于昆山高新区（玉山镇）西南部，距昆山高新区（玉山镇）城区近5千米。南渔村原有4个自然村，村域面积为3.5平方千米，其中城区面积为0.25平方千米。至2020年，南渔村原有的复线、老小河、远街和叶荷4个自然村的村民（渔民）全部动迁到虹桥新村、宝领新村、大公花园、南华苑、万丰苑、万欣苑6个新型社区集中居住。全村村民（渔民）住房总面积6.13万平方米，人均住房面积62.22平方米。2020年，全村下辖村民小组5个，户籍人口311户、964人，其中男性455人、女性509人。南渔村先后获得“全国文化信息资源共享工程服务点”“江苏省电话小康村”“江苏省卫生村”等15项荣誉。

一

中华人民共和国成立前，渔民们世代以船为家，依水生息，捕捞谋生，长期过着“三面朝水，一面朝天”的艰辛生活。1949年初，来自江苏（苏）、浙江（浙）、上海（沪）等地的渔民划着船来到昆山，分别在昆山火车站南侧车站大队的小横塘河边和昆山陆家浜（现陆家镇）天主教堂河边落脚。1954年4月，昆山县统战部和正仪区澞东乡人民政府将从苏、浙、沪等地漂流到昆山地区的渔民集中起来，帮助他们组建起红星初级社，并在昆山陆家浜天主教堂前召开成立大会，引导渔民走社会主义合作化道路，使来到昆山的渔民们真正有了自己的“娘家”。1959 年 11 月，在昆山县人民政府和城南人民公社（简称“城南公社”）的直接领导下，城南公社渔业大队（简称“渔业大队”）组建成功，渔民真正走上了社会主义合作化道路，享受到社会主义制度的优越性。

60—70 年代期间，渔业大队下辖渔业生产队 4 个，其间，渔业大队党组织带领全体村民（渔民），积极响应党的号召，走集体经济发展道路。60 年代，在高举“三面红旗”（总路线、“大跃进”、人民公社）运动中，积极响应大炼钢铁号召，家家户户自觉捐献废铜废铁；在“向雷锋同志学习”运动中，不少青年民兵争做好人好事和无名英雄；在国家对渔民实行“亦渔亦农”政策后，渔民们到各农业大队务农，与农民一起参与“农业学大寨”运动，参加改造低产田、建设丰产方、开丰产河等农田水利建设工程。70 年代，渔业大队党支部组织学习张思德、白求恩、焦裕禄等先进人物，号召党员干部和渔民群众做一个高尚的人，一个纯粹的人，一个有道德的人，一个脱离了低级趣味的人，使党员干部和渔民的思想道德得到进一步提升。

中共十一届三中全会后到 80 年代，南渔村“两委”围绕“发展为第一要务”和“物质文明和精神文明两手抓，两手都要硬”的精神，引导渔民承包鱼塘、投资办厂，发展第三产业等，为增强村级经济实力奠定基础。90 年代到 21 世纪初期，在贯彻“三个代表”重要思想和“科学发展观”教学活动中，南渔村“两委”先后开展主题思想道德系列教育活动，营造良好党风民风。进入新时代，南渔村“两委”组织村民深入学习习近平总书记“不忘初心、牢记使命”的主题教育活动，村党员干部带头，先后开展志愿者公益性活动、献爱心活动、帮扶活动和义务劳动等文明实践，把文明实践落实在行动上。

二

南渔村的经济发展历经从渔民分散捕捞，到集体捕捞，到养捕结合，到渔业、农业、劳务综合发展，再到农、林、牧、副、渔、工业、商贸综合发展的过程。70 年代以前，南渔以捕捞养殖为主。中共十一届三中全会后，党中央在农村进行全面体制改革，取消了上缴国家粮油、水产征购任务。南渔村借助农村体制改革东风，逐步走上“农、林、牧、副、渔、工、商”综合发展之路。

1980年4月，渔业大队和江浦大队联合在昆山朝阳西路南侧，利用渔业大队礼堂创办江渔塑料厂，十余年累计实现工业产值837万元，上缴渔业大队109.9万元，为渔业大队发展集体经济奠定基础。之后，渔业大队又大力发展第三产业。1980年开始，渔业大队充分利用劳动力富余的优势，组织60多人组建装卸、板车和杠棒队，开展劳务输出工作，每年为渔业大队增加收入3.6万元。1980年至1988年，累计增加收入28.8万元。1994年，南渔村利用朝阳西路的区位优势，在朝阳西路南侧、新闸路东侧1 500米处建造800平方米的商业用房。是年启用招租，每年为村里增加集体收入2万多元。此后，南渔村积极发展区域经济。2000年后，针对土地资源缺乏的情况，南渔村通过政府牵线搭桥，充分盘活集体原始积累资金，并先后投入到昆山市城基新型建材有限公司、昆山高新区村级联合投资公司、昆山市玉山镇邻里中心、昆山市玉山镇同创富民有限公司等企业（单位）中，累计投资入股1 236.39万元。2002至2004年，南渔村平均每年集体到账金额737.59万元。2005年，在昆山高新区统一规划安排下，南渔村先后在昆山高新区富民三区（新南村）建造标准厂房共3 150平方米，年租金收入27.31万元。同时，在吴淞江工业园区内建造标准厂房1 982平方米，年租金收入48万元。此后，南渔村又利用昆山城乡一体化发展的契机，在巩固壮大集体经济路径上，坚持盘活存量，用活资金，进一步深化拓展纵向合作和横向联合，盘大盘强村级经济。2020年，南渔村拥有集体资产6 242万元。年到账可支配集体收入702.3万元，村民年人均收入4.79万元。

三

书香润南渔，文明在演进。南渔村的渔民文化生活经历了从中华人民共和国成立前的水上文化生活到中华人民共和国成立后的岸上文化生活的演变，并从传统文化不断向现代文化迈进。中华人民共和国成立前，渔民世代以船为家、依水生息、四处捕捞，过着漂泊不定的生活。水上文化只有简单的谚语文化，如捕捞生活，用“三面朝水，一面朝天”形容。又如水产类的动物，采用谜语形式来描绘：鱼用“一把刀，水里漂，有眼睛，没眉毛”描述；螃蟹用“剪刀两把，筷子四双”来比喻；虾用“小小一条龙，胡须硬似螺，活着没有血，烧熟满身红”来描写等。中华人民共和国成立后，特别是政府对渔民实行陆上定居政策后，渔民文化生活逐步融入了陆上城乡居民的文化生活。渔民陆上定居后，最初的文化生活是在茶馆喝早茶、说家常、谈《山海经》、交流市场信息等。1990 年后，“渔家灯火”饮食文化创建，通过“渔家灯火”展示厅，把村民的各种乡土文化与水产文化有机结合，给村民们带来了丰富多彩的精神生活，村民的水产文化和传统的饮食文化融合传承，延续至今，并不断发扬光大。

1959 年南渔村建置后，在党和政府重视下，渔民的文化教育不断发展。60 年代开始，尤其是渔民陆上定居后，渔业大队采取创办渔家小学，开办扫盲夜校等方式，从根本上解决渔民们的文化教育问题。70 年代，渔业大队全面开展群众性的扫盲运动。通过扫盲，全大队渔民的文盲率降低到 50%以下。改革开放后，村里开办了市民技能培训学校，通过岗前技能培训，使全村村民的劳动技能进一步提升，劳动力就业率提高到 98.5%以上。

90 年代，随着昆山市城乡一体化步伐的加快，为丰富村民科普、文化知识，南渔村利用公共办公用房，开设了渔家书屋。渔家书屋藏有各种书籍 1 250 多册，随时供本村村民阅读，丰富了村民的文化知识。

进入 21 世纪，南渔村的群众文化生活已经从过去的唱“样板戏”、演“沙家浜”文艺节目和放映露天电影等，逐步转变为跳广场舞，演群众喜闻乐见的文艺节目等。南渔村还开设棋牌室、电视播放室，丰富村民的业余生活。同时充分利用社区内的电子大屏幕和手机 QQ 群，宣传党的路线、方针、政策，使村民们进一步开阔视野；利用社区宣传窗廊，展示新人新事；利用党员之家，展示党风、村风、民风新气象；利用墙体、楼道空间绘画，展示昆山好人、南渔村好人形象，弘扬礼仪道德文化，使新时代的文化生活更加丰富多彩。

四

南渔村“两委”始终坚持把为民办实事、办好事作为重要的民生工程，让村民实实在在地享受到党和政府的温暖及社会主义制度的优越性，让村民的获得感和幸福感真正得到提升。同时，南渔村建置以来，随着经济的不断发展，社会公共事业也不断得到发展和提升。

60 年代中后期，昆山县人民政府对渔民实行陆上定居财政补贴政策，使渔民从根本上结束了世代生活在水上的历史。60 年代末到 70 年代，在昆山县人民政府、城南公社和渔业大队三级财力支持下，渔业大队发放渔民子女就地学习流动卡并创办队办小学，为渔家子女学文化创造了条件，使渔家子女彻底摆脱文盲时代，与城镇居民共享文化生活。80 年代，南渔村创办了村合作医疗卫生室，筹措了农村合作医疗基金，为方便村民就医，减轻村民负担提供有效保障。90 年代，随着农业产业结构调整，村民开始承包经营精养鱼塘，村域内不少渔民户成为万元户。进入 21 世纪，随着昆山市全面推进城乡一体化，南渔村村民享受到昆山市政府失地（失水）补贴政策、民房动迁安置政策、社保医保并轨政策。城乡一体化后，村民在新型社区居住，享受红白喜事使用公共会所租金费和社区内物管费、停车费等一并免交的待遇。2014 年起，南渔村组建社区股份专业合作社，村民每年每户享有一笔股权红利；同时，全面启动农村医疗普惠政策，每年在集体收益中提留一笔医疗普惠基金，专门用于救助因病致困的弱势群体。为确保村民的公共福利待遇、村“两委”通过用好用活上级政府各项惠民政策，多方筹措富民基金，用之于民，让村民得到更多实惠。至 2020 年，全村村民中，高中、中专以上文化程度的有 301 人，占 31.2%；初中文化程度的有 212 人，占 22.0%；小学文化程度的有 307 人，占 32.0%。全村村民养老保险、医疗保险、最低生活保障实现全覆盖。

奋进正当时，添彩新时代。南渔村将坚持以习近平新时代中国特色社会主义思想为指引，以崭新的姿态团结南渔村村民，继续凝心聚力、奋力拼搏，加快产业转型，创新社区管理，提升文明程度，全面建成产业兴旺高效益、生态宜居高颜值、乡风文明高素质、城乡治理高水准、村民生活高水平的南渔村，谱写新的历史篇章。

大事记

中华民国

1949 年

年初，外地渔民从苏、浙、沪等地划着船来到昆山老城郊区澞东乡车站小横塘河边和昆山陆家浜天主教堂河边落脚定居，这批渔民即南渔村的早期渔民。

中华人民共和国

1949 年

10 月 1 日，中华人民共和国成立。次日，渔民奔走相告，以示庆祝。

1950 年

是年，渔民们开始在昆山娄江、青阳港等水面从事捕捞作业。

1951 年

5 月，外地渔户陆续集中于昆山，逐渐形成捕捞（捉鱼）团体，并有渔民自发建立生产销售互助组。

1952 年

6 月，渔民们参与昆山县委统战部组织开展的反封建婚姻制度宣传教育活动。

1953 年

2 月，根据昆山县委指示，渔民开始组建生产互助组，生产互组组建后，不到半年自然解体。

1954 年

4 月，渔民沈叙良、沈金生召集 100 余名渔民到昆山陆家浜天主教堂前参加初级社成立大会。会后，渔业初级社成立，入社渔户 30 余户。初级社名为红星初级社，隶属昆山县正仪区澞东乡，社长沈叙良，副社长沈金生。

6 月，昆山县人民政府在中山堂召开水伙帮审判大会，红星初级社全体渔民参加。

1955 年

4 月，红星初级社解体。渔户和渔民被统一安排到城南乡有关农业村，35 户渔户分别被安排至昆山县城南乡城南片和平（现里黄村）、爱好（现青淞村），新北片庙墩（现庙灯村，1966 年改名）、珠浜（现大公村）、金星（现赵厍村）等农业村，渔民“亦渔亦农”。

1956 年

5 月，渔民利用各农业村内河及小河浜进行河沟养鱼，并在和平村成立水产养殖副业组。沈冬生担任副业主任，郁三男为副业组组长。

1957 年

6 月 25 日至 28 日，阴雨连绵，日雨量 110 毫米，渔民暂停水上捕捞作业。

1958 年

9 月，昆山县成立马鞍山人民公社（简称“马鞍山公社”），对渔民实行集中管理，统一安排生产，统一吃食堂，同时组织部分渔民开挖鱼塘 50 亩。

是年，各渔户捐献家中废铜废铁，开展大炼钢铁。

1959 年

6 月，马鞍山公社撤销，渔民再次分散。35 户渔户先后被安排到昆山县城南公社城南片群益大队、和平大队、爱好大队、大同大队、车站大队、星星大队（现熊庄村，1970 年改名），合兴片合兴大队，玉山镇玉山大队，新南片新丰大队，新北片庙墩大队、灯塔大队、白渔潭大队等。

是月，城南公社渔业大队开始筹建。

11 月，城南公社把分散到各农业大队的渔民再度集中，正式成立城南公社渔业大队，并开始建立渔家小学，招收学生 20 名。

12 月，国家开始对渔民实行吃返销粮政策，规定全劳力每人每月 30 市斤，半劳力每人每月 24 市斤，小孩 1~7 岁每人每月 7 市斤、10~15 岁每人每月 13 市斤。

是年，城南公社对渔民上缴水产品实行“双奖双赔”政策。规定每个渔民劳动力年上交水产品 500 市斤，鱼类每市斤约 0.25 元，黄鳝类每市斤 0.16 元，泥鳅每市斤 0.07 元，超出的部分按市场价给予奖励，完不成按市场价赔偿。

是年，龚力民任渔业大队党支部书记，沈叙良任大队长，王友仁任大队会计。

1960 年

3 月，渔业大队采用集体性质的生产工具大塘网进行捕捞，负责人戴仕明。

8 月 2 日—5 日，连降暴雨，渔业大队渔民捕捞作业受到影响。

1961 年

5 月，渔业大队将渔民捕捞所得水产品全部上缴昆山县水产公司，并兑现“双奖双赔”政策。

1962 年

5 月，渔业大队办公地点迁至昆山小西门玉山埔坊东侧。

1963 年

3 月，渔业大队党支部组织青年渔民开展“向雷锋同志学习”活动，并开展做好人好事、争做“无名英雄”等系列活动。

1964 年

3 月，渔业大队党支部集体商定，以各生产队为单位在渔业大队捕捞区域的大小河道内养殖花鲢、白鲢、草鱼、鳊鱼，以增加渔民收入。

1965 年

9 月，城南公社“四清”工作队进驻渔业大队，工作队队长王俊。渔民陆炳生、沈杏林加入中国共产党。工作队帮助渔业大队组建共青团、民兵组织。

是年，渔业大队 7 对青年男女在昆山县大有蚕种场举行集体婚礼。

1966 年

1 月，渔业大队各生产队掀起学习毛泽东同志著作的热潮，并开展“早请示、中对照、晚汇报”“三忠于”活动。

2 月，渔业大队第 1 生产队、第 2 生产队、第 3 生产队渔户开始试行陆上定居，共建房 72 间，平均每个生产队建房 24 间，无偿分配给渔民。

3 月，陆炳生担任渔业大队大队长，陆忠生为民兵营长。

5 月，渔业大队干部调整，陆炳生仍担任大队长，华宏毅为团支部书记，沈杏林为贫协主任。

1967 年

5 月，城南公社先后分成“5·13”“昆革联”两派组织，两派运动致使渔业大队的渔业、农业生产受到影响。

是年，城南公社 28 个大队和 299 个生产队全面实施“大寨式”评分，先评政治分后评生产分。渔业大队渔民参加农业生产也参照“大寨式”评分。

1968 年

3 月，根据城南公社统一安排，渔业大队对下辖的 5 个生产队水面、鱼塘养殖进行统筹安排。

4 月，昆山县革命委员会决定，对渔民实行陆上定居政策，渔民的生产方式开始从以捕捞、水产养殖为主逐步转为捕捞、水产养殖和在岸上从事农副业生产并举。

7 月，城南兽医站、城南鱼苗场、渔业大队 3 家单位成立联合党支部，龚力民担任联合支部书记。

是年，渔业大队各生产队开办小学，即队办小学。

是年，渔业大队组建文艺演出宣传队，参加人数 16 人。宣传队唱红歌，演样板戏，深受群众欢迎。

是年，潘四妹任渔业大队妇女主任，朱秀珍任妇女副主任。

1969 年

3 月，渔业大队响应毛泽东同志“一定要消灭血吸虫病”的号召，组织全体渔民参加查钉螺、灭钉螺工作。

5 月，渔业大队第 3 生产队渔民陆小弟因患血吸虫病入院免费治疗。

6 月，渔业大队建成大礼堂，面积 150 平方米。大礼堂可容纳 300 人参加会议。

12 月，渔业大队陆忠生参加昆山县多管局组织的渔业讲用团，演讲阶级斗争、路线斗争和“忆苦思甜”等内容。

是年，渔业大队成立革命委员会，下辖生产队改称生产队革命领导小组。

1970 年

5 月，昆山县对渔民实行渔改管理。渔业大队渔民除正常从事河沟养鱼和外河捕捞外，由城南公社革命委员会统一组织调配部分农田给村（渔）民种植。

1971 年

4 月，渔业大队有 10 名青壮劳动力被昆山东门酒厂招工录用。

5 月，渔业大队响应国家计划生育号召，提倡晚婚、晚育，杜绝超计划生育现象发生。

1972 年

1 月 30 日，渔业大队党支部组织党员群众学习毛泽东同志指示，开展“批林批孔”运动。

2 月 28 日，渔业大队党支部书记龚力民参加城南公社党委召开的三级干部会议，学习中共中央 1972 年 4 号文件精神，批判林彪反革命集团《“571 工程”纪要》反革命政变纲领。

4 月，渔业大队各生产队成立杠棒队、装卸队、板车队，使 60 多名劳动力发展了副业。

1973 年

2 月，渔业大队组织干部群众参加社会主义路线教育运动。

3 月，戴梅生任渔业大队会计。

1974 年

3 月，陆炳生代表昆山县渔民到无锡参加全国淡水养殖规划会议。会后，渔业大队规划挖精养鱼塘。

10 月，电影《车轮滚滚》在昆山娄江北侧原 312 国道边开拍，渔业大队 60 名村民出演群众演员。

1975 年

6 月 24 日—27 日，连降暴雨，渔业大队各生产队受灾严重。

9 月，唐祖生任渔业大队党支部书记，徐永珍任大队长。

11 月，渔业大队民兵营长陆忠生带领 32 名劳动力到太仓浏河开河，历时 60 天，圆满完成任务。

是年，渔业大队第4生产队革命领导小组组织渔民在低洼农田集中地段开挖一条长500米、宽6米的丰产河。

1976年

1月8日，渔业大队组织干部群众在大队部举行悼念周恩来同志的活动。

5月，渔业大队响应城南公社号召，到青淞大队（原爱好大队）吴淞江边开挖鱼塘，历时15天，共挖鱼塘80亩，并成立渔业大队鱼苗场，陆炳生担任场长。

6月，渔业大队在昆山震川路与虹桥大队机耕路交界处开办白洛克鸡养殖场，共建造鸡棚12间，养殖8 000羽白洛克鸡，场长孙伯民。

8月，唐山地震，渔业大队发动青年民兵帮助搭防震棚，并派民兵负责夜间值班巡逻。

9月9日，渔业大队组织党员群众在大队礼堂举行悼念毛泽东同志的活动。

12月，陆宝弟参加中国人民解放军。

1977年

6月，朱秀珍任渔业大队妇女主任。

8月21日，渔业大队干部群众庆祝中国共产党第十一次全国代表大会胜利闭幕。

1978年

4月，戴梅生任渔业大队书记，陆忠生任渔业大队会计。

11月，渔业大队结合户口整顿及人口统计，组织人员参加城南公社人口调查统计工作。

12月25日，陆冬生参加中国人民解放军。

是年，渔业大队在昆山朝阳西路北侧与合兴路交界处建造大队办公楼和大礼堂共450平方米。

1979年

5月，渔业大队在昆山朝阳西路大队办公楼西侧创办江渔纸品厂，厂长方正根。

1980年

1月26日，城南公社制定合作医疗章程，渔业大队照章执行。

4月，渔业大队和江浦大队在昆山朝阳西路南侧创办江渔塑料厂。

1981 年

2 月，城南公社在全社范围内进行全国第二次土壤普查，渔业大队组织人员参与普查。

是年，渔业大队撤销革命委员会和生产队革命领导小组。

是年，高根林参加中国人民解放军。

1982 年

1 月 1 日，渔业大队更名为南渔大队，新名称即日起启用。

是年，南渔大队第 2 生产队在庙灯大队与熊庄大队交界处小澞河岸边，利用废浜废地开挖整治成鱼塘，鱼塘面积 88 亩，鱼塘形成后作为南渔大队渔民水产养殖基地。

1983 年

2 月，南渔大队第 1 生产队 24 户渔户开始在原地将平房翻建成楼房。当时每户住房翻建自付建设费 1 200 元，其他建房费用均由生产队集体承担。

3 月，昆山县实行政社分设，城南公社改为城南乡，南渔大队改为南渔村。

6 月，南渔大队管理委员会改为南渔村村民委员会（简称“村委会”）。

1984 年

12 月，南渔村第 1 村民小组 24 户渔户原地平房翻建楼房全面竣工。

1985 年

1 月，南渔村组织全村村民在城南公社车站大队北侧开挖精养鱼塘 50 亩，鱼塘形成后由大队承包到人进行水产养殖。

3 月，南渔村第 2 村民小组因为渔民翻建楼房宅基地紧缺造成矛盾，由城南乡建管所调处，落实宅基地用地 17 亩。

5 月，南渔村第二届村民委员会换届选举，徐永珍当选主任，王三林、朱秀珍任委员。

1986 年

1 月，朝阳路南侧原江渔塑料厂更名为西桥塑料厂，厂房面积 300 平方米。

10 月，城南乡与玉山镇合并，南渔村隶属玉山镇。

1987 年

3 月，南渔村村民不再缴纳“两金一费”（公积金、公益金和管理费）。

1988 年

5 月，南渔村在沪宁铁路昆山段北侧的合兴村，利用原“大寨田”（“农业学大寨”时开垦的河滩田）开挖鱼塘 31 亩，由集体承包转为个人承包。

1989 年

4 月，南渔村第三届村民委员会换届选举，徐永珍当选村委会主任，王三林、朱秀珍任委员。

5 月，南渔村安排第 3 村民小组孙伯良、殷良生 2 户村（渔）民在鹿城路与 312 国道边建房。

1990 年

3 月，南渔村在朝阳西路南侧启动村行政综合办公大楼筹建工作，大楼建筑面积 450 平方米。

是年，南渔村在朝阳西路南侧建造店面房 460 平方米。

是年，王锦才加入中国人民解放军。

1991 年

6 月，南渔村第 1 村民小组 60 户渔户接通大同自来水厂自来水管网。

1992 年

3 月，南渔村位于朝阳西路的村综合楼对外出租，开设一春酒家，承包人徐嘉豪、徐明龙。

6 月，南渔村在村礼堂开设的娱乐舞厅对外营业，承包人李网根。

7 月，南渔村第 2 村民小组 70 户渔户接通大同自来水厂自来水。

7 月，徐青弟任南渔村民兵营长、治保主任。

1993 年

2 月，南渔村第四届村民委员会换届选举，徐永珍当选村委会主任，王三林、朱秀珍任委员。

3 月，昆山县多管局规划全市开挖精养鱼塘 3 万亩。南渔村渔民分别在各农业村开挖鱼塘共 1 000 余亩，并承包到人。

1994 年

3 月，王小龙任南渔村会计。

3 月，南渔村第 2 村民小组地处庙灯村变电所处的 17 亩鱼塘，因沪宁高速公路建设而被征用。

4月，戴琴芳任南渔村妇女主任。

1995年

5月，张浦镇金华村571亩荒田被划拨给南渔村，后由玉山镇政府规划建设农副基地。

12月，孙坚红参加中国人民解放军。

1996年

2月，南渔村第五届村民委员会选举，徐永珍当选村委会主任，徐青弟、戴琴芳任委员。

3月，南渔村全村95%以上的村民家庭安装程控电话，南渔村获评“电话小康村”。

5月，南渔村被江苏省司法局评为“防激化工作先进集体”。

1997年

3月，南渔村在全村范围内开展“清洁家园”活动。全村各村民小组进行道路硬化，并完成改厕改水，建公厕5座。

6月，南渔村第5村民小组因农田被政府征收使用，村民失去土地，村民小组被撤销。

7月，昆山县交通局和渔政站联合开展河道整治，南渔村在娄江上设置的1处电动杠网被清除。

1998年

6月，昆山地区连续降雨造成洪涝灾害，南渔村组织党员干部群众开展抗洪抢险救灾活动，民兵夜间巡逻。

7月，昆山县交通局和渔政站等联合对娄江河道开展整治，全面拆除、取缔网簖。

8月，南渔村被昆山市爱国卫生运动委员会评为“昆山市卫生村”。

10月，南渔村被江苏省爱国卫生运动委员会评为“江苏省卫生村”。

1999年

1月，南渔村第六届村民委员会选举，徐永珍当选村委会主任，王小龙任副主任，徐青弟、戴琴芳、戴凤根任委员。

2月，南渔村被中共昆山市委员会、昆山市人民政府评为“双文明建设先进村”。

3月，南渔村被昆山市绿化委员会评为积极创建绿化造林“千佳村”。

7月，徐永珍任南渔村党支部书记。

2000年

3月，南渔村原第5村民小组6户村民动迁至虹桥新村。

是年，沈丰丰、潘国华参加中国人民解放军。

2001年

5月，南渔村渔民全面参加医保，每人负担医保费50元，参保率100%。

9月，南渔村第七届村民委员会选举，徐永珍当选村委会主任，徐青弟、戴琴芳任委员。

是年，南渔村党支部换届选举，徐永珍当选南渔村党支部书记。

是年，孙琪参加中国人民解放军。

2002年

1月，南渔村徐青弟当选为玉山镇第十六届人民代表大会代表。

8月，昆山县交通局和渔政站联合开展河道整治，南渔村位于小濂河南侧的2处鱼簖被拆除。

12月，潘春华参加中国人民解放军。

2003年

1月，玉山镇人民政府出台《关于南渔村参照土地补偿的处理办法》，明确对被征（使用）后的失水渔民，参照失地农民补偿政策进行补偿处理，5月9日起正式实施。

5月，根据昆山市创建文明城市要求，南渔村涉及河道的捕鱼鱼簖全部被拆除（包括捕鱼工具），原渔民参照失地农民补偿政策处理。

7月，全国出现“非典”疫情。南渔村组织党员干部义务轮流值班和巡逻，做好防控工作。

2004年

2月，南渔村组建关心下一代工作委员会（简称“关工委”），会长徐永珍。

12 月，南渔村第八届村民委员会换届选举，徐永珍当选村委会主任，徐青弟、戴琴芳任委员。

是年，南渔村在玉山镇富民三区建造 4 000 平方米标准厂房，投资 500 万元，年租金 40 万元。

2005 年

3 月，南渔村被评为“订阅 2005 年度《昆山日报》先进集体”。

5 月，南渔村投资 180 万元，在玉山镇富民三区建 960 平方米写字楼，年租金 17 万元。

是年，玉山镇同创富民有限公司在青淞村建造打工楼，南渔村投资 600 万元，年收益 40 万元。

是年，南渔村复线村渔户整体动迁，被安置在宝领新村。

2006 年

2 月，南渔村被昆山市精神文明建设委员会评为“昆山市农村精神文明建设先进村”。

3 月，南渔村第 2 村民小组位于老小河北侧 43 亩集体鱼塘因市政工程建设需要被征（使）用。

9 月，戴琴芳任南渔村党支部书记，徐明龙任村委会代主任。

2007 年

7 月，南渔村党支部换届选举，徐青弟任党支部书记，徐明龙任纪检委员，陆冬生任宣传委员。

10 月，因沪宁高速公路建设需要，南渔村第 2 村民小组地处庙灯村变电所北侧的 87 亩鱼塘被征（使）用。

是年，南渔村在昆山高新区长阳路处征地 10. 2 亩，建造 4 600 平方米标准厂房，总投资 630 万元。厂房建成后对外出租，年租金收入 52 万元。

是年，南渔村第九届村民委员会换届选举，徐明龙当选村委会主任，戴正华、陆洪泉任委员。

2008 年

3 月，南渔村第 2 村民小组居住在小瀌河岸的村民，因市政工程建设被整体安排到大公花园居住。

10 月，大学生马征雁被选派到南渔村工作。

是年，南渔村地处庙灯村南侧的 150 亩鱼塘，因市政建设需要被征（使）用。

2009 年

1 月，南渔村被昆山市精神文明建设委员会评为“昆山市农村精神文明建设特色村”。

6 月，南渔村被中共苏州市委授予“实践科学发展　推进‘两个率先’先锋村”称号。

2010 年

5 月，南渔村投资 265 万元，在大公花园建造村行政公共服务中心，面积 900 平方米。

7 月，南渔村党支部换届选举，徐青弟任南渔村党支部书记，徐明龙任南渔村党支部副书记兼组织委员、纪检委员，陆雅妮任南渔村党支部宣传委员。

12 月，南渔村第十届村民委员会换届选举，徐明龙当选村委会主任，戴正华、马征雁、沈洪民、陆洪泉任委员。

是年，南渔村在昆山市成基新型建材有限公司投资 150 万元，年收益 7.5 万元。

2011 年

11 月，南渔村将提供村民无偿使用的 56 个自行车库，按地域价出售给村民，并办理产权登记手续。

2012 年

6 月，南渔村第 3 村民小组居住在昆山原 312 国道与鹿城路交界处远街村的渔户，因市政工程建设需要，被整体安排到中华园西路万丰苑、万欣苑和大公花园。

2013 年

9 月，南渔村党支部换届选举。徐青弟任村党支部书记，徐明龙任党支部副书记兼组织委员、纪检委员，陆雅妮任党支部宣传委员。

12 月，南渔村第十一届村民委员会换届选举，徐明龙当选村委会主任，委员有戴正华、沈洪民、马征雁、陆洪泉。

2014 年

3 月，南渔村党支部组织开展党的群众路线学教活动。

4 月，戴正华任南渔村经济合作社社长。

6 月，南渔村组建社区股份专业合作社，全面实行股权固化，享有股权固化分红的村民有 955 名。

是年，王炜参加中国人民解放军。

2015 年

3 月，南渔村投资 5 万元，对鹿城路南华苑门卫处进行改造扩建。

9 月，南渔村投资 30 万元，在南华苑内安置监控技防设施。

2016 年

6 月，南渔村投资 30 万元，扩建南华苑停车场，增加停车位 35 个。

8 月，南渔村党支部换届选举，徐明龙任村党支部书记，陆雅妮任组织、宣传委员，王承超任纪检委员。

9 月，潘阳参加中国人民解放军。

是年，南渔村第十二届村民委员会换届选举，徐明龙当选村委会主任，委员有戴正华、马征雁、陆雅妮、陆洪泉。

2017 年

5 月，南渔村投资 7 万元，在南华苑小区安装充电桩棚 4 座。

2018 年

1 月，南渔村启动实施医疗普惠救助政策。

3 月，南渔村聘用委托第三方物业公司管理小区物业。

11 月，陆雅妮任南渔村会计。

2019 年

1 月，南渔村位于朝阳西路的原村行政办公楼因道路延伸拓宽被动迁拆除。村“两委”办公室搬迁到大公花园内南渔村党群服务中心。

6 月 29 日，马征雁任南渔村经济合作社社长。

11 月，南渔村在南华苑小区建造垃圾分类堆放亭。

12 月 9 日，新型冠状病毒感染（简称“新冠”）发生后，南渔村组建防控领导小组，组长由书记徐明龙担任。

2020 年

2 月，南渔村“两委”按照昆山高新区新冠疫情防控指挥部办公室统一部署，组织全体村干部和工作人员日夜轮流值班，大力宣传防控知识，对村民居住小区严格实行出入人员检测，组织志愿者对外来流动人员进行上门检测和服务。

7 月，陆雅妮任南渔村党支部书记。

9 月，南渔村全面开展全国第七次人口普查。

2021 年

3 月，南渔村第十三届村民委员会换届选举。参加选举大会的村民代表有 808 名，参选率 100%。陆雅妮当选南渔村第十三届村民委员会主任，徐明龙为副主任，王承超为村委会委员。

4 月，南渔村团支部被共青团昆山高新区工作委员会评为 2019—2020 年度“昆山高新区五四红旗（团委）团支部”。

是月，马征雁被共青团昆山高新区工作委员会评为 2019—2020 年度“昆山高新区优秀共青团干部”。

6 月，南渔村党支部被中共昆山高新区工作委员会评为“先进基层党组织”。

是月，南渔村党支部书记陆雅妮被中共昆山高新区工作委员会评为“优秀共产党员”。

12 月 8 日，南渔村举行市镇两级人大代表换届选举。经南渔村选民无记名投票，张建文、孙道寻当选昆山市第十八届人大代表；陆雅妮当选玉山镇第二十届人大代表。

2022 年

4 月 2 日，居住在昆山高新区大公花园承租房内的昆山柏庐批发市场经营人员，经核酸检测，多人检测结果为阳性。根据昆山高新区新冠疫情防控指挥部的统一部署和要求，大公花园实行封控静态管理，居住在大公花园内的南渔村村民严格按照封控管理要求，足不出户。

5 月 7 日，因新冠疫情封闭管控的大公花园，经过一个多月的严格管控，大公花园于凌晨正式解封，恢复正常生产、生活秩序。

6 月 3 日，新冠疫情防控解除后，南渔村在村广场组织 30 多名村民代表开展“浓情端午享美味，南渔携你享欢乐”活动，通过手工包粽子及游戏娱乐环节，让大家了解并传承历史文化和习俗，享受端午节“粽·情”浓浓的节日氛围，同时安排志愿者把粽子送到老年人家中。

8 月 5 日，南渔村在村广场由村“两委”成员和志愿者等 17 人开展“无毒村”宣传活动，通过发放宣传资料和利用网络平台等宣传毒品的危害性，号召全体村民坚决抵制毒品，用实际行动共创“无毒村”。

9 月 9 日，南渔村在村办公楼二楼大会议室举办“庆中秋，送温暖”活动。活动将书法展示和手工制作月饼有机结合，让村民体验传统文化特色乐趣。南渔村还组织 18 人分批走访慰问 60 岁以上老人，以此为契机，与村民共建“温暖人心，互助友爱”的家园。

11 月 1 日，南渔村组织志愿者与对外承租企业业主一起在昆山长阳路厂区现场举办“消防应急演练”活动，给参加活动的志愿者及企业业主讲解消防应急知识并进行现场演练展示，增强他们的安全防范意识，提升他们的消防应急技能水平。

第一章　村情概览

中华人民共和国成立前，南渔村的渔民大多分布在苏、浙、沪地区，世代都以船为家，依水生息，捕捞谋生，过着漂泊不定的生活，生活艰难。

1949 年初，南渔村早期渔民开始到“江南水乡”昆山寻求落脚点。1968 年，昆山县人民政府开始对渔民实施陆上定居政策，自此渔民们逐渐结束世代以船为家，漂泊不定的生活。

2000 年后，随着昆山工业化、城市化、城乡一体化的大力推进，南渔村村行政办公地迁移至由昆山高新区统一规划建设的大公花园内的南渔村党群服务中心大楼。

第一节 建置区划

一、建置沿革

1949—1953 年，来自苏、浙、沪地区的渔民陆续在昆山落脚。1953 年 2 月，在昆山县委和县政府的领导下，由昆山县统战部帮助渔民组建渔业生产互助组。但由于当时船户不多，加上渔业的不稳定等因素，不到半年时间，互助组自然解体。

1954 年 4 月，渔民沈叙良、沈金生召集渔民 100 多名赴昆山陆家浜天主教堂前参加渔业初级社成立大会，入社渔户 30 余户。当时组建的初级社名为红星初级社，隶属昆山县正仪区濾东乡，社长沈叙良，副社长沈金生。

1955 年 4 月，红星初级社解体，根据昆山县对渔业实行社会主义改造的有关指示精神，所有的渔户分别被安排到城南公社和平、爱好、新北片庙墩、珠浜、金星等农业村，开始“亦渔亦农”。

1958 年 9 月，昆山县成立马鞍山公社，根据昆山县人民政府有关指示精神，对第一次被安排到各农业村的渔民进行再集中。当时渔业大队渔民全部以城北地区力量大队作为集中点。

1959 年 6 月，马鞍山公社被撤销，渔民再次分散，被安排到昆山县城南公社城南片群益大队、和平大队等农业大队。城南公社渔业大队开始筹建。

1959 年 11 月，根据昆山县委和城南公社要求，再次集中分散到各农业大队的渔民，正式成立城南公社渔业大队。大队部选址在昆山化工厂东侧石灰厂边，办公室 4 间，80 平方米，隶属昆山县城南公社。党支部书记龚力民，大队长沈叙良，会计王友仁。

1982 年 1 月 1 日，渔业大队更名为南渔大队。

1983 年，南渔大队改名为南渔村，隶属昆山县城南乡。

1986 年 10 月，经江苏省人民政府批准，城南乡与玉山镇合并，南渔村隶属昆山市玉山镇。

2012 年 2 月，经昆山市委、市政府批准，昆山高新区与玉山镇实行区镇合一，南渔村隶属昆山高新区（玉山镇）。

二、区划隶属

南渔村区划随着不同历史阶段的变化而调整，先后于 1954 年隶属昆山县正仪区濵东乡，1958 年隶属昆山县马鞍山公社，1959 年 6 月至 1986 年 9 月隶属昆山县城南人民公社和昆山县城南乡。1986 年 10 月，城南乡与玉山镇合并，南渔村隶属昆山市玉山镇；2000 年 8 月，城北镇与玉山镇合并，南渔村仍隶属玉山镇；2012 年 2 月至 2020 年 12 月，隶属昆山高新区技术产业开发区（玉山镇）。详见明细表 1-1。

表 1-1　1954 年—2020 年南渔村隶属关系明细表

年月	村名（大队名）	隶属关系	区划情况
1954 年 4 月	红星初级社	昆山县正仪区濵东乡	—
1958 年 3 月	渔业大队	昆山县马鞍山公社	设置城北力量大队集中点
1958 年 9 月	渔业大队	昆山县城南公社	由玉山、城南、城北镇组成马鞍山公社
1959 年 6 月	渔业大队	昆山县城南公社	撤马鞍山公社，分建城南、城北和玉山公社
1983 年 3 月	南渔村	昆山县城南乡	政社分设复建城南乡
1986 年 10 月	南渔村	昆山县玉山镇	城南乡与玉山镇合并（隶属玉山镇）
2000 年 8 月	南渔村	昆山市玉山镇	城北镇与玉山镇合并（隶属玉山镇）
2012 年 2 月至 2020 年 12 月	南渔村	昆山高新区（玉山镇）	昆山高新区与玉山镇区镇合一

三、自然村落[1]

中华人民共和国成立初期，渔民从苏、浙、沪各地来到昆山落户。1968年，昆山县人民政府对渔民实行陆上定居政策，南渔村所有的渔户分别被安排到复线村、远街村、老小河村和叶荷村建房定居落户。

复线村 属原南渔村第1村民小组。因村庄坐落在复线河旁，故被称为复线村。村庄与昆山火车站隔河相望，呈长方形，东西长约100米，南北宽约35米。耕地面积（鱼塘）51.7亩，有67户229人，其中男性111人、女性118人，有潘姓26户、陆姓14户、沈姓14户、许姓5户、徐姓4户、陈姓1户、吴姓1户、赵姓1户、薛姓1户。村民以渔业捕捞和水产养殖为主。2003年5月，因昆山开发区开发，房屋全部拆除，村庄消失，失地面积51.7亩。村民全部迁入宝领街宝领新村。

远街村 属原南渔村第3村民小组，1966年渔民逐步开始陆上定居，在此建房居住。村庄坐落在震川西路与鹿城路交界处，因村庄远离城区，故称为远街村。村民以水产捕捞和养殖为主。村东西长约49米，南北长约120米，呈长方形。全村共有77户238人，其中男113人、女125人，有徐姓14户、俞姓4户、殷姓11户、陆姓7户、孙姓8户、张姓3户、沈姓13户、管姓1户、欧姓1户、凌姓1户、莫姓1户、宗姓1户、吴姓1户、李姓1户、潘姓1户、金姓4户、冯姓1户、方姓1户、陈姓1户、周姓2户。2012年5月，因昆山高新区开发动迁，村民迁往玉山镇万丰苑，原村庄所在地改建为绿化景观带。

老小河村 属原南渔村第2村民小组。村庄名因靠在老小河旁而得名。村庄位于庙灯村东侧，与熊庄村相邻。村庄呈长方形，分南北两个小村，北村东西长约120米、南北宽约55米；南村东西长约80米、南北长约140米。耕地面积（鱼塘）457.1亩。全村有70户255人，其中男性122人、女性133人，有赵姓25户、俞姓12户、戴姓9户、沈姓8户、潘姓7户、徐姓7户、顾姓1户、褚姓1户。村民主要以渔业捕捞和水产养殖为主。2008年3月，因村庄旁边的

---

① 此内容下的户数和人数数据以现在派出所户籍登记为依据，与后文图片中数据不一致。

220 千伏变电所扩建工程，房屋全部拆除，村庄消失，失地面积 457.1 亩。老小河村村民迁往中华园西路昆山高新区大公花园。

叶荷村 属原南渔村第 4、第 5 村民小组。以叶荷河河名为村名。村庄位于叶荷河旁，地处原昆山殡仪馆北侧，村庄呈正方形，东西长约 50 米，南北长约 51 米。村庄无耕地面积，有 44 户 111 人，其中男性 52 人、女性 59 人，有王姓 8 户、戴姓 2 户、费姓 4 户、薛姓 4 户、顾姓 4 户、周姓 3 户、殷姓 2 户、高姓 2 户、赵姓 1 户，徐姓 1 户、俞姓 1 户、沈姓 1 户、陆姓 1 户、陈姓 1 户、李姓 1 户、郑姓 1 户、袁姓 1 户、钮姓 3 户、宗姓 3 户。村民主要以渔业捕捞、水产养殖和打零工为主。2006 年 9 月，因叶荷河改造工程，房屋拆除，村庄消失，村民动迁至玉山镇虹桥新村和鹿城路南华苑。

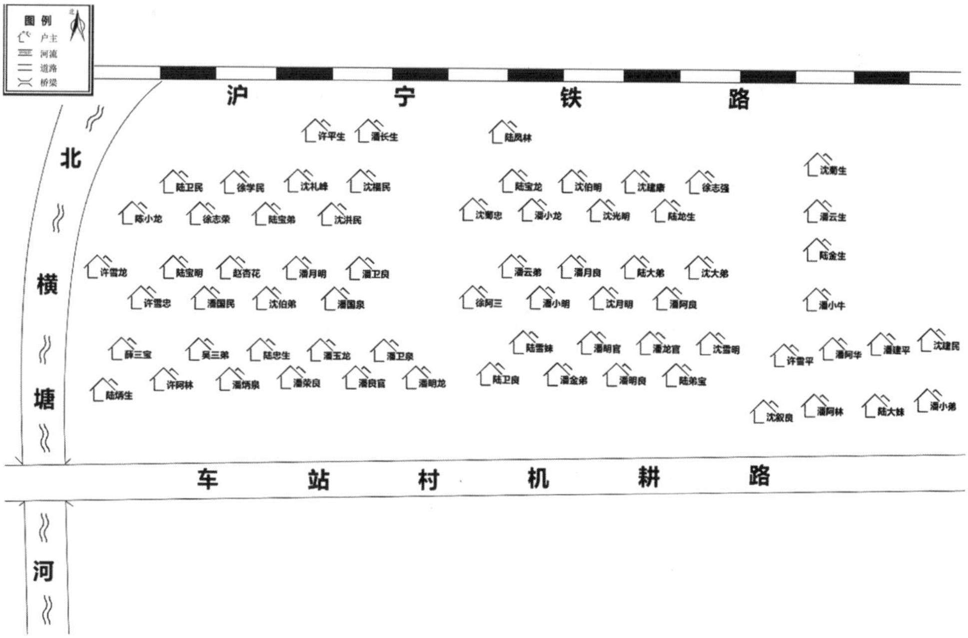

复线村自然村落图（2013 年）

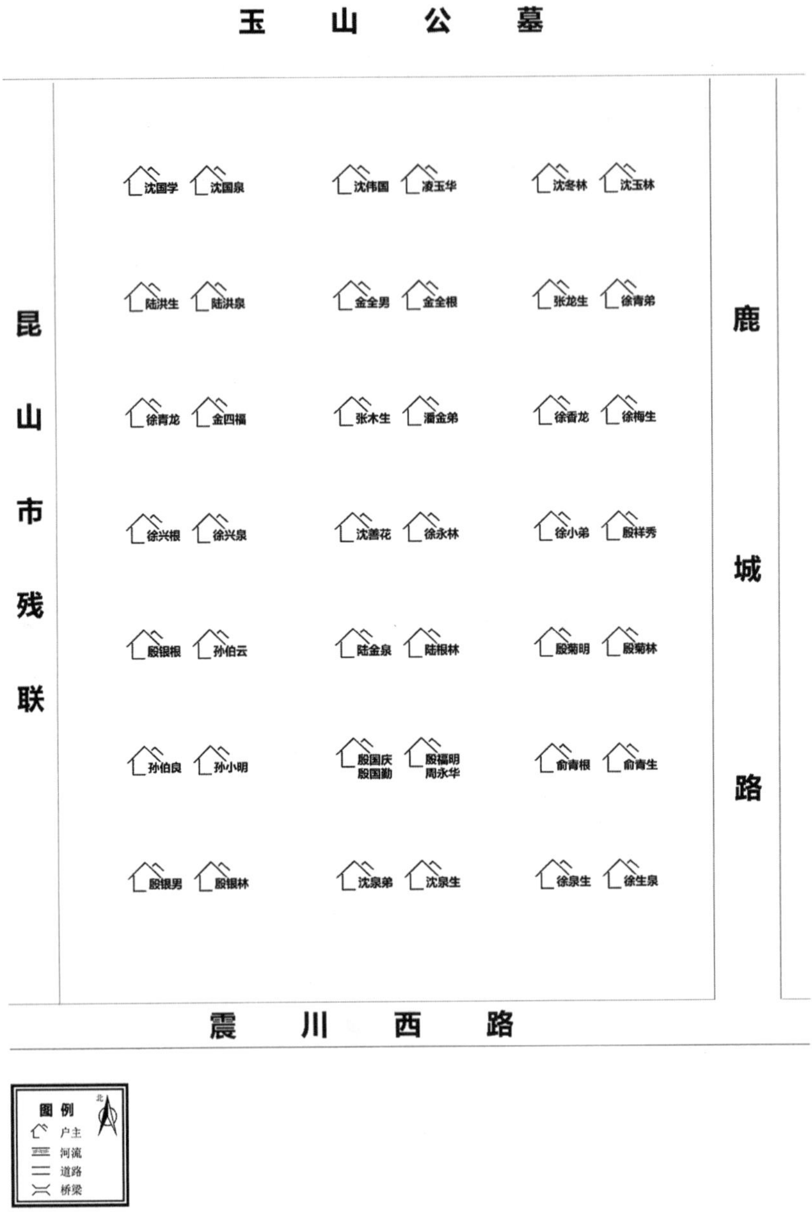

远街村自然村落图（2013 年）

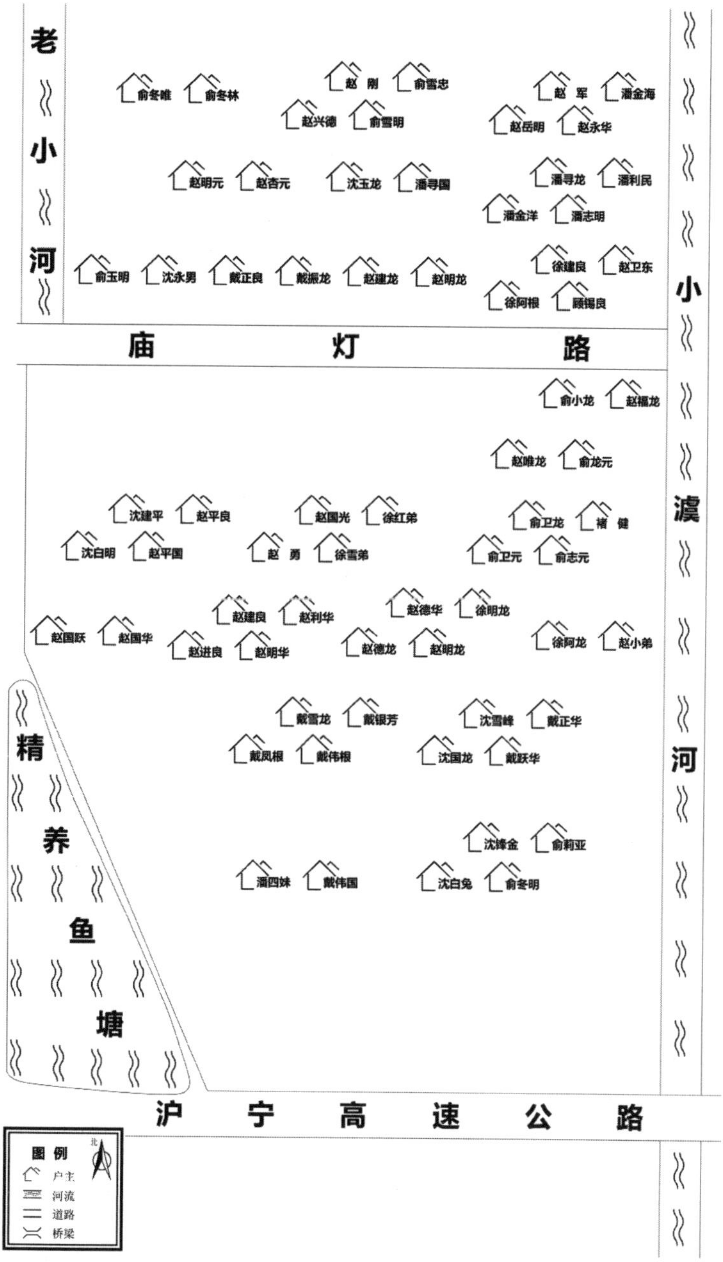

老小河村自然村落图（2013 年）

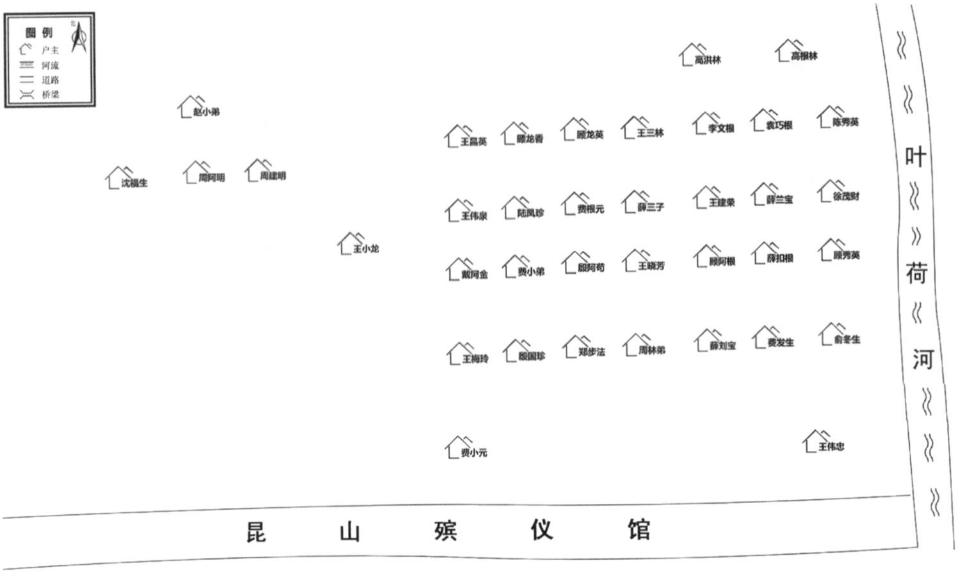

叶荷村自然村落图（2013 年）

第二节　自然环境

南渔村地处太湖流域，属阳澄湖冲积平原，村域内河、港、浜交叉成网，地势平坦、交通发达、物产丰富、环境优美。

南渔村临近东海，属北亚热带南部季风气候区，受季风影响，四季寒暑分明，光照资源丰富，雨量充沛，无霜期长。夏季受海洋性气候影响，雨热同期，适宜善热作物和树木旺盛生长。冬季寒冷干燥，春、秋季节气候宜人。由于夏、冬季风进退迟早，强度变化不一，致使气温和降水年际差异甚大，因此，旱、涝、风、冻灾害时有发生。

一、地貌

南渔村位于长江中下游和太湖流域形成的阳澄湖低洼平原区。地势平坦，地貌特征为南高北低，地面高程甚低，最高高程为 3.8 米，最低高程为 2.4 米，大部分地面高程低于汛期外河水位。

1949 年前，一旦遇上大雨或上游积水下泄，由于排水不畅，就极易形成涝灾。虽经历代围圩筑堤，但洪涝灾害仍频繁发生。

1949 年后，通过拓浚河道，联围并圩，将内外河分开，加固圩堤，建套闸以及配备机电排灌，预降水位，洪涝灾害得到有效控制。

二、土壤

1980—1982 年，第二次全国土壤普查结果显示：村域内土壤有 3 种：乌山土、竖头弥乌山土、粉砂性乌山土。村域内土壤主要以乌山土为主，粉砂性乌山土少量分布在村域南隅，土壤等级可分为五级。

一级土壤：主要为极少数黄泥土，肥力高、土层厚、耕性好、无障碍层、易发棵、早发棵、农作物能高产稳产。

二级土壤：主要为黄泥土与粉砂底黄泥土，肥力较高、耕性好、障碍层次在 60 厘米以下，农作物产量较高。

三级土壤：主要为乌山土和部分黄泥土，肥力中等，接壤泥土耕性较差，障碍层次在 30 厘米以下，发棵迟缓，农作物产量一般。

四级土壤：主要有青紫土，少量黄泥土和乌山土，肥力较低、耕性差、少发棵或早衰、农作物产量较低。

五级土壤：多为青泥土、僵土、沼土，肥力很低，耕层厚度指数为 10，耕性差，僵苗多，农作物产量很低。

三、水系

流经村域的河流主要有叶荷河、娄江、复线河、老小河 4 条。

叶荷河　位于昆山娄江北侧，南北流向，南连娄江，北接张家港，河面宽 200 米，全长 7 千米。其中叶荷河有 150 米流经叶荷自然村。

娄江　位于昆山震川西路南端，东西流向，东接青阳港，西依苏州，河面宽 200 米，全长 36 千米。叶荷自然村距离娄江 200 米。

复线河　位于原昆山化工厂北侧，紧依沪宁铁路，东西走向，东接青阳港，西连小澞河，河面宽 50 米，全长 5 千米。其中复线河有 150 米流经复线自然村。

老小河 位于南渔村第 2 村民小组庙灯变电所，南北走向，南至吴淞江，北接昆山市区，河面宽 130 米，全长 8 千米。老小河距老小河自然村 200 米。

四、气候

气候特征 南渔村地处亚热带南部季风气候区。湿润温和，四季分明，夏季炎热多雨，冬季寒冷干燥，春秋两季气候宜人。

气温 南渔村域濒临东海，全年高温天气一般在 7 月份。由于气流单一，不易形成锋面，往往出现伏旱高温天气。在正常情况下，日极端最高温达 36℃～39℃左右。低温天气一般在 1—2 月份之间，有时受西伯利亚强冷空气侵袭南下，村域内可出现气温骤降现象。一般情况下，平常日极端气温在-6℃～8℃左右。初春时期气温一般在 20℃～25℃左右，偶有气温较低的“倒春寒”现象，持续时间不会太长；初秋时期，时有“秋老虎”现象。

降水 村域内年平均降水量 1 073 毫米，年际差异较大，年降水量最多的 1960 年达 1 576 毫米，最少的 1978 年为 672.9 毫米。全年降水集中在夏季，春季为次，冬季最少。四季降水量分布情况：春季（3—5 月）平均为 286.8 毫米，占全年降水量 27%；夏季（6—8 月）适逢梅雨季节，降水较多，平均为 406 毫米，占 38%；秋季（9—11 月）平均为 243.7 毫米，占 23%；冬季（12 月—次年 2 月）平均为 127 毫米，占 12%。全年降水日数平均 126.1 天。

霜 村域内历年无霜期平均为 228 天，年平均初霜日为 11 月 15 日，终霜日为 3 月 30 日。

雪 村域内隆冬和初春，时有降雪和积雪天气，平均初雪日为 1 月 4 日，终雪日为 3 月 6 日。年平均降雪 6 至 7 天，平均积雪日数 5 天，降雪最多的年份有 15 个降雪日，但也有个别年份无降雪。

日照 村域内年平均日照 2 096.3 小时，年日照百分率 48%，日照时数年际差异较大，年日照时数最多的 1978 年为 2 460.7 小时，最少的 1959 年仅 1 710 小时，年际差异 750.7 小时。一年之中，日照时间以夏季最为充裕，尤其 7—8 月份，每月日照时数在 250 小时左右，日照百分率在 60%左右；秋季次之，月日照数在 160～180 小时；冬季日照数最少，1—2 月份日照数不足 150 小时。2018

年，年日照时间为 1 891.8 小时。

五、自然灾害

水灾 南渔村地势低洼，形如盆碟，加上水利设施防御功能差，旧时，民间素有“小雨水汪汪，大雨白茫茫”之称。1949 年以来，有历史资料记载的洪灾共计 9 次，受灾年份分别是 1954、1957、1960、1962、1964、1975、1977、1983、1985 年。尤其是 1954 年，暴雨连月，水位涨到 4.03 米，江水倒流，为百年罕见的大洪灾；1957 年 6 月 25 日—28 日，阴雨连绵，日雨量 110 毫米，村域受灾严重；1960 年 8 月 2 日—5 日，受 7 号台风影响，连降暴雨，渔业大队各生产队都受到不同程度的损失；1975 年 6 月 24 日—27 日，全程降雨 67.4 小时，总雨量 203 毫米，其中 27 日 14 小时降雨 126 毫米，外河水位由 27 日 6 时的 2.5 米上涨至 27 日 15 时的 3.3 米，村域内各自然村受灾严重。2018 年年降水量为 1 176 毫米，年降水日为 144 天，9 月 17 日最大降水量为 86 毫米。

风灾 1950 年以来，村域内台风成灾有 10 余次。1962 年 14 号台风灾害较重。是年 9 月 5 日、6 日，飓风侵袭，暴雨连降 2 日，总雨量 217.4 毫米，水位上涨至 3.58 米，农田受灾严重，农作物几乎无收，鱼塘被淹没 500 多亩。

雪灾 2008 年 1 月，受“拉尼娜”现象影响，村域内暴雪成灾，积雪深度达 30 厘米，大量大棚倒塌，少量屋顶被压塌，鱼塘损失严重。

第三节 自然资源

南渔村位于长江三角洲，属亚热带气候，适宜种植粮油农作物和绿叶蔬菜，同时产有多种水产及畜禽动物。

一、作物、植物

粮食类：水稻、三麦、荞麦、玉米、高粱、甘薯、土豆、芋头、南瓜、赤豆、红豆、绿豆。

油料类：油菜、花生、大豆、芝麻、向日葵、蓖麻。

蔬菜类：青菜、小白菜、大白菜、卷心菜、菠菜、韭菜、苋菜、空心菜、香菜、荠菜、甜菜、茼蒿菜、大头菜、金花菜、雪里蕻、芹菜、萝卜、胡萝卜、大蒜、胡葱、香葱、洋葱、莴苣、竹笋、茄子、扁葫、西红柿、茭白、慈姑、冬瓜、金冬瓜、黄瓜、丝瓜、生瓜、草瓜、毛豆、蚕豆、豌豆、豇豆、刀豆、扁豆、紫角叶、西葫芦。

食用菌：蘑菇、香菇、平菇、金针菇。

瓜果类：西瓜、香瓜、田鸡瓜、老太婆瓜、桃、梨、橘、苹果、葡萄、枇杷、草莓、石榴。

花卉类：鸡冠花、凤仙花、菊花、大丽花、芍药、美人蕉、文竹、天竺葵、南天竹、一串红、牵牛花、天鹅绒、菖蒲、千日红、月季、茉莉、蔷薇、玫瑰、迎春、蜡梅、春梅、玉兰、广玉兰、白兰花、山茶、桂花、牡丹、海棠、夹竹桃、六月雪、紫薇、剑麻。

树木类：河杨、枫杨、垂柳、杞柳、桑、榆、榉、楝、松柏、雪松、水杉、刺槐、泡桐、梧桐、银杏、香樟、谷树、棕榈、女贞、黄杨、法国冬青。

竹类：慈孝竹、红头笋、哺鸡竹、大圆竹、五月竹、石竹。

二、家畜、家禽、鱼

畜类：猪、牛、羊、兔、狗、猫、水貂。

禽类：鸡、鸭、鹅、鸽、鹌鹑、鸬鹚（鱼鹰）。

鱼类：青鱼、草鱼、鳊鱼、鲢鱼、鲫鱼、鲤鱼、昂刺鱼、黑鱼、鳗鲡、黄鳝、泥鳅、塘鳢鱼、川鲦、鳑鲏。

三、野生动物

兽类：鼠、兔、獾、刺猬、黄鼠狼。

鸟类：麻雀、燕子、乌鸦、喜鹊、八哥、野鸡、野鸭、野鸽、黄鹂鸟、白头翁、老鹰。

爬行类：水蛇、蝮蛇、赤链蛇、青梢蛇、秤星蛇、壁虎、蜥蜴、乌龟、甲鱼。

软体、甲壳类：青蛙、蟾蜍、蜗牛、河蚌、螺蛳、田螺、河蟹、虾、大闸蟹。

昆虫类：蚕、蝶、蜂、叶蝉、蝉、螳螂、蜻蜓、蟋蟀、蝈蝈、蚊、蝇、虻、蟑螂、蚂蚁、蜘蛛、纺织娘、天牛、蚜虫、萤火虫、瓢虫、蠓虫、蝼蛄、蚱蜢、蝗虫、地鳖虫。

第四节　人　口

1959年，《中华人民共和国婚姻法》规定了适龄男女的结婚年龄，南渔村早婚现象逐渐消失。1979年，因城镇居民下放、知青插队，村域内人口出现增长。进入80年代，随着乡村工业崛起，受企业招工、引进人才等因素影响，村域内人口呈现有序低幅增长。1991年至1999年，计划生育政策延续执行，虽然医疗水平提高、生活条件改善，但人口增长速度不快。2020年，村域内人口结构变化颇大，尤以老年人数量增幅较大，人口趋于老龄化。

一、人口总量

1959年，村域内人口较少。1973年起实行计划生育，人口增长得到有效控制。据1990年人口调查统计数据，南渔村总人口975人，其中：男性461人、女性514人，90周岁及以上老人8人。

2020年，南渔村共有渔户311户，总人口964人，其中：男性455人、女性509人，90周岁及以上老人7人。2020年南渔村各组人数情况如表1-1、表1-2所示。

表 1-1 2020 年南渔村各组人数一览表

组别	1 组	2 组	3 组	4 组	5 组	合计
户数/户	89	85	74	41	22	311
人数/人	265	272	241	116	70	964

表 1-2 2020 年南渔村各组性别人数一览表

单位：人

组别		1 组	2 组	3 组	4 组	5 组	合计
人数	男	120	131	117	57	30	455
	女	145	141	124	59	40	509

二、人口结构

（一）文化

旧时，南渔村渔民文盲、半文盲达 95%以上。昆山解放后，在中国共产党领导下，人民政府十分重视渔民学文化。在城南公社的直接领导下，开展扫盲运动，办夜校冬训班，组织渔民学习文化。此后，除“三年困难”及“文化大革命”时期中断外，渔民坚持不懈学习文化。1984 年，城南乡文盲率达 50%。1986 年，国家普及九年制义务教育。因渔民水上作业的特殊性，昆山县人民政府对渔家子女统一颁发流动学习证，只要在昆山县任何一个地方学校，凭流动学习证就可以就地学习文化。至 1990 年，村域内文盲、半文盲率降至 20.5%以下。南渔村自扫盲工作后，村民的文化结构发生了较大变化，文化水平得到提升。2020 年南渔村人口文化结构情况如表 1-3 所示。

表 1-3 2020 年南渔村人口文化结构情况表

单位：人

组别	人数						
	本科以上	大专	中专	高中	初中	小学	其他
1	22	31	4	28	65	58	57
2	33	26	25	6	40	104	38

续表

组别	人数						
	本科以上	大专	中专	高中	初中	小学	其他
3	12	18	34	13	52	86	26
4	13	6	—	5	30	47	15
5	6	4	1	14	25	12	8
合计	86	85	64	66	212	307	144

（二）年龄

至2020年，全村0～17周岁的有151人，约占总人口的15.66%；18～64周岁的有656人，约占总人口的68.05%；65～89周岁的有150人，约占总人口的15.56%；90周岁以上的有7人，约占总人口的0.73%。2020年南渔村年龄结构情况如表1-4所示。2020年南渔村90岁以上人员情况如表1-5所示。

表1-4 2020年南渔村年龄结构情况一览表

单位：人

组别	人数					合计
	0～6周岁	7～12周岁	13～17周岁	18～64周岁	65周岁及以上	
1	17	17	12	167	52	265
2	13	12	9	193	45	272
3	12	17	13	169	30	241
4	5	11	3	75	22	116
5	4	4	2	52	8	70
合计	51	61	39	656	157	964

表1-5 2020年南渔村90周岁及以上人员一览表

序号	姓名	组别	性别	出生年月	年龄/岁
1	徐新珍	1	女	1925年11月	95
2	陆桂宝	1	女	1930年4月	90
3	徐云生	1	男	1928年6月	92

续表

序号	姓名	组别	性别	出生年月	年龄/岁
4	沈杏妹	1	女	1923年5月	97
5	徐云妹	2	女	1930年10月	90
6	赵四妹	2	女	1921年4月	99
7	陆凤珍	4	女	1929年8月	91

（三）民族

中华人民共和国成立以来，至2020年年底，南渔村所有村民均为汉族。

（四）婚姻

至2020年底，南渔村村民总人数964人，其中已婚人数747人，未婚人数217人。2020年南渔村村民婚姻状况如表1-6所示。

表1-6 2020年南渔村村民婚姻状况一览表

单位：人

组别		1组	2组	3组	4组	5组	合计
人数	已婚	206	216	183	88	54	747
	未婚	59	56	58	28	16	217
合计		265	272	241	116	70	964

（五）姓氏

2020年底，南渔村共有姓氏78个。其中：潘姓和赵姓同居首位，各有111人，集中分布在第1、第2、第3村民小组；其次是沈姓97人居第三位，主要分布在第1、第2、第3村民小组；居第四位的徐姓94人，集中分布在第1、第2、第3、第4村民小组；居第五的陆姓71人，主要分布在第1、第2、第3村民小组。2020年南渔村各村民小组姓氏汇总如表1-7所示。

表1-7 2020年南渔村各村民小组姓氏汇总一览表

单位：人

序号	姓氏	人数					
		1组	2组	3组	4组	5组	小计
1	潘	84	21	5	1	—	111
2	赵	4	98	2	7	—	111

续表

序号	姓氏	人数					
		1组	2组	3组	4组	5组	小计
3	沈	37	25	31	4	—	97
4	徐	20	28	39	1	6	94
5	陆	48	2	17	2	2	71
6	俞	3	37	12	1	3	56
7	王	6	4	6	24	6	46
8	戴	7	31	1	3	—	42
9	殷	—	1	27	3	1	32
10	周	1	3	7	7	2	20
11	陈	8	2	2	4	2	18
12	费	—	1	1	15	1	18
13	李	1	1	5	1	9	17
14	张	1	2	11	—	2	16
15	孙	—	—	14	—	—	14
16	杨	2	1	3	6	—	12
17	吴	4	1	6	—	1	12
18	金	2	—	10	—	—	12
19	顾	—	6	—	3	3	12
20	薛	3	—	—	8	—	11
21	许	11	—	—	—	—	11
22	朱	6	1	1	1	—	9
23	钮	—	—	—	—	9	9
24	宗	—	—	1	8	—	9
25	高	—	—	—	—	7	7
26	唐	1	—	3	1	—	5
27	刘	—	1	4	—	—	5
28	丁	—	—	2	3	—	5

续表

序号	姓氏	人数					
		1组	2组	3组	4组	5组	小计
29	黄	—	—	4	—	—	4
30	陶	1	—	3	—	—	4
31	郑	—	—	—	—	4	4
32	冯	—	1	2	—	—	3
33	邹	3	—	—	—	—	3
34	严	—	—	3	—	—	3
35	欧	—	—	3	—	—	3
36	管	—	—	1	—	2	3
37	褚	—	1	1	1	—	3
38	马	—	—	—	—	2	2
39	蒋	—	1	1	—	—	2
40	袁	—	—	—	—	2	2
41	段	2	—	—	—	—	2
42	屠	2	—	—	—	—	2
43	颜	—	1	—	1	—	2
44	姚	—	1	1	—	—	2
45	方	—	—	2	—	—	2
46	范	1	—	—	1	—	2
47	岳	1	—	—	—	1	2
48	叶	—	—	2	—	—	2
49	董	—	—	1	—	1	2
50	彭	—	—	—	2	—	2
51	骆	1	—	—	—	—	1
52	支	—	1	—	—	—	1
53	曾	—	—	—	—	1	1
54	谭	—	—	—	—	1	1

续表

序号	姓氏	人数					
		1组	2组	3组	4组	5组	小计
55	曹	—	—	1	—	—	1
56	涂	—	—	1	—	—	1
57	施	—	—	1	—	—	1
58	谢	—	—	1	—	—	1
59	莫	—	—	1	—	—	1
60	闵	—	—	1	—	—	1
61	缪	—	—	1	—	—	1
62	荣	—	—	1	—	—	1
63	凌	—	—	1	—	—	1
64	卞	—	—	—	1	—	1
65	余	—	—	—	1	—	1
66	何	—	—	—	1	—	1
67	胡	—	—	—	1	—	1
68	罗	—	—	—	1	—	1
69	孟	—	—	—	1	—	1
70	苏	—	—	—	1	—	1
71	郃	—	—	—	1	—	1
72	项	1	—	—	—	—	1
73	赍	1	—	—	—	—	1
74	浦	1	—	—	—	—	1
75	郝	1	—	—	—	—	1
76	计	1	—	—	—	—	1
77	钱	—	—	—	—	1	1
78	伍	—	—	—	—	1	1

（六）职业

60年代，南渔村渔民主要从事水产捕捞产业，依水生息。60年代中后期，自国家对渔业进行社会主义改造，对渔民实行陆上定居以来，“亦渔亦农”的渔民过上温饱型生活。70年代中后期，随着社办、队办企业兴起，渔民开始从事第二、第三产业。1984年，全村务工劳动力人数占总劳动力人数的25.5%；1990年占55.5%。2020年，随着昆山工业化、城市化、城乡一体化的大力推进，劳动力就业发生巨大变化。全村务工劳动力共有285人，其中从事第一产业的有5人、从事第二产业的有200人，从事第三产业的有80人。

三、人口控制

（一）政策施行

1963年8月，城南公社妇联通过各种会议，宣传计划生育政策和避孕措施。翌年，昆山县妇联保健所到城南公社做绝育手术试点。1965年，城南卫生院开始实施人工流产，安放节育环，结扎输精管、输卵管手术，节育工作取得新的进展。1973年城南公社制定《关于执行计划生育政策的实施规则》，表明凡实行晚婚晚育的给予奖励，村域内人口增长得以控制。1974年，村域内实行避孕药具免费供应。1982年，计划生育被定为基本国策，全国有计划地控制人口。1990年，南渔村有育龄妇女514名，已婚育龄妇女105名，领独生子女证105名，领证率100%，有生育条件的妇女52名，有生育条件但只生一个子女的夫妇21对，当年出生小孩8名。父母双方生育合法，凭独生子女证，可享受每年120元的经济补助。

2011年11月，国家开始实施“双独二孩”政策。2013年12月，国家又开始实施“单独二孩”政策。2015年，南渔村共有育龄妇女123名，年生育小孩11个，其中男孩5个、女孩6个。2016年1月1日，全村正式办理二孩生育许可证11张，实际生育率95.6%。

随着二孩生育政策放开后，医院全面开通计生特殊对象就医“绿色通道”。南渔村对村域内有户籍的30~64周岁的妇女开展乳腺癌和宫颈癌的“两癌”筛查工作，关怀妇女身心健康。

（二）优育措施

1979年10月，村域内开始推行“一对夫妇只生一个孩子”，给只生一个孩子的夫妇发放独生子女证。城南公社自 1979 年 10 月起，对只愿生育一个孩子，并落实有效节育措施的家庭，经公社分管领导批准，发给独生子女证，并规定每年给予孩子 40 元保健费，年限从获证当年起，至孩子 14 周岁为止；对于持证家庭，政府会在孩子入托、入学、医药费等方面给予优惠，持证夫妇双方，优先安排其中一人进入社队企事业单位工作；对计划生育的育龄妇女，落实 56 天产假补贴；对施行节育手术的育龄妇女，给予适当的休息日；若男女双方均为晚婚者，则各增加 1 周婚假，且婚假期间，工资照发。晚育者，产假在规定天数的基础上，延长 15 天；难产者，产假延长 10 天，为 66 天，产假期间工资照发，不影响全年奖金。持独生子女证的夫妇，若年老丧失劳动能力、生活困难，由所在单位给予适当经济补助，退休时增发原工资额的 5%退休金。对未婚先育者，或无计划生育者，按规定进行经济制裁，从子女出生之日起，须缴纳超生子女费。1982 年 1 月规定：经济制裁年限为 14 年，对国家干部中超计划生育夫妇除进行经济制裁外，还要延缓晋升工资一次；乡办企业、事业单位职工，全民集体单位的临时工、合同工、亦工亦农者等中的无计划生育者，均予辞退；计划外出生的非农业人口小孩吃粮、食油按议价计算，直至小孩 14 周岁止，三年内计划外小孩不享受合作医疗和幼托费待遇。1985 年规定：计划外小孩，五年内不享受保健医疗和幼托福利待遇；对党团员、干部不执行计划生育者，给予经济制裁、不提拔干部职位和不安排工作的处罚；对情节严重者，给予党纪、政纪处分。1990 年，南渔村发放独生子女证 10 张。

四、流动人口管理

改革开放后，昆山工业化、城市化、城乡一体化迅猛发展，外来人员和新昆山人逐年增加。南渔村地处昆山市区中西部与昆山高新区之间，工商业发达，外来人员和新昆山人员居住密度较高。至 2020 年年底，村域内外来流动人口和新昆山人口达 750 多人。

（一）管理机构

为做好外来人员的管理工作，2017 年南渔村组建了村委会、警务站、网格化信息管理站三位一体的外来人员管理机构。村委会重点负责协调外来人员管理中的一些具体问题；警务站重点做好外来流动人员和新昆山人入城、入住、入职、入学、入户五个重点方面的排查、核实、把关服务工作；网格化信息管理站重点捕捉信息，提供外来流动人口动态变化信息反馈，做到信息资源共享。

（二）管理内容

南渔村对村域内外来流动人员和新昆山人全面登记造册，建立台账、档案，并落实专人全程跟踪管理，掌握动态变化。要求外来流动人员入住或承租民房，须签订入住承租协议，明确权利、义务和法律责任，做到有据可查。配合所在地方派出所，加强对外来流动人员中的无业闲散人员、无身份证人员、持假证人员以及有严重不良行为的人员的分类管理。加强流动人口培训教育，利用村市民学校，定期或不定期对外来流动人员和新昆山人进行培训。培训内容包括法制教育、安全防范知识、文明素养提升等，引导外来流动人员和新昆山人见贤思齐、崇德尚善，培育他们的文明气质，提升其文明素养。

（三）服务项目

对于定居村域的外来流动人员和新昆山人，南渔村在抓好管理工作的基础上做好服务工作。2018 年，在昆山市司法局的业务指导下，开展矛盾纠纷的排查、调解和防止矛盾纠纷激化工作。成立新昆山人调解委员会，具体工作由村委会主任负责，人员由村妇女主任、治保主任、警务站站长、老协会会长等组成，办公地点设在村办公楼底下的民生之家，面积 15 平方米。当外来流动人员、新昆山人发生邻里纠纷、劳资纠纷时，由调解委员会帮助调处，把矛盾化解在村，让外来流动人员和新昆山人有归属感。

第五节　村民生活

1949 年以前，南渔村村民世代以船为家，依水生息，捕捞谋生，过着四处漂泊的艰难生活。解放后，在党的领导下，人民政府组织渔民走社会主义合作化道路，通过对渔业实施社会主义改造，帮助渔民实行陆上定居，并实施“亦渔亦农”政策，使渔民基本生活得到保障。1959 年，渔民年收入 61.4 元。1969 年，村民年人均收入 100.5 元。中共十一届三中全会后，南渔村大力发展第二、第三产业，大批劳动力转移到第二、第三产业，渔民生活水平明显改善。

一、居民收支

（一）收入

南渔村村民（渔民）的收入类型，概括来说，50 年代是“饥饿型”、60 年代是“温饱型”、70 年代是“自给型”。改革开放后，南渔村村民既有农业收入，又有务工收入，年人均收入在 1 200 元左右。2000 年后，村民收入逐年增长，年人均收入在 3 500 元左右。至 2020 年，南渔村村民收入总额 4 637 万元，其中：工资性收入 2 500 万元，经营收入 1 170 万元，投资性收入 160 万元，资产性经营收入 380 万元，政策性收入 393 万元，其他收入 34 万元，村民年人均纯收入 47 952 元。

（二）支出

南渔村村民支出，50 年代仅限灯油费；60 年代起用于捕捞工具费、船只维修费；80 年代起，主要用于水电费、电信费、生活用品费。2020 年，南渔村村民支出总额为 3 684 万元，其中食品烟酒费用 1 156 万元，水、电、气费用 118 万元，生活用品费用 160 万元，社会保险费用 392 万元，医药费用 102 万元，医疗保险费用 6 万元，汽车费用 1 192 万元，旅游费用 107 万元，婚丧喜事费用 68 万元，网通费用 161 万元，其他费用 222 万元。

2020 年，南渔村村民共拥有私人小轿车 204 辆、电动自行车 445 辆、彩电 762 台、电脑 208 台、洗衣机 328 台、热水器 388 台、净水器 50 台、手机 766 部、冰箱 342 台、空调 877 台。

二、社会保障

（一）养老保险

2020 年，南渔村参加社会养老保险人数为 450 人（根据常住人口统计数据），参保率 100%。已领养老金 327 人，参加农保者每人每月可领的养老金为：

65 周岁以下 590 元、65～69 周岁 600 元、70～74 周岁 630 元、75～79 周岁 660 元、80～84 周岁 690 元、85～90 周岁 720 元、90 周岁以上 750 元。参加社保的村民养老金待遇与城镇职工无差异。

（二）医疗保险

截至 2020 年，南渔村参加医疗保险人数为 957 人（根据常住人口统计数据），参保率 100%。其中，参加农保医保 195 人、参加社保医保 762 人。参加农村医疗保险的居民可报销医疗费的比例：男 60 周岁及以上为 90%，60 周岁以下为 80%；女 50 周岁及以上为 90%，50 周岁以下为 80%。

（三）医疗普惠

南渔村村委会于 2018 年 1 月对村民实施医疗普惠政策，重点把因病、因残致困，特别是因突发重病致困的本村村民列为帮扶对象，按比例报销，解决部分村民因病、因残致困问题。2019 年享受人数 109 人，金额 147 580 元；2020 年享受人数 78 人，金额 80 282 元。

（四）退伍军人安置

70 年代，复员退伍军人均给予工作安排，无货币安置，人称“义务兵”。改革开放后，随着经济发展，各级财力不断增强，复员退伍军人安置得到各级政府高度重视。昆山市陆续出台有关安置政策，2005 年，南渔村有 14 名复员军人享受相关政策。退役士兵的安置以货币安置为主，就业安置为辅，鼓励退役士兵选择货币安置。安置政策按服役年限，分 5 年以下、10 年以内和 10 年以上三个等级，安置费分别参照本区域上年度职工平均工资的 2 倍、2. 5 倍和 3 倍测算。在部队荣立二等功以上的，参战的或在西藏高原服役两年以上的，如本人不愿货币安置的，可优先安置就业；选择货币安置的退役士兵创办个体、私营企业的，按规定享受有关税收优惠政策；对从事个体经营的退役士兵，有关部门将简化手续，优先办理证照，安排场所和摊位，减免有关行政收费。

2018 年秋、冬两季退役的士兵，即退役义务兵，一次性经济补助金发放标准为 88 787 元，士官每服役一年，增发 10%，在西藏地区服役的退役义务兵增发 50%。补助金由昆山市财政和各区（镇）财政各负担 50%。当年，南渔村有 15 名复员军人享受此政策。

（五）残疾人救助

2020年年底，南渔村共有残疾人员12名。村民委员会组建南渔村残疾人服务站，开展对残疾人的帮扶、救助工作，根据集体可支配收入的情况，每年在集体收益中专门提留一笔残疾人救助专项资金进行救助。

救助补贴对象有四种。一是一户多残家庭的残疾人。一户多残指一户家庭有2名以上的残疾人，残疾人依靠父母或祖父母、外祖父母抚养，但他们均达到法定退休年龄。二是低保家庭内的残疾人。三是无业，精神、智力二级残疾人，具体指劳动年龄段男16~60周岁、女16~55周岁，未就业且固定收入低于最低生活保障标准的三级或四级精神、智力残疾人。四是无固定收入的重度残疾人，具体指固定收入低于低保标准的一级和二级智力、肢体、精神、视力残疾人。

救助补贴标准有四种。一是针对低保家庭的残疾人。重度残疾人按低保标准（每人每月995元）的35%发放，非重度残疾人按低保标准的25%发放。二是一户多残、依老养残对象，按低保标准的60%发放。三是无业，精神、智力四级残疾人，按低保标准的60%发放。四是无固定收入的重度残疾人，按低保标准差额发放。残疾人护理救助补贴，按残疾等级评定为一级、二级，若为需要长期照护的重度残疾人，每人每月补贴100元，重度残疾人每人每月补贴120元。

三、衣食住行

中华人民共和国成立前，南渔村渔民世代过着漂泊不定的生活，加上遭受“穷土、恶水、血吸虫”三大灾害影响，渔民们过着“半年糠菜半年粮、吃了上顿无下顿”的艰难生活。

中华人民共和国成立后，在党的领导下，尤其是改革开放后，随着生产水平、生活水平不断提高，人们的物质、精神生活不断改善，经济收益日益增长，生活条件向好的方向发展。南渔村村民“穿讲漂亮、吃讲营养、住讲宽敞、行讲方便”，衣食住行呈现出前所未有的变化。

（一）衣着

旧时，南渔村渔民生活十分贫困，身上穿土布，着“补丁衣”，渔户节衣缩食，多子女的家庭“阿大穿新、阿二穿旧、阿三穿破、阿四穿筋”。

昆山解放后，村（渔）民生活随着农村经济发展有所改善，但大多数村（渔）民还是以土布等便宜衣料制衣，款式单一。60—70年代，盛行灯芯绒、平绒缝制的时尚女性服装和男式中山装，服装材质逐渐向高档衣料发展，款式时髦、讲究新颖，衣着分不出城市与农村之别。2000年后，村民的衣着质地进一步提升，款式、色彩趋于多样化。男性以西装、皮夹克、休闲衣为主，女性以两用衫、西服为主。男女皮衣、羽绒服相当普遍，毛衣样式不断翻新，村民消费档次日益提升。

（二）餐食

50年代，渔民四处漂泊捕捞，饮食十分节俭，加上频繁的自然灾害，渔民常常吃了上顿无下顿。大多数渔民上岸寻找山芋、红薯、野菜等充当主食，大米、蔬菜等为辅，荤菜很少，只有在招待亲朋好友、逢年过节时，才添购荤菜。60—70年代陆上定居后，渔民饲养一些禽类生蛋食用，适当种植农副产品，以改善生活。

2000年后，村民饮食水平随着生活条件逐年改善，基本达到每天有一两样荤菜，人们开始讲究吃得营养，荤素搭配，注重养生健康，保健品、水果等进入家庭消费。婚丧嫁娶场面变大，菜肴也日益丰盛。逢年过节，村民习惯宴请招待，消费支出不断上升。

（三）住房

60年代前，渔民一直以船为家。陆上定居后，每户有24平方米住房；70年代，平房被翻新成2至3层高的楼房；80年代，开展第二轮新农村建设。党的十六届五中全会和党的十九大后，昆山大力推进工业化、城市化建设，城乡一体化格局日益明显。2002年后，南渔村311户渔户被分别安排到虹桥新村、大公花园等6个新型社区居住。2020年，南渔村人均住房面积62.22平方米。

（四）出行

昆山解放前，渔民出门以舟代步，船成为渔民主要的交通工具。50—60年代，大兴水利工程，先后拓浚内河航道，陆上交通以市区公路为主。60年代末期，渔民陆上定居，村庄内道路均为泥路，路面狭窄，基础设施差，晴天行走尚可，雨天则泥泞不堪，行走艰难。村民出村时以水路交通为主，大多以舟楫代步出行。

70 年代，水上交通发展为水泥船、挂桨机船，陆上交通仅靠塘岸和田间小径徒步往返。70 年代后期，镇外支线公路建成，相继通车。村域内先后筑煤渣路、黑脚子路，便于人们出行。随着乡村企业的迅速发展，尤其在党的十一届三中全会后，经济和社会事业全面发展，人民生活水平不断提高，南渔村村民家庭收益年年增加。村域内道路建设迅速发展，逐步形成各村道路相连的局面。

80 年代中后期以后，村民出行从自行车、三轮车、摩托车，逐步变为小轿车、大卡车、商务车。截至 2020 年，南渔村村民家庭基本达到每户拥有 1~2 辆小轿车。

第二章　村级组织

1959年6月，在昆山县人民政府的统一安排和部署下，城南公社渔业大队开始筹建，11月，渔业大队正式成立，下辖4个生产队。

1969年，渔业大队成立革命委员会，原大队负责人（大队长）改称大队革命委员会主任，渔业大队下辖的生产队改称生产队革命领导小组。1981年下半年，革命委员会和生产队革命领导小组撤销，大队管理委员会和生产队名称恢复。

1983年，政社分设，南渔大队改为南渔村，成立南渔村村委会。村委会设主任、副主任各1名，另设会计、民兵营长、经济合作社社长、治保主任、妇女主任各1名。生产队改称村民小组，全村共5个村民小组，每组设村民组长1名。

第一节　党的建设

1959年6月，在城南公社党委的直接领导下，渔业大队组建党支部，渔业大队各项工作由大队党支部引领展开。

在“文化大革命”期间，党的工作基本停滞。1969年渔业大队成立渔业大队革命委员会，生产队改称革命生产领导小组。1981年下半年，革命委员会和生产队革命领导小组撤销，生产大队管理委员会及生产队名称恢复。90年代，镇村企业体制改革，外资企业、民营企业不断发展，党的支部设置和组织工作因企事业单位的发展有了全面改进，党的作风建设也得以加强。1999年和2002年，南渔村先后两次获得昆山市“双文明建设先进村”称号，2009年获苏州市“实践科学发展　推进‘两个率先’先锋村”称号。

一、中共党组织

南渔村党支部自1959年6月建立后，至2020年先后有8任村党支部书记（表2-1）。

表2-1　1959—2020年南渔村（渔业大队、南渔大队）历届党支部书记一览表

名称	姓名	任职时间
渔业大队	龚力民	1959年6月至1975年9月
渔业大队	唐祖生	1975年9月至1978年4月
渔业大队（南渔大队、南渔村）	戴梅生	1978年4月至1999年9月
南渔村	徐永珍	1999年9月至2006年9月

续表

名称	姓名	任职时间
南渔村	戴琴芳	2006 年 9 月至 2007 年 7 月
南渔村	徐青弟	2007 年 7 月至 2016 年 8 月
南渔村	徐明龙	2016 年 8 月至 2020 年 7 月
南渔村	陆雅妮	2020 年 7 月至今

二、党员队伍

至 2020 年，南渔村党支部共有党员 25 名，其中户口和组织关系均在本村的党员 17 名：按性别划分，有男性 11 名、女性 6 名。按党龄划分，1~10 年的有 7 名；11~20 年的有 3 名；21~30 年的有 4 名；31~40 年的有 1 名；41~50 年的有 1 名；50 年以上的有 1 名。2020 年南渔村党员情况如表 2-2 所示。

表 2-2　2020 年南渔村党员情况一览表

序号	姓名	出生年月	性别	学历	入党时间	备注
1	陆炳生	1945 年 1 月	男	小学	1966 年 4 月	—
2	徐永珍	1954 年 3 月	女	小学	1975 年 3 月	—
3	王小龙	1956 年 12 月	男	初中	1985 年 5 月	—
4	张小喻	1970 年 6 月	男	初中	1991 年 11 月	组织挂靠
5	王锦才	1971 年 7 月	男	初中	1992 年 7 月	参加企事业单位组织活动
6	徐青弟	1960 年 11 月	男	初中	1994 年 1 月	—
7	戴琴芳	1963 年 10 月	女	高中	1998 年 6 月	—
8	孙坚红	1977 年 12 月	男	初中	1998 年 11 月	—
9	王茂	1979 年 3 月	男	高中	2001 年 4 月	—
10	徐明龙	1964 年 9 月	男	初中	2004 年 6 月	—
11	戴金元	1980 年 12 月	男	本科	2008 年 6 月	参加企事业单位组织活动
12	潘隽	1984 年 9 月	女	大专	2008 年 7 月	参加企事业单位组织活动
13	陆雅妮	1987 年 4 月	女	本科	2008 年 12 月	—
14	戴晨寅	1986 年 12 月	男	本科	2009 年 7 月	参加企事业单位组织活动

续表

序号	姓名	出生年月	性别	学历	入党时间	备注
15	赵奇	1987 年 6 月	男	本科	2009 年 7 月	参加企事业单位组织活动
16	俞静雯	1989 年 8 月	女	本科	2010 年 11 月	—
17	徐磊	1989 年 11 月	男	本科	2011 年 5 月	—
18	马征雁	1985 年 8 月	女	在职研究生	2011 年 6 月	大学生进村
19	徐雅东	1987 年 7 月	男	本科	2013 年 9 月	—
20	王承超	1985 年 1 月	男	大专	2013 年 7 月	—
21	赵亚娜	1991 年 7 月	女	本科	2014 年 7 月	参加企事业单位组织活动
22	戴文韬	1986 年 8 月	男	本科	2015 年 7 月	—
23	俞献文	1993 年 8 月	女	本科	2017 年 6 月	—
24	莫金刚	1987 年 10 月	男	大专	2017 年 7 月	参加企事业单位组织活动
25	刘长玲	1986 年 3 月	女	本科	2019 年 7 月	参加企事业单位组织活动

三、主题活动

1959 年，渔业大队党支部建立后，党员队伍从分散型逐步转为相对集中型，党员队伍逐渐壮大，党组织的职能不断增强。

1964 年 1 月 10 日，城南公社召开三级干部会议，组织干部群众学习中央文件，明确社会主义教育运动的目的、意义。会后，渔业大队发动群众开展清仓库、清账目、清财务、清工分的“小四清”运动。各生产队采取“一定、二帮、三带”的做法：一定，确定需要重点解决的个别生产队领导薄弱问题；二帮，帮助生产队干部出主意、想办法、当参谋；三带，抓后进带中间，真正做到社会主义教育与生产两不误。

1966 年 1 月，城南公社社教分团党委和公社党委联合召开学习毛泽东著作的动员大会。会后，渔业大队办起了毛泽东思想夜校，定期组织学习，开展讲座，坚持每月召开一次讲用会，表彰好人好事；每月召开一次民主生活会，开展批评与自我批评，使学习毛泽东思想深入人心。

1978 年 12 月，中共十一届三中全会胜利召开，会议确定把党的工作重点转移到经济建设上来。渔业大队党支部以此为契机，狠抓多种经营，创办队办工业。

1980 年 2 月，中共十一届五中全会通过《关于党内政治生活的若干准则》。渔业大队党支部组织党员学习准则，并要求每个党员进行对照，联系实际，解决思想上的认识问题，同时建立健全“三会一课”制度。

1985 年 12 月，中共城南乡党委发表了给全乡共产党员的一封公开信，要求全体共产党员牢记全心全意为人民服务的宗旨，与损公肥私、以权谋私、严重违法乱纪行为做斗争。南渔村党支部按公开信的要求，在党内开展自我对照、自我剖析。

1986 年 4 月，城南乡党委要求各村党支部继续抓好积极分子队伍建设，谨慎做好发展党员工作，加强党员教育管理，提高党员队伍素质。南渔村党支部按照“德、能、勤、绩”标准，有的放矢培养入党积极分子，做到成熟一个，发展一个，确保党员队伍的纯洁性、先进性。

2000 年 3 月，南渔村党支部开展全心全意为人民服务宗旨教育，实行“阳光村务”，守住法律底线。

2005 年 12 月，南渔村党支部坚持突出重点对象、兼顾一般党员的原则，因人制宜、分类指导，充分利用村市民学校阵地，通过送教上门、观看录像等途径对老党员和流动党员加以教育培训。

2006 年，南渔村党支部按照上级党委的部署要求组织全体党员干部进行大讨论，自觉查找差距、克服不足。是年，南渔村被昆山市精神文明建设委员会评为“昆山市农村精神文明建设先进村”。

2009 年，南渔村党支部通过深入开展学习科学发展观主题学教活动，村“两委”全体人员树立了强烈的时代责任感，以富民强村为主线，全力实施“五心”工程，并自觉赋予实践。一是用心发展经济，通过发展第二、第三产业，开设就业绿色通道，增强村级经济实力，增加村民人均收入；二是真心关注群众，扶持好弱势群体；三是诚心接受村民监督，做到政务透明化；四是暖心向村民提倡文明意识，建立老年活动室、文体活动中心、图书馆等。五是专心强根固基，坚持每季度一次党支部民主生活会，健全“一公开，四民主”制，即村务公开、民主选举、民主决策、民主管理、民主监督。是年，南渔村被中共苏州市委员会评为“实践科学发展　推进‘两个率先’先锋村”。

2019年，南渔村党支部深入开展“不忘初心、牢记使命”的主题教育，通过党的历史教育，参观革命历史博物馆，全体党员思而渐进。以昆山创建全国文明城市为契机，村党支部在垃圾分类、城乡环境治理、新冠疫情防控、弱势群体帮扶等方面充分发挥党员干部表率作用，开展义务劳动、巡逻值班、募捐等活动，赢得群众点赞。

第二节　村政（自治）组织

自1959年建立渔业大队渔业（南渔）大队（南渔村）以来，认真选好人才，搭好班子，明确职能，形成大队（村）、生产队（村民小组）运作机制，确保村政（自治）组织充分发挥其功能。

一、村级机构

1959年11月，渔业大队正式建立，1982年—1983年改称南渔大队，1983年在行政制改革后称南渔村。1959—1983年渔业（南渔）大队大队长、会计任职表如表2-3所示。

表2-3　1959—1983年渔业（南渔）大队大队长、会计任职表

大队长		会计	
姓名	任期	姓名	任期
沈叙良	1959年11月—1966年3月	王友仁	1959年11月—1973年3月
陆炳生	1966年3月—1975年9月	戴梅生	1973年3月—1978年4月
徐永珍	1975年9月—1983年9月	陆忠生	1978年4月—1983年3月

二、村民委员会

1983 年 3 月，政社分设，城南公社改为城南乡，6 月，南渔大队管理委员会改为南渔村村民委员会。村委会成员 5~7 人，设正、副主任，行使行政村管理职能。村委会成员由村民代表大会选举产生。村域内实行体制改革，生产队更名为村民小组，设组长 1~2 人。

1987 年，南渔村村委会贯彻实施全国人大常委会颁布的《中华人民共和国村民委员会组织法（草案）》，明确规定村委会主任、副主任和委员由村民直接选举产生，村委会的选举由村民选举委员会主持，村民选举委员会成员由村民会议或各村民小组选举产生，村委会成员每届任期 3 年，可连选连任。1983—2020 年南渔村村委会领导干部更迭如表 2-4 所示。

表 2-4 1983—2020 年南渔村村委会主任、村主办会计任职表

村委会主任		村主办会计	
姓名	任期	姓名	任期
徐永珍	1983 年 9 月—2006 年 9 月	陆忠生	1983 年 4 月—1994 年 3 月
徐明龙	2006 年 9 月—2020 年 7 月	王小龙	1994 年 3 月—2018 年 11 月
陆雅妮	2020 年 7 月至今	陆雅妮	2018 年 11 月—2020 年 7 月
—	—	王承超	2020 年 7 月至今

三、自治细则

2002 年 10 月，南渔村“两委”按照自治的“自我教育、自我管理、自我服务、自我监督”规范运作的要求，以村民小组为单位，实施村民自治，具体内容是“五个不”：不侵占集体鱼塘，不拖欠集体经营承包上交款，不擅自乱搭乱建，不搞封建迷信和邪教活动，不损害邻里关系。2002 年后，南渔村出现了原有的村规民约细则与新型社区管理要求不相适应，与昆山市文明公约要求不相吻合的情况。2002 年 12 月，村“两委”召开村民代表大会，修订完善村民自治细则。具体内容如下：爱党爱国爱人民，公民权利要履行；邻里见面问声好，主动招呼微微笑；猫狗宠物勤调教，垃圾处理习惯好；小区环境要和谐，文化

娱乐不扰民；尊老爱幼助残困，守望相助情真意；见贤思齐学先进，最美处处暖人心；言行举止有素养，明礼诚信扬正气；人来车往互谦让，按规停车路畅通；杂物楼道勿堆放，公共空间不侵占；晾晒浇灌防抛物，楼上楼下多照应；邻里遇事互相让，包容体谅好商量；志愿活动齐参与，民主自治共决策；美好蓝图共绘制，文明南渔携手建。

2018 年 2 月，昆山市入选全国文明城市提名城市。按照文明城市的要求，村“两委”又进一步完善了村规民约：爱党爱国爱昆山，孝慈爱亲重家风；诚实守信有操守，助人为乐讲奉献；垃圾分类不乱扔，文明养犬不扰人；文明出行遵规则，文明旅游爱风景；文明上网守公约，文明用餐当节俭；文明观赏讲礼仪，喜事新办不攀比，白事简办不迷信。

（一）自我管理

2000 年前，南渔村的村民自我管理局限于以村民小组为单位，仅依靠几个村民组长和几个村民代表、党员代表参与管理事务，强化自我管理的观念比较薄弱，管理方式比较单一。2000 年至 2020 年，全村渔户全部动迁完毕。为加强对新型社区日常的“保安、保洁、保绿”和维修的长效管理，南渔村“两委”组建“保安、保洁、保绿、维修”共 16 人的自我管理队伍。从财力、措施、机制上开展自我管理和服务，增强了居民幸福感和安全感。

2007 年后，南渔村针对村租赁投资建造标准厂房的企业，专门安排安全专职监督员，每天深入企业巡回实地督查，发现问题及时与企业协调解决。

2017 年，南渔村针对南华苑内公共设施建设不到位，存在安全隐患的问题，投入 52 万元，在社区内安装了监控设备、充电桩，增加停车位 33 个，加强社区内环境巡查，确保一方平安。

2018 年，南渔村对 56 户自行车车库出现的乱租房状况进行专项整治，规范了出租房的要求，杜绝租房乱象。2018 年至 2020 年通过建立村网格化信息管理站，加强全程动态跟踪管理，以巩固治理成果。

（二）自我监督

2000 年前，南渔村村民监督机制仅局限于民主理财小组，监督内容不全，监督手段简单。2000 年后，南渔村推行“三公开”（党务公开、村务公开、财务公开）、“四民主”（民主选举、民主决策、民主监督、民主管理）制度，在实施“阳光村务”过程中，将监督的重点放在村里的“三重一大”（重大决策、重大活动、重大项目的建设，大额开支）上。通过“党务、政务、财务”每季在村公开栏内公开，每半年在村民代表大会上公布，做到抖明集体家底，亮明干部箱底，明白群众心底，自觉接受群众监督，做到有民主监督领导小组，有民主监督热线电话，有监督整改的反馈意见，如对南渔村鱼塘的承包、标准厂房的承租、集体资产经营的运作等进行事前公示、公开招投标，事后公开标的及时上缴情况，提高透明度，真正做到村里的事让村民做主。

第三节　群众团体

一、共青团

1958 年，城南乡组建乡团委，其他单位设团支部，9 月，乡团委改为公社团委。1959 年，城南公社各大队相继组建团支部。1966 年 5 月至 1968 年 4 月，华宏毅任渔业大队首任团支部书记；1968 年 5 月至 1970 年 5 月，潘炳泉任渔业大队团支部书记；1970 年 5 月至 1979 年 3 月，徐阿根任渔业大队团支部书记；1979 年 3 月至 1984 年 3 月，徐彩英任渔业（南渔）大队（南渔村）团支部书记；1984 年 4 月至 2008 年 1 月，陆冬生任南渔村团支部书记；2009 年 1 月至今，马征雁任南渔村团支部书记。

60 年代团支部组织开展“学雷锋”做好人好事、当无名英雄活动；70 年代组织团员带头抗洪救灾；80 年代团支部组织团员参加“五讲四美”；90 年代组织团员带头参加各种募捐活动；进入 21 世纪，组织团员带头宣传垃圾分类，积极配合村党支部做好新冠疫情防控工作，等等。

二、妇女联合会

1959 年 6 月，城南公社第一届妇女代表会召开，成立城南公社妇女联合会（简称“妇联”）。会后，各生产大队设妇女代表会，生产队设妇女代表。各级妇女组织成立后，积极配合党和政府中心工作。1966 年 1 月至 1968 年 1 月，沈杏英任首任渔业大队妇女主任；1968 年 1 月至 1977 年 5 月，潘四妹任渔业大队妇女主任；1977 年 5 月至 1994 年 4 月，朱秀珍任渔业（南渔）大队（南渔村）妇女主任；1994 年 4 月至 2008 年 7 月，戴琴芳任村妇女主任；2009 年 2 月至今，马征雁任村妇女主任。

历届妇联充分发挥妇女“半边天”作用，60 年代做好家庭的“好管家”，集体的“好帮手”；70 年代倡导青年男女举办集体婚礼；80 年代积极做好“新风户”“科普户”创建工作；90 年代开展争创“好女儿”“好媳妇”等系列活动；21 世纪，积极开展尊老爱幼以及“文明和谐家庭”评比系列活动。

三、其他组织

（一）民兵组织

1960 年，县委成立人民武装部，并将玉山、正仪、城南等有关乡镇列为民兵工作的重点，组建基干民兵团、营、连、排组织。1966 年，渔业大队组建大队民兵营。1966 年 3 月至 1978 年 3 月，陆忠生任首任渔业大队民兵营长；1978 年 3 月至 1980 年 5 月，孙伯民任渔业大队民兵营长；1980 年 5 月至 1992 年 6 月，王三林任渔业（南渔）大队（南渔村）民兵营长；1992 年 7 月至 2007 年 7 月，徐青弟任南渔村民兵营长兼治保主任；2007 年 7 月至 2017 年 11 月，徐明龙任南渔村民兵营长兼治保主任；2017 年 11 月至今，王承超任南渔村民兵营长兼治保主任。

历届民兵组织在村党支部的领导下，充分发挥青年民兵突击队作用，60 年代“学雷锋”时争做好人好事；70 年代积极参加兴修水利、抗洪排涝工作，当好突击队；80 年代改革开放后，组建板车队、装卸队、杠棒队为村创收；90 年代开展义务劳动、义务巡逻等活动，保一方平安；进入 21 世纪，积极组织人员参与各类献爱心活动以及疫情防控义务值班等。

（二）贫下中农协会

1965年，在社会主义教育运动中，社教工作队进驻渔业大队后，发动贫下中农积极分子参加运动，并成立渔业大队贫下中农协会。1966年5月，城南乡召开第一届贫下中农代表大会，成立城南公社贫下中农协会（简称“贫协”）。渔业大队沈杏林同志担任贫协主任，直到“文化大革命”结束。

（三）关工委

2004年2月，南渔村根据关工委指示精神，组建南渔村关工委，会长由徐永珍担任。至2020年，南渔村先后开展了“亲子互动”“传统教育”及定期走访等学习活动，始终保持未成年人“零犯罪”，为实现未成年人“零犯罪”的目标提供组织保证。

第三章　农　业

中华人民共和国成立后，在党和政府领导下，南渔村对渔业进行社会主义改造，实行“亦渔亦农”政策，解决渔民的生产生活问题。1955 年至 1978 年，由城南公社统一调配，渔民先后两次被分散到有关农业村（大队）。1970 年，城南公社划出 700 亩农田专门供渔民耕作，从根本上解决渔民收入问题。1978 年，根据政策调整，渔民结束了二十余年“亦渔亦农”的生活，转为从事渔业和第二、第三产业。

第一节　亦渔亦农

一、第一次“亦渔亦农”

1955 年 4 月，红星初级社解体后，渔户被统一安排到城南乡有关农业村，以解决渔民基本生活问题。35 户渔民被分散到和平、爱好、庙墩、珠浜、金星等农业村，实行“亦渔亦农”。

二、第二次“亦渔亦农”

1959 年 6 月，根据昆山县对渔业社会主义改造的指示精神，城南公社统一安排渔业大队渔户到有关农业大队务农，先后到群益大队、和平大队、爱好大队、大同大队、车站大队、星星大队、合兴大队、玉山镇玉山大队、新丰大队、庙墩大队、灯塔大队、白渔潭大队等农业大队，实行“亦渔亦农”。

三、第三次“亦渔亦农”

1968 至 1978 年，正值全国掀起“农业学大寨”和改造低产田、建设丰产方、兴修水利等的高潮时期，南渔村响应号召，实施第三次“亦渔亦农”政策，渔民们在这一时期都参与农业生产。

四、农田固化

1970 年，城南公社划给渔业大队 700 亩农田用于耕作。后，321 亩归还和平大队、爱好大队，保留 379 亩农田进行农田固化，其中：车站大队划 50 亩，爱好大队划 27 亩，熊庄大队划 25 亩，白渔潭大队划 25 亩，共青大队划 50 亩，江浦大队划 36 亩，虹桥大队划 166 亩。由此，渔民正式投入农业生产。

五、终止“亦渔亦农”

1978 年后，渔业大队根据城南公社对渔民不再实行“亦渔亦农”的指示精神，把农田归还相关的农业村，从而终止“亦渔亦农”。

第二节 农业生产

一、“农业学大寨”

1970 年，原先的渔民开始从事农业生产，正逢“农业学大寨”高潮，渔民与农民一样，由生产队长统一安排农活，通过“大寨式”评分计酬。农业生产“干活大呼隆，评分先评出大寨标兵”，确定标兵后，其余劳动力评分依此类推，对照标兵进行不同层次等级计酬。这导致干多干少、干好干坏一个样，农民、渔民干活出工不出力。分配上的平均主义严重挫伤了农民群众的生产积极性，农业生产受到严重影响。

二、定额计酬

1971 年 12 月，中共中央指示各地不能照搬照套“大寨式”评工计酬模式，逐步恢复了定额计工计酬制度。1972 年 7 月，各农业大队全面恢复定额计工计酬制度，农民生产积极性得到调动，农业生产也有了起色。

第三节　农作物栽培

一、作物品种

村域内以种植水稻、三麦和油菜为主。70年代，村域内推广单、双季稻并行种植，和三麦、油菜种植形成“三熟制”种植体系。双季稻盛行后，种植面积比例扩大为大田面积的25%～45%，带来了农作物生产紧张等问题。80年代，杂交水稻大量种植，村民们认识到种植双季稻的收益不如单季稻（俗称“三三得九，不如二五一十”），逐步以种植单季稻和三麦、油菜为主。

50年代起，农作物品种不断得到改良、择优、提纯。在选择粮油作物品种时，农户选择能抗伏、抗病虫害，千粒重重的水稻、三麦、油菜优良品种。七八十年代粮油优良品种如表3-1所示。

表3-1　七八十年代粮油优良品种一览表

年代	水稻	三麦	油菜
70	双季稻“三九青”，单季稻“桂花黄”“武农早”	小麦“早熟3号”“沪麦4号”，元麦“海麦1号”	泰兴油菜
80	单季稻、杂优稻、早粳、昆农选等	小麦“昆麦672”“扬麦”“宁麦”，大麦“沪麦4号”“早熟3号”，元麦“海麦1号”	“汇油50号”

二、作物布局

20世纪60年代初至70年代，南渔村村（渔）民根据多年的粮油生产种植的经验，进行农作物生产布局。先是通过测算粮田种植三麦、水稻面积，确保亩产量能够在扣除需要留下的种子、口粮和饲料粮外，有余粮卖给国家。后是安排粮油作物种植面积，如要三麦亩产达到400~500斤水平，三麦种植面积一般为大田面积的50%左右；油菜种植面积一般占大田总面积的30%左右；剩余10%~20%的农田安排绿肥和蚕豆种植，以备作水稻育秧秧田。每年在田块、茬口对三麦、油菜进行轮作种植，确保地力平衡，使三麦、油菜生长处于良性循环。

70年代期间，南渔村推广双季稻种植，双季稻育秧一般在4月初播种，5月初开始移栽，7月中旬开始收割和移栽后季稻。双季稻是抢收，后季稻是抢种。进入70年代末，双季稻种植逐渐被淘汰。恢复两熟制种植后，作物布局随之调整。

三、水稻栽培

水稻是渔业大队的主要粮食作物。单季稻的栽培方法，历史上采用育秧移栽，在秧苗活棵后进行耘耥加工，在稻苗拔节孕穗前追施肥料，除草搁田。中、晚熟粳稻产量一般在450千克至500千克左右。50年代中期开始，村域内先后推广江苏省农业劳动模范唐宝铭、全国农业劳动模范陈永康和无锡东亭等地的水稻高产栽培技术。

（一）做秧田

秧田田块一般选择比较方便灌溉的冬闲田、红花草田及蚕豆田。冬季，农户把闲田翻耕晒干，在清明前后把花草田、蚕豆田翻晒，并以花草、猪（窠）作基肥，在谷雨后为秧田上水翻耕，用人工削平，以脚印相隔。秧板较阔，约2.5米为一栅，无秧沟，此类育秧不利于培育壮秧。60年代初，村域内推行合式秧田，以1.5米为一栅，并开好秧田沟，这种秧田便于灌水、排水、追肥、拔草。一般按大田比例的20%安排好田块茬口，把秧田面积留足。

1969年后，村域内推广空气秧田，以干耕熟化土层，施足基肥，为秧田上水后耕翻、削平，起沟做栅，并用木板将栅拖平，每栅1.3~1.5米宽，沟约20厘米。70年代，双季稻采用露地育秧，通过浇泥浆，露地育秧后，又改用温室育秧、尼龙膜盖育秧，但这两种方法后因费用高，较难掌握而停用。上述做秧田技能一直沿用至1978年农田被归还各农业大队。

（二）种子处理

60年代前，农户用清水浸种和催芽，农闲时用稻草打“草包”。在浸种时，用草包把稻种包好浸在河里3~4天，然后沥起来催芽（堆起来盖好），待种子出芽70%~80%以上后播种。浸种时先用盐水或泥浆水淘去稗子和秕谷，然后洗净催芽。60年代用2‰的西力生或赛力散等药物浸种，70年代用多菌灵等药物浸种，来杀菌灭虫。这种种子处理法一直沿用至1978年。

（三）落种量

传统的大田与秧田比例很高，一般在1：15以上，一亩田播种量在150斤左右。陈永康“落谷稀”的种植经验（一个铜板大小范围内三粒谷）推行后，一亩秧田播种量在60公斤左右，培育带蘖壮秧，秧田与大田比例为1：10，杂交稻秧田与大田比例为1：12，每亩播种量为40~50公斤左右。双季稻“三熟制”因茬口不同、搭配品种不同、秧龄不同，秧田和大田比例及秧田亩播种量也各不相同。

（四）播种

早熟品种的播种期一般在立夏前播种，中粳稻在5月20日前后播种，双季稻在4月15日—25日播种，晚粳稻则在5月下旬播种。秧田播种早期一般做好秧田后随即落谷。秧田泥烂，种子有半粒谷露在外面。等芽全部向上时，撒上秧灰。这既能增加肥力，又能防止鸟吃谷、晒死幼苗。等秧灰上有了绿色秧芽，再上一层薄水。在无秧灰的人家用薄水落谷，称“水落谷”。60年代村域内推广泥浆落谷，即秧板毛坯做好后，晒到有麻丝裂缝，用铁锹将秧沟里的泥浆浇到秧板上，再用板拖平，最后均匀落谷，第二天撒上秧灰。70年代村域内推广塑料薄膜育秧，落谷后用薄膜盖秧板，保温促苗。

（五）秧田管理

俗语说“秧好稻好”，秧苗的瘦壮对水稻收成有很大影响，所以农事中秧田管理十分重要。要时刻注意水的深浅，一般用薄薄的一层水，使秧苗有足够的阳光和水分，待秧苗有两三片叶片时，要施一次稀粪（接力肥），并随时注意秧苗的颜色，叶黄时则需补肥，等移栽前3~5天施一次起身肥。80—90年代，村域内推行根外追肥技术，对瘦的秧苗每亩追施2千克尿素，喷洒叶面，拔秧前一星期也要施“起身肥”，打一次防病虫药，再拔一次秧草，使秧苗到大田时带色（绿色）、带药，无杂草的壮秧移栽。秧田管理的具体措施要点一直沿用到农田被归还各农业大队。

（六）移栽准备

水稻移栽前，一般先要把麦田、菜籽田、花草田和闲田，用牛犁翻耕晒土，使泥土风化，然后上水浸泡，同时对每块田要施基肥。水稻基肥主要有草塘泥、猪窠，如基肥不够还要到上海罱黑泥。施基肥时，把基肥直接浇到未莳秧的田块里，尽量减少“白指头”（指无肥料）莳秧。水稻追肥主要有大粪、菜、豆饼等，草塘泥一般在40~50担，猪窠20担，撒开后再用牛力冲田、平田、耙田，然后开始莳秧。

（七）莳秧

水稻秧龄满月就开始向大田移栽。移栽又称莳秧，莳秧统一六棵一行。50年代沿用旧时宽行大肋，行距不一致，有大有小，有15~27厘米的，有20~23厘米的，每亩田1.5万~1.8万穴，基本苗5万~7万株。左手两棵，两脚之间两棵，右手两棵，随着双脚往后垂直移动。“小秧六棵，毛病最多”，莳秧时不能插到“脚壳”里，不能插“烟筒头”，要深浅适中。60年代初期，村域内推广陈永康小株方形密植法，经绳莳秧，一行一根绳，统一尺寸，株距、行距分别为17厘米、15厘米。这样莳秧又匀又直，并且莳秧速度不断加快。60年代后期，行距和株距反过来，由于不用坌稻耥稻，每亩移栽2.5万穴，每穴4~5株，基本苗10万~12.5万株左右。浅水莳秧、深水活棵的莳秧方法一直沿用到机械化插秧时代。

（八）田间管理

水稻移栽后就是田间管理，俗语说“三分种、七分管”，水稻在大田生长主要包括除草、水浆管理等配套措施。

除草　60年代，沿用旧时传统人工“一坌、一耥、二耘”的除草方法（俗语称“耘稻黄梅”）。坌稻是用四齿小铁锴耙在稻肋中将5~6厘米土坌翻，让杂草翻压在泥土下或杂草漂浮于水面。耥稻是用一块船形镂空板，在板上钉五排共20多只铁钩钉，装上长竿，双手握住竹竿在稻肋中来回推拉2~3遍，达到松土除草的作用。耘稻：第一次耘稻叫“板耥岸”，把未耥到的草耘掉，第二次耘稻促使发棵，草多的要耘三次。水稻成行拔节还要拔稗草，稗草多的要拔两次。60年代后期，有了化学除草剂，在莳秧后三天用30%幼禾葆或用丁苄等除草剂，拌细土或少量钾肥撒入稻田，几天不打水、不下田，保证除草剂充分除草。这样除草替代了耋、耥、耘等传统方式，省工、省本。这种除草方式一直沿用至2000年。

水浆管理 按照水稻专家陈永康总结的水稻生长“三黄三黑”规律，单季稻采用浅水移栽、深水活棵、浅水勤灌。水稻分蘖到一定株数，控制苗数，减少无效分蘖。分蘖后，将稻田按照干干湿湿进行分区，以湿为主，在秋前及时搁田。搁田可分多次，搁到田土不裂大缝、泥土不发白、田中央不污脚为准。俗语说“前秋不搁田，秋后不怪天”（搁田便于割稻、收稻、挑稻等农活）。搁田后稻田里打跑马水，使稻田干湿度适宜，保证水稻活熟到老，增加水稻千粒重量。割稻前约一星期停止打水，确保丰产丰收。

（九）收割进仓

60年代以前，农户用镰刀人工割稻，一个劳动力一天约割2亩左右，2棵为一割，6棵为一把，12棵为一个稻铺。稻铺晒两三天之后开始捆稻，两个稻铺为一个稻把。做担时以24~36个稻把为半担，48~72个稻把为一担，挑到公场上，来不及脱粒的堆起来（叫“叠稻擦”），待空闲时再脱粒。脱粒多采用人工在稻床上掼稻，工效很低，一天只能掼一两亩左右。60年代中后期，农户改用脱粒滚筒机收稻，先用脚踏轧稻机，后配上机器脱粒（当时用打水机船上的机器）。

1973年，渔业大队大多通上了农用电，各生产队购置了铁滚筒，用2.5千瓦电动脱粒机脱粒，同时还配置大功率电扇扬谷、扬秸头。在全面推广双季稻种植时，前季稻脱粒正逢大热天（夏天）。各生产队在公场上搭上凉棚防暑降温，推行小型脱粒机，但大多数生产队还是采用原来的大型脱粒机进行脱粒，以确保抢收抢脱颗粒归仓。

（十）粜粮

50—80年代，农民（渔民）的粮食由生产队统一安排，留足种子、口粮、饲料粮后，余粮由粮油部门统一收购。农民把余粮全部卖给国家，即粜粮。粜粮的过程烦琐，工作量大。首先各生产队要把晒干、扬净的谷、麦，由人工用挽子掮到3~7吨的农船里，在农船舱上面围上栈条，箒条外面用木棍或毛巾竹插入舱中谷、麦里，用麻绳围住扎牢，防止谷、麦外漏。然后把谷、麦倒入篇条内装满船后，根据粜粮的多少，派 3~8 人，把船摇到西门粮库或东门粮库，再用人掮，把船上谷、麦用山笆装到挽子里。每挽稻谷重 130 斤左右、麦重 150 斤左右。二人上掮或一人上掮（叫对拔），掮的人从跳板上掮到岸上，放到磅秤上过磅，待司磅员记录每挽的重量后，再掮到仓库里。从船上到仓库要掮 200 多米远，如果仓库是空的，掮的人会很省力，只要倒下去即可，如果仓库里的谷子已堆得快满了，掮的人还要爬到跳板走到最高的上面倒。一大船谷、麦一般要掮几个小时。每个生产队都要粜很多次粮，然后根据司磅员记录的过磅单，将粮食送到信用社（银行）结账。如果收购任务完成，多余的作为议价粮结算，这样算出每个生产队一年种粮的总收入。为了便于农户粜粮，仓库直接派检验员到村粜粮点验粮收粮，农民把晒干、扬净的合格谷、麦在公场上直接过磅，计量后，再掮到粮库派来的运粮船上，然后由粮库船运到粮库。

四、三麦栽培

（一）播种

50 年代，三麦播种大多用牛耕牛耙旧法，播种量每亩 10 公斤左右。随着水利建设发展，村域内开始扩大三麦种植面积，并逐步进行耕作改革，采用一坨一沟增加基肥，牛耕人作、两头出水，一坨一沟、三沟配套（田间沟、二用沟、出水沟），四面托起，每亩种元麦 14 公斤、小麦 15 公斤左右，用牛耙犁地后下种，后用人工作细坨面，这样露籽麦减少。70 年代，村域内推广沙洲县塘桥公社六大队的“塘桥式”三麦高产栽培技术，结合本村的生产经验，实行薄片深翻阔坨狭沟，坨阔约 2 米，每坨开一条深沟，用小圆锹（锹长 60 厘米）开沟，沟宽约 10 厘米，一块田开两条深沟，田块两头各开一条深沟，沟直通到河，使三麦旱涝保收。为了提高三麦的产量，农户精耕细作，使用药剂拌种，重施基肥，60 担深杂肥分别作为基肥、随籽肥、磷钾肥、返青肥，重施拔节肥。越冬前拍麦泥，使三麦产量在 1972 年就超过 200 公斤，达 235.6 公斤。这种方法一直沿用到 70 年代末。

（二）田间管理

60 年代前，三麦田间管理比较马虎，一般在冬季进行 2 次清沟理墒，并进行拍麦泥，把土块敲碎、压实（压麦泥）覆盖根部，给麦保暖，同时施一些肥料，不重视排水，故产量较低。60 年代后，三麦面积扩大，村域内逐渐有了麦田排水、保温、施肥、清沟、除草、除病虫害等一整套田间管理技术，产量显著提高。

施肥 越冬后农户普遍为小麦施一次返青肥，每亩麦田一般施 10~12 斤左右尿素。立春后，有的田块中一些麦苗生长不均衡。针对这一状况，农户通常采取追施化肥（捉黄塘）补苗。在 3 月 10 日前施好一次拔节孕穗肥。根据田块情况，施肥的数量也不尽相同，一般在 10~15 斤左右。

清沟 “尺麦怕寸水”，小麦成长时最怕渍害，因此，一开春就要彻底清沟理沟，降低地下水位，减少渍害，确保小麦生长养根保叶、活熟到老。

除草 50 年代初期，由于当时没有除草剂，只能人工拔草，不但费工且还不能除尽杂草。60 年代中期有了新药除草剂，杂草严重的田块用骠马除草剂，对一般的阔叶杂草用“二甲四氯”除草剂进行防治，效果明显，既省工又能除尽杂草。2000 年后，相关除草剂不再使用。

（三）收割进仓

俗话说“麦要抢、稻要养”，按照农事生产规律，每年 6 月上旬，农户要在芒种季节抢收小麦。60 年代前，收割时全靠人力割麦、捆麦、脱粒。一般是用镰刀把麦子割下来，在田里晒几天后用稻草捆起来，后再用单绳做担，人工挑到公场上（集体共用的公共场地）堆起来或直接人工掼。一个人一天在稻床上能掼一亩左右的麦子。60 年代中期，有了柴油机，并配置直径约 50 厘米，长约 3 米的木质滚筒制成的脱粒工具来脱粒。1975 年，各生产队逐步购置铁滚筒，配置 2.5 千瓦电动机脱粒及大风扇，脱粒扬净后归仓。

五、油菜栽培

（一）育苗移栽

60 年代中后期，种植的油菜品种改为以“胜利”油菜（朝鲜菜）为主，菜苗基肥以人粪为主。菜秧长到 5~6 片叶后，壮苗被移到大田，种植方式由打潭改为套肋，即用小铁铲栽种，行距约 40 厘米，株距约 20 厘米，每亩株数达到 8 000 左右。70 年代初期，农户采用耕翻作垅，套肋移栽，大田扩大垅面，垅面约 2 米长，纶沟约 25 厘米宽，每纶套肋相隔成行，每行可种 10~15 棵，株距为 15~20 厘米，前肋和后肋相隔约 30~35 厘米，每亩棵数达 8 500 棵左右，每亩产量提升到 60 公斤左右。70 年代有了除草剂后，村域内试行稻板田免耕移栽（俗称“板田移栽”）、竖行条栽，利用行距空隙开沟壅土，每亩种植利用率在 95% 以上。移栽时按照稻田的行距，即稻根棵数决定每行的宽度，二人配合，一人用铁铲踏缝，一人把油菜放入缝中，并用脚踩实，种时可以和磷肥一起放种，也可以等苗成活后再施磷肥。免耕移栽有利于适时移栽，使油菜早成活、早发棵、早成熟。同时，免耕移栽使在板田开沟变得容易，又可以把沟泥放在油菜纶上便于壅土。每纶都有沟，排水通畅、免除烂根。油菜在大田先后施肥达 5 次，即基肥、苗肥、腊肥、抽苔肥、临花肥，每亩施标准氮肥约 55 公斤，磷肥、钾肥约 40 公斤，从而使油产能够稳产高产。1971 年到 1978 年，村域内油菜平均年产量达 100 公斤以上。

（二）田间管理

油菜的田间管理从解放前至今基本方法不变，从移栽到收获，基本上做好四件事：一是松根（脱菜籽）、培根（壅土），保持根系发达；二是大寒施一次腊肥，旧时一般浇大粪，有化肥则施 15 公斤左右尿素；三是清沟、理沟，确保每条沟出水通畅；四是越冬前做好除草，使油菜健康成长。这四件事在冬季尤为重要。

施肥　越冬后，油菜的底肥基本耗尽，菜叶黄落。春季需要及时施好返青肥和做好清沟理沟、防病除草，保持油菜生长常青有力。初春施肥返青后，油菜开始抽苔，需要施抽苔肥，一般每亩用磷肥 25 斤或尿素 15 斤左右追肥。

清沟　冬季油菜田间沟内，由于常有冰冻泥土掉入堵住出水，必须清沟排水，使油菜健康成长，确保油菜稳产高产。

除草　油菜杂草主要有“看麦娘”“野水豌”“无翁草”和硬草。解放前和解放之初没有除草剂，农户只能采用人工拔草，而人工除草不能除尽杂草。60 年代开始有了化学除草剂，农户一般使用“精稳杀得”除草剂，每亩用 0. 3 斤兑水喷雾除草，省工省力。

（三）拔油菜

油菜籽收割一般在每年小满节气（5 月下旬）。拔油菜很讲究，一般八成熟时就要开始拔油菜了（因为油菜成熟后经太阳一晒菜籽结就会裂开，菜籽就会脱落，造成浪费），最好在阴湿天拔油菜，防止油菜因菜籽脱落而减产。

（四）收菜籽

每年5月下旬，在收菜籽前，先把菜籽田中间几坨削平，用油布或蛇皮袋拼制成约4米见方的地毯铺在地上，然后把菜籽搬到上面，把根部的泥敲打掉，再用脚踏，用木棍或竹棍敲打没有被踏下来的菜籽，直到菜萁上没有菜籽为止。之后把菜籽壳打掉，再用小筛把菜籽筛净，装入蛇皮袋等容器内运回家。在天气晴好的情况下，一人一天可以收一亩多的菜籽，阴天一天只能收七八分田，还有少部分菜籽是青的，收不掉就拣出来，晒后再收。

（五）菜萁秆

一般农户都将菜萁秆搬回家当燃料，也有一部分农户将其运到大渔窑厂（在原城北镇）换砖头，运到石灰窑厂换石灰，也有的运到蔡家土窑（在原城南乡）换小黑瓦等建筑材料。

第四节　病虫害防治

50年代初期，农作物病虫害防治措施比较薄弱。由于药物极少，操作主要依靠人工浇泼。50年代后期，农户用手摇喷雾器代替人工浇泼。70年代后期，防水稻病虫害的工具主要是工农-36型背负式机动喷雾机。各农业大队基本实现农作物保值用药100%机械化，确保稳产高产。

一、水稻病虫害防治

水稻活棵后，病虫害有二化螟、三化螟、大螟、稻飞虱、稻苞虫等引起的危害及纹枯病、稻瘟病等。1960年前，在没有农药的情况下，水稻病虫害防治只能靠人力。当时农民只能用土方法，即用匹缸、水缸等容器盛水，用竹制三脚架挂上防风灯，用萤火灯的亮光引螟，使其跌入水缸里淹死，对于遭稻苞虫危害的水稻则采取人工剪摘、拔枯心苗等措施，但效果不明显，水稻病虫害仍较严重。当时使用的农药有多菌灵、5%井冈霉素、杀虫霜、二唑磷、闪击螟、一片净、甲胺磷、扑虱灵、锐劲特、一点净等。

防治稻苞虫病，60年代使用农药“DDT”，70年代用“六六六粉”，80年代用有机磷。防治稻飞虱病，60年代用滴油，70年代用低浓度粉剂，80年代用吡虫啉。防治稻蓟马病，60—70年代用有机磷，80年代用蚍虫啉。防治三化螟、二化螟、大螟等引起的危害，60—70年代用“六六六粉”，80年代用有机磷。防治稻瘟病在60—80年代用稻瘟净，之后用三环唑。防治纹枯病在60—80年代用井冈霉素。防治白叶枯病在60—70年代用敌枯霜。上述水稻病虫害防治方法一直沿用至80年代农田被返还给农业大队。

二、三麦病虫害防治

小麦、元麦、大麦的病虫害主要有蚜虫病、赤霉病、白粉病，防治它们分别使用的农药是甲胺磷喷雾，粉霉净，20%粉锈宁、粉霉净。

防治赤霉病在60年代使用硫制剂，70—80年代用多菌灵。防治秆锈病在60—70年代使用粉锈宁。防治纹枯病在60—80年代使用井冈霉素。防治蚜虫病在60—70年代用“六六六粉”，80年代用有机磷。防治黏虫病在60年代使用硫制剂，70—80年代使用多菌灵。

三、油菜病虫害防治

油菜病虫害有蚜虫病、霜霉病、菌核病等。新中国成立后，使用甲胺磷、一片净除霜霉病，使用粉霉净、多菌灵除菌核病，使用有机磷等新农药除蚜虫病，确保油菜高产稳产。

防治菌核病在60年代使用硫制剂，70—80年代用多菌灵。防治蚜虫病在60年代用油和肥皂水，70—80年代用有机磷。

第四章 渔 业

1951 年，在党的领导下，经昆山县统战部帮助指导，渔民开始组建互助组、成立初级社。1959 年渔业大队组建成立，下辖 4 个生产队，隶属城南公社。1960 年 3 月，渔业大队组建集体性质塘网捕捞团队，随后又要求各生产队抓好水产捕捞和水产养殖，主要放养白鲢、花鲢、鲫鱼、草鱼四大家鱼。水产捕捞主要在昆山地区周边的青阳港、吴淞江、娄江、叶荷河等内、外河进行。

中共十一届三中全会后，南渔村抓住农业体制改革和农业产业结构调整契机，由单一的内、外河捕捞逐步转为捕捞与水产养殖相结合，鱼苗培育与成鱼饲养相结合，粗放经营逐步转为集约化经营，渔业生产发展迅速。

第一节　水产捕捞

南渔村渔民进行水产捕捞的区域，既有昆山地区周边的青阳港等外河，也有城南公社所属农业村的内河，捕捞水面面积较广。在水产捕捞行业中，渔民按传统的信仰分为两帮：一帮为信奉天主教的外来渔民，又称罾网帮、捉牲（野禽野兽）帮，他们的捕捞工具除罾网外，还有塘网、杠网、他们还擅长做鱼窝、钩黄鳝等；另一帮为本地非天主教渔民，以钓钩、丝网、拖虾网捕鱼。渔民多无土地，以船为家，统称连家渔船，以常年流动捕鱼为主。陆上定居后，渔民就稳定在内、外河进行水产捕捞作业。

一、外河捕捞

昆山解放后，来自苏、浙、沪各地的渔民在昆山，特别是昆山周边地区的青阳港、吴淞江、娄江、叶荷河等主要淡水河道进行水产捕捞。1960 年 3 月，渔业大队组建起具有集体性质的大塘网帮捕捞团队，负责人戴仕明。当时渔业大队根据昆山县多管局下达分配的水产品上交任务，将上缴水产品指标细化分解，分摊给各个渔业劳动力，即核定每个渔业劳动力年上缴水产任务 500 市斤，并对水产品上缴的任务实行“双奖双赔”政策。价格按水产品收购价：鱼类，每市斤 0.25 元；黄鳝类，每市斤 0.16 元；泥鳅类，每市斤 0.07 元。按上述标准，如超额完成上缴任务，超出部分按市场价给予奖励，如完不成任务，差额部分按市场价赔偿。1968 年至 1978 年，渔业大队累计完成水产品捕捞 1 137 吨，超额完成水产品上缴任务。

二、内河捕捞

1968 年 3 月至 1978 年 3 月，城南公社根据昆山县多管局对水产上交任务的要求，对渔业大队放开内河捕捞政策。经城南公社统一调配，统筹安排全公社区域内的 27 个农业大队在 5 650 亩内河水面进行水产捕捞。其分布为，渔业大队第 1 生产队：内河捕捞水面 1 700 余亩，分布在群益、车站、合兴、大同、和平、爱好、星星 7 个大队。渔业大队第 2 生产队：内河捕捞水面 1 300 余亩，分布在包桥片景王、秧浦、南河、南浜、新庄、冯泾 6 个大队。渔业大队第 3 生产队：内河捕捞水面 2 000 余亩，分布在新丰、火炬、灯塔、白渔潭、庙灯、金星、珠浜、团结、民主等 10 个大队。渔业大队第 4 生产队：内河捕捞水面 650 余亩，分布在共青、江浦、蔡家、虹桥 4 个大队。

第二节　四季渔事

按照渔民的传统捕捞习惯，各渔业生产小组进行内部分工作业。各小组既有相同季节的常规性作业，又有不同季节的捕捞、捉牲的季节性作业。

一、作业分工

根据老一辈渔民回忆，从事渔业生产一般按作业工具分工，具体分为 7 个组开展分工作业。

罱网组：主要利用杠网、罱网、鱼窝、蟹网、鱼簖等进行捕捞作业。

捉牲组：主要从事捉牲、叉蚌、叉甲鱼、设鳝笼等工作。

麦钩组：主要利用麦钩进行作业。

金钩组：主要利用金钩、鲤鱼钩进行作业。

塘网组：主要靠塘网进行作业。

丝网组：主要以丝网进行作业。

拖虾组：主要以拖虾网、耥虾网、地龙网等进行作业，还人工叉黑鱼、扒蚬子。

二、捕捞作业

长期以来，渔民以水产捕捞和捉牲为谋生手段，所拥有的捕捞工具比较原始、简单，但比较实用，能满足日常捕捞需要。1959—1992 年渔民捕捞作业情况如表 4-1 所示。

表 4-1　1959—1992 年渔民捕捞作业情况表

<table>
<tr><th rowspan="2">帮组</th><th rowspan="2">工具/活动</th><th colspan="4">具体生产作业情况</th><th rowspan="2">备注</th></tr>
<tr><th>作业时间</th><th>人员数量</th><th>渔船数量</th><th>辅助设施</th></tr>
<tr><td rowspan="6">罾网组</td><td>大杠网</td><td>昼夜</td><td>4 人</td><td>生产船 1 只
住家船 2 只</td><td>毛竹、铅丝、盘车</td><td>对港设置</td></tr>
<tr><td>小杠网</td><td>白天为主</td><td>2 人</td><td>船 1 只</td><td>毛竹、铅丝、盘车</td><td>对港设置</td></tr>
<tr><td>罾网</td><td>白天为主</td><td>2 人</td><td>船 1 只</td><td>两根毛巾梢</td><td>—</td></tr>
<tr><td>鱼窝</td><td>白天为主</td><td>2 人</td><td>船 1 只
笼子网 1 条</td><td>杂树梢</td><td>沿河间隔设置</td></tr>
<tr><td>鱼簖</td><td>早晚起鱼</td><td>2 人</td><td>船 1 只</td><td>毛竹、网具</td><td>对港设置</td></tr>
<tr><td>蟹网</td><td>夜间</td><td>4 人</td><td>生产船 1 只
住家船 2 只</td><td>毛竹在岸边搭台</td><td>—</td></tr>
<tr><td rowspan="4">捉牲组</td><td>捉牲</td><td>傍晚设起早收</td><td>1 人</td><td>船 1 只</td><td>竹片、铅丝</td><td>陆地上</td></tr>
<tr><td>叉蚌</td><td>白天为主</td><td>2 人</td><td>船 1 只</td><td>鱼叉</td><td>河沟流动</td></tr>
<tr><td>叉甲鱼</td><td>白天为主</td><td>2 人</td><td>船 1 只</td><td>鱼叉</td><td>河沟流动</td></tr>
<tr><td>设鳝笼</td><td>傍晚设起早收</td><td>1 人</td><td>船 1 只</td><td>毛竹挑棍 1 根，鳝篓数十只</td><td>陆地稻田、沟渠</td></tr>
</table>

续表

帮组	工具/活动	具体生产作业情况				备注
		作业时间	人员数量	渔船数量	辅助设施	
麦钩组	麦钩	傍晚设起早收	2 人	船 1 只	竹签线、饵料（小麦）	河沟流动
金钩组	金钩	傍晚设起早收	2 人	船 1 只	金属钩线、饵料（小鱼、蚯蚓）	河沟流动
	鲤鱼钩	傍晚设起早收	2 人	船 1 只	竹签线连线 饵料芦管 玉米面条	河沟流动
塘网组	大塘网	白天为主	13 人	船 5 只	长筒盘车	大港大河
	小塘网	白天为主	6 人	船 2 只	—	小港河沟
丝网组	丝网	昼夜	2 人	船 1 只	—	河沟流动
拖虾组	拖虾网	昼夜	2 人	船 1 只	—	河沟流动
	稍虾网	白天为主	2 人	船 1 只	—	河沟流动
	布地笼网	白天设早起收	2 人	船 1 只	—	河沟左右间隔
	叉黑鱼	夜间	2 人	船 1 只	汽油灯	河沟流动
	扒蚬子	白天为主	2 人	船 1 只	—	河沟流动

三、作业季节

罱网组：年作业分为杠网作业（4—10 月）、罱网作业（1—12 月）、鱼窝作业（1—4 月）、鱼簖作业（1—12 月）、蟹网作业（9—11 月），捕捉鱼、虾蟹、鳗鱼等水产品。

捉牲组：年作业分为捉牲（1—3 月）、（11—12 月）、叉蚌（1—5 月、9—12 月）、叉甲鱼（1—3 月、10—12 月）、设鳝笼（4—7 月），捕捉黄鼠狼、野猫、野猪、野兔、河蚌、甲鱼、黄鳝、泥鳅。

麦钩组：一年四季内，用麦钩捕捞鲫鱼、鲤鱼、鳊鱼等。

金钩组：年作业分为金钩作业（1—12 月）、鲤鱼钩作业（7—9 月），捕捉昂刺鱼、鳗鱼、鲤鱼。

塘网组：一年四季，捕捞各种淡水鱼类水产品。

丝网组：一年四季，捕捞各种淡水鱼类水产品。

拖虾组：年作业分为拖虾网（1 月、6—8 月、12 月）、耥虾网（1—12 月）、叉黑鱼（3—5 月）、布地笼网作业（4—7 月）、扒砚子（1—12 月），捕捉虾、蟹、鱼、贝类水产品。

南渔村（渔）民四季生产作业情况如表 4-2 所示。

表 4-2 1959—1992 年南渔村村（渔）民四季生产作业情况表

帮组	工具/活动	作业季节（月份）												捕捞品种
		1	2	3	4	5	6	7	8	9	10	11	12	
罱网组	杠网	—	—	—	√	√	√	√	√	√	√	—	—	鱼、鳗鱼类
	罱网	√	√	√	√	√	√	√	√	√	√	√	√	鱼类
	鱼窝	√	√	√	√	—	—	—	—	—	—	—	√	鱼虾类
	鱼簖	√	√	√	√	√	√	√	√	√	√	√	√	鱼、鳗鱼、虾、蟹类
	蟹网	—	—	—	—	—	—	—	—	√	√	√	—	蟹类
捉牲组	捉牲	√	√	√	—	—	—	—	—	—	—	√	√	野禽、兽类
	叉蚌	√	√	√	√	√	—	—	—	√	√	√	√	河蚌
	叉甲鱼	√	√	√	—	—	—	—	—	—	√	√	√	甲鱼
	设鳝笼	—	—	—	√	√	√	√	—	—	—	—	—	黄鳝、泥鳅
麦钩组	麦钩	√	√	√	√	√	√	√	√	√	√	√	√	鱼类
金钩组	金钩	√	√	√	√	√	√	√	√	√	√	√	√	鱼、鳗鱼类
	鲤鱼钩	—	—	—	—	—	—	√	√	√	—	—	—	鱼类
塘网组	塘网	√	√	√	√	√	√	√	√	√	√	√	√	鱼类
丝网组	丝网	√	√	√	√	√	√	√	√	√	√	√	√	鱼、蟹类
拖虾组	拖虾网	√	—	—	—	—	√	√	√	—	—	—	√	鱼虾类
	鞘虾网	√	√	√	√	√	√	√	√	√	√	√	√	虾类
	布地笼网	—	—	—	√	√	√	√	—	—	—	—	—	鱼虾类
	叉黑鱼	—	—	√	√	√	—	—	—	—	—	—	—	鱼、甲鱼类
	扒蚬子	√	√	√	√	√	√	√	√	√	√	√	√	贝类

说明：“√”表示作业，“—”表示休业。

第三节 规模经营

党的十一届三中全会后，农村开始走农、林、牧、副、渔综合协调之路。1992 年至 2003 年，南渔村村民分别到有关农业村承包土地，开挖鱼塘，饲养鱼、虾、蟹等水产品，获得了丰厚的经济收益，走上了致富之路。据统计，全村有 101 户水产养殖能手，先后到昆山开发区车站、大同、熊庄、火炬、新南、里黄等村，玉山镇青淞、庙灯、大公、景村以及太仓等地承包农田 4 010 亩，自费开挖精养鱼塘 2 849 亩。经过渔民多年的精心饲养，水产品总产值达到了 4 002. 12 万元，水产品总收益达 2 223. 40 万元，平均每户水产收益约 22. 01 万元，其中水产养殖收益 50 万元以上的有 3 户，30 万元以上的有 21 户。1992—2014 年南渔村村民承包土地开鱼塘收益汇总情况如表 4-3 所示。1992—2014 年南渔村村民承包土地开鱼塘收益明细如表 4-4 所示。

表 4-3　1992—2014 年南渔村村民承包土地开鱼塘收益汇总表

序号	外包所在地	户数/户	承包面积/亩	鱼塘面积/亩	产值/万元	收益/万元
1	车站村	26	1 143	812	612.90	340.5
8	庙灯村	11	357	254	502.20	279
4	火炬村	11	378	270	416.70	231.5
9	大公村	9	355	253	512.46	284.7
10	景村村	9	378	268	546.48	303.6
2	大同村	8	299	212	181.26	100.7
3	熊庄村	8	327	231	294.12	163.4
13	白鱼潭村	4	166	118	289.44	160.8
14	南渔村	4	155	111	250.02	138.9
5	新南村	3	91	65	112.14	62.3
7	青淞村	2	92	65	70.20	39.0
12	赵厍村	2	56	40	43.20	24.0
6	里黄村	1	50	35	37.80	21.0
15	陆扬镇	1	42	30	32.40	18.0
11	城北镇	1	71	50	63.00	35.0
16	太仓市	1	50	35	37.80	21.0
	—	—	4 010	2 849	4 002.12	2 223.4

表 4-4　1992—2014 年南渔村村民承包土地开鱼塘收益明细统计表

序号	姓名	所属村	起止年份	年数	承包面积/亩	鱼塘面积/亩	养殖品种	亩产/吨	累计产量/吨	平均单价/万元	产值/万元	收益/万元
1	陆忠生	车站村	1992—2002	10	30	21	鱼、虾、蟹	0.45	94.50	0.40	37.80	21.00
2	陆大弟	车站村	1992—2002	10	50	35	鱼、虾、蟹	0.45	157.50	0.40	63.00	35.00
3	潘荣良	车站村	2000—2002	3	30	21	鱼、虾、蟹	0.45	28.35	0.40	11.34	6.30
4	许雪忠	车站村	2000—2002	3	28	20	鱼、虾、蟹	0.45	27.00	0.40	10.80	6.00
5	潘月良	车站村	2000—2002	3	75	53	鱼、虾、蟹	0.45	71.55	0.40	28.62	15.90
6	许平生	车站村	2000—2002	3	35	25	鱼、虾、蟹	0.45	33.75	0.40	13.50	7.50
7	许雪元	车站村	2000—2002	3	47	40	鱼、虾、蟹	0.45	54.00	0.40	21.60	12.00
8	许雪龙	车站村	2000—2002	3	35	25	鱼、虾、蟹	0.45	33.75	0.40	13.50	7.50
9	徐志强	车站村	2000—2002	3	50	35	鱼、虾、蟹	0.45	47.25	0.40	18.90	10.50
10	徐阿三	车站村	1999—2002	4	50	35	鱼、虾、蟹	0.45	63.00	0.40	25.20	14.00
11	潘云弟	车站村	1999—2002	4	43	30	鱼、虾、蟹	0.45	54.00	0.40	21.60	12.00
12	潘阿良	车站村	2000—2002	3	35	25	鱼、虾、蟹	0.45	33.75	0.40	13.50	7.50
13	潘明龙	车站村	2000—2002	3	57	40	鱼、虾、蟹	0.45	54.00	0.40	21.60	12.00
14	潘明良	车站村	1992—2002	10	57	40	鱼、虾、蟹	0.45	180.00	0.40	72.00	40.00
15	潘国泉	车站村	1996—2002	6	50	35	鱼、虾、蟹	0.45	94.50	0.40	37.80	21.00

续表

序号	姓名	所属村	起止年份	年数	承包面积/亩	鱼塘面积/亩	养殖品种	亩产/吨	累计产量/吨	平均单价/万元	产值/万元	收益/万元
16	沈洪民	车站村	1996—2002	6	50	35	鱼、虾、蟹	0.45	94.50	0.40	37.80	21.00
17	沈月明	车站村	2000—2002	3	60	42	鱼、虾、蟹	0.45	56.70	0.40	22.68	12.60
18	陆卫民	车站村	2000—2002	3	57	40	鱼、虾、蟹	0.45	54.00	0.40	21.60	12.00
19	陆宝明	车站村	1999—2002	4	32	22	鱼、虾、蟹	0.45	39.60	0.40	15.84	8.80
20	潘玉龙	车站村	2000—2002	3	40	28	鱼、虾、蟹	0.45	37.80	0.40	15.12	8.40
21	沈健康	车站村	2000—2002	3	42	30	鱼、虾、蟹	0.45	40.50	0.40	16.20	9.00
22	潘卫良	车站村	2000—2002	3	35	25	鱼、虾、蟹	0.45	33.75	0.40	13.50	7.50
23	潘月明	车站村	2000—2002	3	43	30	鱼、虾、蟹	0.45	40.50	0.40	16.20	9.00
24	沈礼峰	车站村	2000—2002	3	35	25	鱼、虾、蟹	0.45	33.75	0.40	13.50	7.50
25	许雪平	车站村	2000—2002	3	42	30	鱼、虾、蟹	0.45	40.50	0.40	16.20	9.00
26	沈建民	车站村	2000—2002	3	35	25	鱼、虾、蟹	0.45	33.75	0.40	13.50	7.50
27	沈国龙	庙灯村	1994—2006	12	45	32	鱼、虾、蟹	0.45	172.80	0.40	69.12	38.40
28	徐洪弟	庙灯村	1994—2009	15	35	25	鱼、虾、蟹	0.45	168.75	0.40	67.50	37.50
29	戴正良	庙灯村	1994—2006	12	42	30	鱼、虾、蟹	0.45	162.00	0.40	64.80	36.00
30	戴梅生	庙灯村	1994—2006	12	31	22	鱼、虾、蟹	0.45	118.80	0.40	47.52	26.40
31	赵明元	庙灯村	1994—2006	12	40	28	鱼、虾、蟹	0.45	151.20	0.40	60.48	33.60

续表

序号	姓名	所属村	起止年份	年数	承包面积/亩	鱼塘面积/亩	养殖品种	亩产/吨	累计产量/吨	平均单价/万元	产值/万元	收益/万元
32	赵军	庙灯村	1996—2007	11	25	18	鱼、虾、蟹	0.45	89.10	0.40	35.64	19.80
33	赵岳明	庙灯村	1996—2007	11	32	23	鱼、虾、蟹	0.45	113.85	0.40	45.54	25.30
34	潘金海	庙灯村	1996—2007	11	31	22	鱼、虾、蟹	0.45	108.90	0.40	43.56	24.20
35	赵永华	庙灯村	1996—2007	11	25	18	鱼、虾、蟹	0.45	89.10	0.40	35.64	19.80
36	殷银根	庙灯村	1998—2004	5	28	20	鱼、虾、蟹	0.45	45.00	0.40	18.00	10.00
37	徐青龙	庙灯村	1998—2004	5	23	16	鱼、虾、蟹	0.45	36.00	0.40	14.40	8.00
38	赵国光	火炬村	1993—2007	14	28	20	鱼、虾、蟹	0.45	126.00	0.40	50.40	28.00
39	赵勇	火炬村	1993—2007	14	28	20	鱼、虾、蟹	0.45	126.00	0.40	50.40	28.00
40	俞雪明	火炬村	1993—2007	14	35	25	鱼、虾、蟹	0.45	157.50	0.40	63.00	35.00
41	俞雪忠	火炬村	1993—2007	14	35	25	鱼、虾、蟹	0.45	157.50	0.40	63.00	35.00
42	潘利明	火炬村	1994—2005	11	35	25	鱼、虾、蟹	0.45	123.75	0.40	49.50	27.50
43	周建明	火炬村	1996—2000	4	35	25	鱼、虾、蟹	0.45	45.00	0.40	18.00	10.00
44	沈伯明	火炬村	1996—2002	6	42	30	鱼、虾、蟹	0.45	81.00	0.40	32.40	18.00
45	陆龙生	火炬村	1996—2002	6	35	25	鱼、虾、蟹	0.45	67.50	0.40	27.00	15.00
46	潘阿华	火炬村	1996—2002	6	35	25	鱼、虾、蟹	0.45	67.50	0.40	27.00	15.00
47	沈国泉	火炬村	1999—2003	4	35	25	鱼、虾、蟹	0.45	45.00	0.40	18.00	10.00

续表

序号	姓名	所属村	起止年份	年数	承包面积/亩	鱼塘面积/亩	养殖品种	亩产/吨	累计产量/吨	平均单价/万元	产值/万元	收益/万元
48	沈国学	火炬村	1999—2003	4	35	25	鱼、虾、蟹	0.45	45.00	0.40	18.00	10.00
49	潘四妹	大公村	1996—2000	4	42	30	鱼、虾、蟹	0.45	54.00	0.40	21.60	12.00
50	戴跃华	大公村	1994—2010	16	42	30	鱼、虾、蟹	0.45	216.00	0.40	86.40	48.00
51	赵平良	大公村	1996—2007	11	32	23	鱼、虾、蟹	0.45	113.85	0.40	45.54	25.30
52	赵明华	大公村	1996—2007	11	32	23	鱼、虾、蟹	0.45	113.85	0.40	45.54	25.30
53	赵利华	大公村	1998—2008	10	28	20	鱼、虾、蟹	0.45	90.00	0.40	36.00	20.00
54	潘寻龙	大公村	1993—2006	13	60	42	鱼、虾、蟹	0.45	245.70	0.40	98.28	54.60
55	潘寻国	大公村	1993—2006	13	42	30	鱼、虾、蟹	0.45	175.50	0.40	70.20	39.00
56	赵福良	大公村	1996—2007	11	42	30	鱼、虾、蟹	0.45	148.50	0.40	59.40	33.00
57	潘志明	大公村	1994—2005	11	35	25	鱼、虾、蟹	0.45	123.75	0.40	49.50	27.50
58	戴银芳	景村村	1992—2004	12	37	26	鱼、虾、蟹	0.45	140.40	0.40	56.16	31.20
59	赵福龙	景村村	1992—2004	12	42	30	鱼、虾、蟹	0.45	162.00	0.40	64.80	36.00
60	俞龙元	景村村	1992—2004	12	57	40	鱼、虾、蟹	0.45	216.00	0.40	86.40	48.00
61	俞卫龙	景村村	1992—2004	12	40	28	鱼、虾、蟹	0.45	151.20	0.40	60.48	33.60
62	俞志元	景村村	1992—2004	12	42	30	鱼、虾、蟹	0.45	162.00	0.40	64.80	36.00
63	赵唯龙	景村村	1992—2004	12	42	30	鱼、虾、蟹	0.45	162.00	0.40	64.80	36.00

续表

序号	姓名	所属村	起止年份	年数	承包面积/亩	鱼塘面积/亩	养殖品种	亩产/吨	累计产量/吨	平均单价/万元	产值/万元	收益/万元
64	赵建良	景村村	1992—2004	12	35	25	鱼、虾、蟹	0.45	135.00	0.40	54.00	30.00
65	赵进良	景村村	1992—2004	12	41	29	鱼、虾、蟹	0.45	156.60	0.40	62.64	34.80
66	沈雪明	景村村	1996—2002	6	42	30	鱼、虾、蟹	0.45	81.00	0.40	32.40	18.00
67	沈菊生	大同村	1996—2002	6	50	35	鱼、虾、蟹	0.45	94.50	0.40	37.80	21.00
68	陆惠良	大同村	2000—2002	3	50	35	鱼、虾、蟹	0.45	47.25	0.40	18.90	10.50
69	陆宝龙	大同村	1996—2002	6	35	25	鱼、虾、蟹	0.45	67.50	0.40	27.00	15.00
70	陆宝弟	大同村	1996—2002	6	35	25	鱼、虾、蟹	0.45	67.50	0.40	27.00	15.00
71	沈伯弟	大同村	1999—2002	4	35	25	鱼、虾、蟹	0.45	45.00	0.40	18.00	10.00
72	潘金弟	大同村	1999—2002	4	35	25	鱼、虾、蟹	0.45	45.00	0.40	18.00	10.00
73	潘金元	大同村	2000—2002	3	28	20	鱼、虾、蟹	0.45	27.00	0.40	10.80	6.00
74	赵国跃	大同村	1996—2002	6	31	22	鱼、虾、蟹	0.45	59.40	0.40	23.76	13.20
75	戴雪龙	熊庄村	1994—2003	9	50	35	鱼、虾、蟹	0.45	141.75	0.40	56.70	31.50
76	戴伟根	熊庄村	1994—2007	13	32	23	鱼、虾、蟹	0.45	134.55	0.40	53.82	29.90
77	赵建龙	熊庄村	1996—2007	11	35	25	鱼、虾、蟹	0.45	123.75	0.40	49.50	27.50
78	赵卫东	熊庄村	1997—2007	10	40	28	鱼、虾、蟹	0.45	126.00	0.40	50.40	28.00
79	徐惠龙	熊庄村	1997—2007	10	35	25	鱼、虾、蟹	0.45	112.50	0.40	45.00	25.00

续表

序号	姓名	所属村	起止年份	年数	承包面积/亩	鱼塘面积/亩	养殖品种	亩产/吨	累计产量/吨	平均单价/万元	产值/万元	收益/万元
80	薛三宝	熊庄村	2000—2002	3	35	25	鱼、虾、蟹	0.45	33.75	0.40	13.50	7.50
81	赵小弟	熊庄村	2000—2002	2	50	35	鱼、虾、蟹	0.45	31.50	0.40	12.60	7.00
82	周阿明	熊庄村	2000—2002	2	50	35	鱼、虾、蟹	0.45	31.50	0.40	12.60	7.00
83	徐明龙	白渔潭村	1993—2006	13	64	45	鱼、虾、蟹	0.45	263.25	0.40	105.30	58.50
84	赵国华	白渔潭村	2001—2008	7	28	20	鱼、虾、蟹	0.45	63.00	0.40	25.20	14.00
85	赵兴德	白渔潭村	1995—2006	11	32	23	鱼、虾、蟹	0.45	113.85	0.40	45.54	25.30
86	俞玉青	白渔潭村	1993—2014	21	42	30	鱼、虾、蟹	0.45	283.50	0.40	113.40	63.00
87	俞冬明	南渔村	1994—2007	13	50	36	鱼、虾、蟹	0.45	210.60	0.40	84.24	46.80
88	戴凤根	南渔村	1994—2007	13	35	25	鱼、虾、蟹	0.45	146.25	0.40	58.50	32.50
89	戴正华	南渔村	1996—2007	11	38	27	鱼、虾、蟹	0.45	133.65	0.40	53.46	29.70
90	俞小龙	南渔村	1994—2007	13	32	23	鱼、虾、蟹	0.45	134.55	0.40	53.82	29.90
91	沈白兔	新南村	1994—2005	11	28	20	鱼、虾、蟹	0.45	99.00	0.40	39.60	22.00
92	徐阿龙	新南村	1994—2005	11	31	22	鱼、虾、蟹	0.45	108.90	0.40	43.56	24.20
93	俞玉明	新南村	1996—2003	7	32	23	鱼、虾、蟹	0.45	72.45	0.40	28.98	16.10
94	沈大弟	青淞村	1996—2002	6	42	30	鱼、虾、蟹	0.45	81.00	0.40	32.40	18.00
95	潘国民	青淞村	1996—2002	6	50	35	鱼、虾、蟹	0.45	94.50	0.40	37.80	21.00

续表

序号	姓名	所属村	起止年份	年数	承包面积/亩	鱼塘面积/亩	养殖品种	亩产/吨	累计产量/吨	平均单价/万元	产值/万元	收益/万元
96	徐梅生	赵厍村	1997—2004	6	28	20	鱼、虾、蟹	0.45	54.00	0.40	21.60	12.00
97	俞青生	赵厍村	1997—2004	6	28	20	鱼、虾、蟹	0.45	54.00	0.40	21.60	12.00
98	潘小民	里黄村	1996—2003	6	50	35	鱼、虾、蟹	0.45	94.50	0.40	37.80	21.00
99	沈福民	陆扬镇	1996—2002	6	42	30	鱼、虾、蟹	0.45	81.00	0.40	32.40	18.00
100	沈白明	城北镇	1996—2003	7	71	50	鱼、虾、蟹	0.45	157.50	0.40	63.00	35.00
101	潘炳泉	太仓市	1996—2002	6	50	35	鱼、虾、蟹	0.45	94.50	0.40	37.80	21.00
合计	—	—	—	—	4 010	2 849	—	—	—	—	4 002.12	2 223.40

注：亩产（吨）指一年内养殖的鱼、虾、蟹品种一亩水面产出的产量 0.45 吨。

第四节　传统渔具

传统捕捞渔具是世代渔民用以谋生的工具。2000 年实行城乡一体化后，传统捕捞渔具退出历史舞台，但始终值得回忆。

一、渔船

1968 年以前，渔船既是渔民捕捞作业的工具，也是渔民长期食宿的地方。渔船到哪里，渔民的家就在哪里。

70 年代以前的渔船（2020 年，王小龙提供）

自 1968 年渔民陆上定居后，渔船不再是渔民生产生活之家，而是渔民用于捕捞作业的工具。90 年代以前，渔民主要从事水上捕捞作业，早出晚归。

90 年代以前的渔船（1990 年，王小龙提供）

渔船因长期停留、漂泊在水中，船上木板长期受水腐，局部出现腐烂，需修复。90 年代之前，渔民约每隔一年，都要在 7—8 月份上岸对渔船进行维修保养。

保养维修渔船（1990 年，王小龙提供）

二、丝网

90 年代以前，渔民白天或夜间在船上下丝网在河道内捕鱼，这种操作方法既简单又能提升捕鱼效能。

90年代以前捕鱼用的丝网（2020年，王小龙提供）

三、笼子网

90年代以前，由于渔民捕捉河虾的工具较落后，他们只能用传统笼子网捕捉，并在河边内岸用工具反复驱赶河虾进笼子网。

90年代以前捕捉河虾用的笼子网（2020年，王小龙提供）

四、三环钩

90年代以前，渔民用棉线为主线，在支线装上金属钩，串上蚯蚓或小鱼作为诱饵，傍晚放入河内，夜半起收捉鱼。通过三环钩（因捕捉鳜鱼、黑鱼等需要在钩上绕三圈以防鱼类脱钩而得名，俗称“金钩”）捕鱼，起到事半功倍的效果。

90年代以前捕鱼用的三环钩（2020年，王小龙提供）

五、黄鳝笼

80年代以前，渔民在莳秧季节把黄鳝笼投放在田间渠道边，用以捕捉黄鳝。这一捕捉工具的使用使渔民克服了黄鳝油滑难捉的困难。

80年代以前捕捉黄鳝用的黄鳝笼（2020年，王小龙提供）

六、虾篓

70年代前，虾篓是重要的捉虾工具。渔民傍晚在船上将虾篓连串逐个投放在河滩边，第二天早起收虾。

70 年代以前捉虾用的虾篓（2020 年，王小龙提供）

七、竹容器

70 年代前，渔民捕到水产品后，放入竹容器。竹容器既安全又透气，还可以保持水产品的新鲜状态。

70 年代渔民保鲜用的竹容器（2020 年，王小龙提供）

八、海兜

90 年代以前，渔民不论在岸上还是在船上，都要用海兜工具把捕到的鱼从船舱内捞起来。

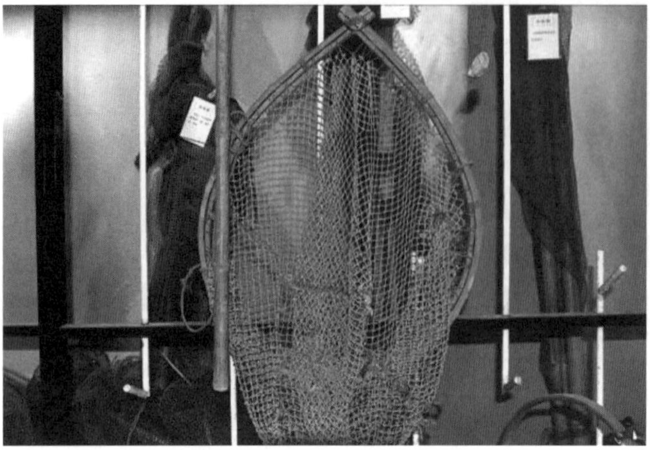

90 年代以前捞鱼用的海兜（2020 年，王小龙提供）

九、双人盘车

80 年代以前，渔民在大河内设置杠网捕鱼。这种杠网又叫双人盘车，有四个角：其中两角是固定点，一角倒杆活动点，最后一角站两个人，用人工卷动盘车起降捉鱼。

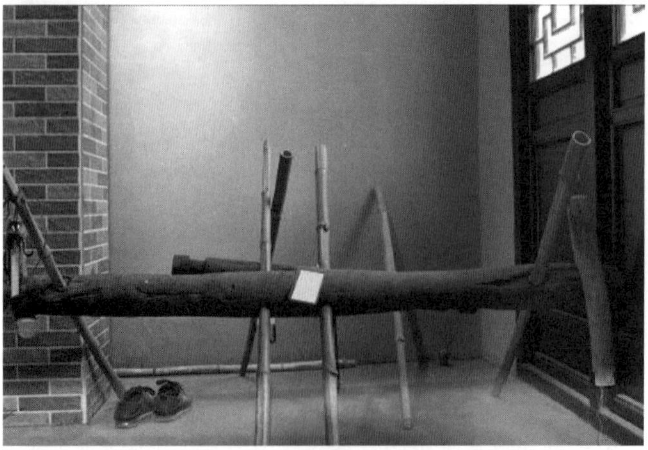

80 年代以前捕鱼用的双人盘车（2020 年，王小龙提供）

十、滚钩

90 年代以前，渔民利用专用的滚钩在河里捕捉鲤鱼。

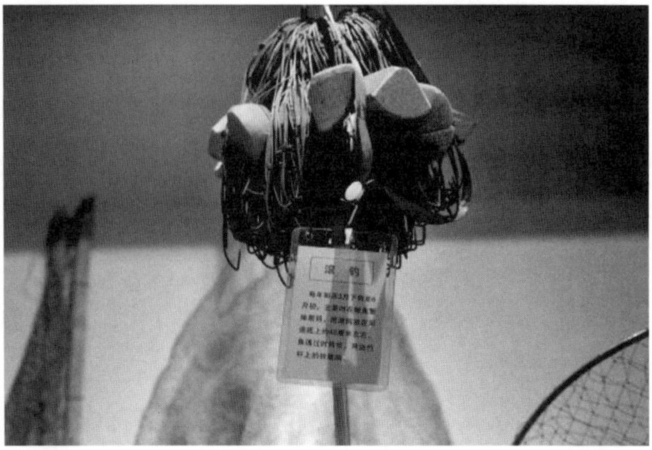

90 年代以前捉鲤鱼专用的滚钩（2020 年，王小龙提供）

十一、桅灯

90 年代以前，渔民晚上进行捕捞作业，因没有发电机，只能用桅灯照明。

90 年代以前渔船上的照明工具（2020 年，王小龙提供）

第五章　村域经济

1949年以前，渔民世代以船为家，四处漂泊，靠捕捞谋生。渔民长期生活在“三面朝水，一面朝天”的艰苦环境中，加上受封建主义和剥削制度压迫，生活十分艰难。

中华人民共和国成立后，在中国共产党的领导下，国家对渔业实行社会主义改造，引导渔民走社会主义合作化道路，帮助渔民组建互助组、初级社。1968年，渔民正式陆上定居，1968—1978年，渔民逐步投入农业生产，生活条件逐步改善。

党的十一届三中全会后，国家实行农村体制改革。南渔村实行联产承包责任制，同时将水产品上交任务落实到户（人），1983年，实行上缴生产队“两金一费”。1992年1月，南渔村发扬敢于“争先进位”精神，在抓好水产养殖的基础上，将队办企业转制，拓展第三产业。1993年起，南渔村利用政策优势，大力发展地产经济、租赁经济和投资经济，综合经济实力不断增强。

第一节 粮食经济

1970年，城南公社统一从相关农业大队调拨700亩农田给渔业大队渔民种植。渔业大队通过平整土地、广积肥料、疏浚河道、兴修水利等一系列增产措施，使农业生产得到发展，逐步摆脱了粮食短缺、经济薄弱的局面。

一、改土治水，增产增收

平整土地 1970年，自渔民接收农田耕作后，大队党支部组织干部群众平整土地，改造低产田，填潭填浜，通过平整土地，围垦荒滩，使田块方整化、沟渠网格化，增加粮田种植面积，为粮食增收打下坚实基础。

广积肥料 粮食生产离不开有机肥，渔业大队就利用本土本乡劳动力多、水多、船多、野草绿肥多的优势，广积自然肥料。参照农业大队要求，三亩田一个草泥塘，平均每亩田积肥达到90担到100担。1971年，各生产队为解决农田有机肥料问题，发动青年到苏州、上海等地罱黑泥、割青草，以增加农田肥力，提高农作物产量，初步实现了稻麦亩产超千斤的目标。

开挖河道 渔业大队的新地大多位于昆山低洼地段，一旦遇到雨涝灾年就会出现“小雨水汪汪，大雨白茫茫。只见秧船出，不见稻船回”的局面。同时由于地下水渍害严重，土壤板结，农作物产量低下。1975年，渔业大队在渔业大队第4生产队的农田中开挖一条500米长、6米宽的生产河，达到了连圩并圩，增强了农田排涝能力，为农作物稳产高产打好基础。1969—1978年渔业大队三麦、水稻产量如表5-1所示。

表 5-1　1969—1978 年渔业大队三麦、水稻产量一览表

年份	耕地面积/亩	三麦			水稻		
		面积/亩	亩产/吨	总产/吨	面积/亩	亩产/吨	总产/吨
1969	700	350	0.125	43.75	700	0.331	231.7
1970	700	350	0.129	45.15	700	0.335	234.5
1971	700	350	0.131	45.85	700	0.341	238.7
1972	700	350	0.135	47.25	700	0.346	242.2
1973	700	350	0.137	47.95	700	0.348	243.6
1974	700	350	0.139	48.65	700	0.350	245.0
1975	700	350	0.142	49.70	700	0.352	246.4
1976	700	350	0.145	50.75	700	0.358	250.6
1977	700	350	0.151	52.85	700	0.362	253.4
1978	700	350	0.162	56.70	700	0.375	262.5

二、科技兴农，增产增收

70 年代，渔业大队通过优化生产布局，引进优良品种，推出放养“三水一绿”（水花生、水葫芦、水浮莲、绿萍）政策，推广科学种田技术，增加农田单位面积产量，确保完成国家粮食定购任务。农业粮油生产从粗放型逐步转向“科技兴农”轨道，全面推广新品种、新农艺、新肥药、新农机的“四新”技术，农业生产水平逐步提高。

（一）推广新品种

水稻　最初自选自留的水稻品种主要有“六十黄”“救公肌”，少量为“一时兴”“晚粳”“中粳”。1955—1970 年，渔业大队的水稻品种以中晚粳品种“老来青”为主。由于“老来青”株秆长、易倒伏，渔业大队又引进了秆矮抗倒伏的“农垦 58”，又称“世界稻”。70 年代，渔业大队推行双季稻种植品种，前季稻以“三九青”“元丰早”“矮南早”“广矮四号”“二九南”等籼稻为主；后季稻以“农垦 6 号”“金南风”“沪选 19”“桂花黄”“杨糯”等中粳稻为主。

70 年代的单季稻引进了杂交稻“广二矮”等品种。缩减双季稻后，渔业大

队恢复“两熟制”，淘汰“广年矮”，改种“昆农选”“苏粳”等单季稻品种。80年代后期，推广以“昆稻”（“早单八”“昆农2号”）、“昆农选”“太湖糯”为主的优良品种。2000年，水稻种植停止。

三麦 70年代三麦品种有“早熟3号”“沪麦4号”“海麦1号”。80年代小麦品种有“昆麦672”“扬麦”“宁麦”，大麦品种有“沪麦4号”“早熟3号”，元麦品种以“海麦1号”为主。90年代小麦品种以“扬麦5号”“扬麦4号”为主，大麦品种以“沪麦4号”为主。2000年，三麦种植停止。

油菜 50—70年代，油菜品种有“胜利52号”“朝鲜油菜”“泰兴油菜”“宁油良种”等。80年代，油菜良种主要引进“汇油50号”新品，油菜免耕移栽并采取边种边施肥的种植方式，确保活棵生长。2000年，油菜种植停止。

（二）推广新农技

水稻新农技 70年代水稻播种推广陈永康“落谷稀”的经验，通过这一农艺，培育壮秧。每亩秧田播种在60公斤左右，秧田与大田比例1∶30。通过这一新农艺，水稻移栽后发棵较早，粒重增加。70年代为适应机插秧，渔业大队推广“薄膜育秧”，使秧苗生长与机插秧的时间节点相吻合。70年代末，水稻育秧推广“肥床旱育”。通过“肥床旱育”，秧苗在移栽前粗壮有力，确保增产。

三麦新农技 70年代，渔业大队主要推广沙洲县塘桥式栽培技术，即“弓背式麦抡”，一抡一沟，确保麦种下田后，既能吸肥，又能不受雨水侵蚀，保证出芽率。70年代，渔业大队还推广板田麦，在水稻收割前把麦种撒在水稻田里，割稻时麦已出两三片叶子。这必须在作物轮作情况下进行，既省工又省本。

油菜新农技 60年代，渔业大队在油菜移栽方式上的新农技主要是耕翻作抡套肋移栽。70年代后，渔业大队推广板田油菜移栽，移栽技术要领“一铲一条缝，一把磷肥送，一穴一棵菜，一脚踏密缝”。该技术不仅节省人力，而且保证了肥料不流失，提升了油菜的成活率，促进油菜早活棵，早发棵。

（三）推广新肥药

60年代，渔业大队对农作物采取防重兼治，以防为主，防治并举的措施。随着农业技术的发展，药物防治逐渐代替人工防治，应用的新肥药主要有氯化铵、氯化钾、碳酸氢铵、硫酸铵、硫酸钾、生物钾等。

70年代，渔业大队配备专业技术人员，由农技员亲临指导，对农作物病情、虫情进行监测、调查和记录，并分析研究，及时做出具体防治措施。比如，防治二化螟须掌握虫口密度、产卵高峰期，在虫龄 2~3 天时防治效果最佳。新农药推广后，替代了原始的点灯、摘稻苞虫、拔枯心苗及人工防治方法，对水稻稳产高产起到了重要作用。

（四）推广新农机

随着工业化的迅速发展，70 年代起，农耕农事逐步由机械化替代。耕田用手扶拖拉机，插秧用中拖复式条插机，治虫用迷雾喷雾机，脱粒由人工脚踏脱粒机改为电动脱粒机，运输工具由人工摇船改为挂机运输船。新农机的推广提高了农事生产效率，省工省事。

“四新”技术的推广，使农业逐步摆脱了长期以来农事靠人力、耕田靠牛力、运输靠船力的原始传统的粗放经营和广种薄收、自给自足的被动局面。60 年代，水稻亩产在 250~300 千克，三麦亩产在 100~150 千克，油菜亩产在 50~100 千克。70 年代自丰产方建设，“四新”技术推广，粮油产量明显上升，水稻亩产超 500 千克，三麦亩产超 250 千克，油菜亩产在 150 千克以上。农民真正尝到了使用“四新”技术的甜头。

第二节　多种经营

50 年代初期，渔民世代以人工捕捞野生鱼虾为主，产量低下。1968 年，渔民陆上定居后，家庭副业主要靠捕捉黄鼠狼等野生动物和饲养少量的畜禽。“文化大革命”期间，家庭副业受到严重影响。1974 年后，渔民家庭副业和集体副业逐步得到恢复。中共十一届三中全会以来，尤其是农村实行家庭联产承包责任制后，村域经济向林、牧、副、渔业有机结合发展。

一、外塘捕捞

昆山解放后，渔民开始在昆山周边外河道从事捕捞作业，主要集中在昆山地区青阳港、吴淞江、娄江、叶荷河等地。1959 年，在昆山县人民政府和城南公社帮助下，渔业大队建置。1964 年，渔民水产捕捞范围由昆山周边外河道逐步延伸到城南公社各农业大队内的内河，水产捕捞面积扩大，水产产量增加，渔民收入水平逐渐提升。1965 年至 1967 年，渔业大队在水产捕捞作业生产过程中，根据每年不同季节的特点，将水产捕捞作业由单一的捕捞扩展到张丝网、张麦钩、牵塘网等多种捕捞方式。

二、河沟养殖、捕捞

渔业大队自 1968 年实行渔民陆上定居后，在城南公社的关心帮助下，采取了外河水产捕捞与内河水产养殖相结合的经营模式，逐步由粗放经营转为集约化水产养殖。1968—1978 年渔业大队水产养殖捕捞情况如表 5-2 所示。

表 5-2　1968—1978 年渔业大队水产养殖捕捞情况表

队别	内河区域水产养殖所在大队	内河水产养殖面积/亩	外河捕捞水面	
			地区	面积/亩
1	群益、车站、大同、和平、爱好、星星、合兴、西河	2 000	青阳港	600
2	景王、南河、南浜、新庄、冯泾、秧浦	1 750	老小澞河	300
3	新丰、火炬、灯塔、庙灯、白渔潭、珠浜、金星、民主、大公	2 250	娄江	360
4	共青、虹桥、蔡家、江浦	800	叶荷河	300
	合计	6 800	—	1 560

内河水产养殖和外河水产捕捞双管齐下，使渔业生产空间得到拓展。1968 年至 1978 年，内河水产养殖平均年产量达 102 吨，平均年收益 5. 1 万元；外河水产捕捞平均年产量达 11. 7 吨，平均年收益 0. 59 万元；累计总产量 1 137 吨，累计收益达 56. 9 万元。

三、精养鱼塘养殖

1974 年 3 月，渔业大队陆炳生到无锡参加全国淡水养殖会议，提出每个公社开挖 10 000 亩精养鱼塘，并结合渔业大队的实际情况向城南公社分管领导做了具体汇报。

1976—1978 年，渔业大队在爱好大队吴淞江边开挖 80 亩精养鱼塘。鱼塘形成后，渔业大队组建鱼苗场，场长由渔业大队陆炳生担任。其间，鱼苗场通过培育鱼苗，饲养“四大家鱼”，每亩鱼塘平均年产量 500 公斤，平均年每亩收益 350 元。两年后因城南公社重新布局规划，鱼苗场养殖终止。

1978—2010 年，吴淞江鱼苗场由城南公社接管后，渔业大队精养鱼塘被置换到沪宁铁路北侧合兴大队的 37 亩精养鱼塘饲养成鱼。平均年每亩水产产量 400 公斤，平均每亩鱼塘收入 320 元，平均年水产产量 7.4 吨，平均年收益 1.184 万元。

1983—2007 年，南渔村在庙灯和熊庄村交界处小濂河边开挖鱼塘 80 亩。鱼塘形成后，作为渔业大队水产养殖基地。1983—1987 年，平均年销售收入 16 万元，平均年收益 6.4 万元。其后，年销售收入和年收益逐渐增加，至 2007 年，累计水产销售收入 635.44 万元，水产收益 254.21 万元。1983—2007 年南渔村水产养殖产量收益如表 5-3 所示。

表 5-3　1983—2007 年南渔村水产养殖产量收益一览表

年份	亩数	单产/（公斤·亩$^{-1}$）	总产/公斤	销售收入/万元	收益/万元
1983	80	500	40 000	16.00	6.40
1984	80	500	40 000	16.00	6.40
1985	80	500	40 000	16.00	6.40
1986	80	500	40 000	16.00	6.40
1987	80	500	40 000	16.00	6.40
1988	80	520	41 600	18.72	7.49
1989	80	520	41 600	18.72	7.49
1990	80	520	41 600	18.72	7.49

续表

年份	亩数	单产/（公斤·亩$^{-1}$）	总产/公斤	销售收入/万元	收益/万元
1991	80	550	44 000	22. 00	8. 80
1992	80	550	44 000	22. 00	8. 80
1993	80	550	44 000	22. 00	8. 80
1994	80	580	46 400	25. 52	10. 21
1995	80	580	46 400	25. 52	10. 21
1996	80	580	46 400	25. 52	10. 21
1997	80	600	48 000	28. 80	11. 52
1998	80	600	48 000	28. 80	11. 52
1999	80	600	48 000	28. 80	11. 52
2000	80	620	49 600	32. 24	12. 90
2001	80	620	49 600	32. 24	12. 90
2002	80	620	49 600	32. 24	12. 90
2003	80	620	49 600	34. 72	13. 89
2004	80	620	49 600	34. 72	13. 89
2005	80	620	49 600	34. 72	13. 89
2006	80	620	49 600	34. 72	13. 89
2007	80	620	49 600	34. 72	13. 89

四、畜禽饲养

1970—1972 年，渔业大队注重发挥养禽能手作用，在昆山震川西路与鹿城路交界处搭建养鸡大棚 12 间，饲养白洛克鸡 8 000 羽，场长孙伯民。经过精心饲养，白洛克鸡成为外贸出口畜禽，年产量达到 4 000 羽，年产值达 3 万余元。

五、劳务输出

1972—1980 年，渔业大队抓住昆山发展机遇，打破原有的“亦渔亦农”格局，将剩余劳动力转移到第二、第三产业，增加集体和个人的收入。渔业大队先后组建了由 60 余名青壮年劳动力参加的装卸队、板车队、杠棒队，另外还安排 10 多名劳动力到昆山生化厂从事劳务。他们每年为生产队增加集体收入 3. 6 万元，增加个人收入 7 200 元；9 年累计为各生产队增收 28. 8 万元，个人增收 5. 76 万元。

第三节　村（队）办企业

1980 年，渔业大队利用在昆山市朝阳西路南侧建造的 400 平方米的礼堂与江浦大队横向联合，创办江渔塑料厂。由渔业大队提供厂房土地、水电设施等，江浦大队提供流动资金，购置机器设备。厂长方正根，职工有 50~60 名，主要产品为塑料编织袋。1985 年，江浦大队退出合作，渔业大队独立运作，企业更名为昆山西桥塑料厂，法定代表人变更为厂长郑步法，塑料厂经营至 1992 年企业转制改制为止。企业开办 12 年，产值达 837 万元，共发放职工工资 36.95 万元，累计上缴给集体 109.86 万元用于村域建设。村（队）办企业的发展为南渔村集体经济的发展壮大奠定了基础。1992 年企业转制改制后，村（队）办企业落下帷幕。

第四节　集体经济

一、地产经济

1993 年 5 月，经昆山市规划建设局批准，南渔村在昆山市朝阳西路南侧原地建造 800 平方米商业用房。1994 年房屋竣工，对外招租，开设酒家，当年上缴村集体租金 2 万元。

二、租赁经济

2004 年，经昆山市玉山镇人民政府统一规划，昆山市玉山镇规划建设局批准，南渔村投资 304.62 万元，在昆山市玉山镇富民三区建造标准厂房 3 150 平方米，年租金收入 27.31 万元。

2006 年，经昆山市玉山镇规划建设局批准，南渔村在吴淞江工业园内投资 288.86 万元建造标准厂房 1 982 平方米，年租金收入 30.53 万元。

2008 年，经昆山市玉山镇规划建设局批准，南渔村在昆山长阳路投资 706.37 万元，建造标准厂房 4 694 平方米，年租金收入 48 万元。

三、投资经济

自 2007 年起，南渔村为克服村集体经济发展缺乏空间、资源、载体的弊端，更好地管好用活有限的集体积累资金，与大企业、大财团、大载体紧密合作，实行风险共担、利益共享、滚动发展、互利互惠的合作机制。2007 年至 2020 年，南渔村先后与 5 家经济载体紧密合作，集体收入可观，总投资入股资金 1 236.39 万元，累计集体到账收益 737.59 万元，其中，南渔村投资 614.75 万元，与昆山市玉山镇同创富民有限公司合作，共同在青淞村吴淞江建造打工楼，累计集体收益 491.08 万元。2009 年至 2020 年，南渔村向昆山市南渔村配套服务有限公司投资 100 万元，累计集体收益 93 万元。2010 年至 2020 年，南渔村向昆山市成基新型建材有限公司投资 150 万元，累计集体收益 45 万元。2014 年至 2020 年，南渔村向昆山高新区村级联合发展投资公司投资 124.64 万元，累计集体收益 14.86 万元。2014 年至 2020 年，南渔村向昆山市玉山镇邻里中心投资 247 万元，累计集体收益 93.65 万元。2020 年，南渔村拥有的集体总资产达 6 242.8 万元，累计村总收入达 4 637 万元，其中：第二产业 325 万元，第三产业 3 662 万元，其他收入 650 万元。村年集体可支配收入 702 万元，村民年人均纯收入 47 952 元。2010—2020 年南渔村综合经济情况如表 5-4 所示。

表 5-4　2010—2020 年南渔村综合经济情况一览表

年份	经济收入/万元				全社会收入/万元	人均纯收入/元
	第一产业/万元	第二产业/万元	第三产业/万元	其他/万元		
2010	117	62	1 390. 36	179. 1	1 748. 46	19 088
2011	70	65	1 525. 67	325. 0	1 985. 67	21 490
2012	30	70	1 928. 62	306. 0	2 334. 62	24 705
2013	23	180	2 122. 25	320. 0	2 645. 25	28 171
2014	10	140	2 457. 81	335. 0	2 942. 81	30 977
2015	10	150	2 736. 21	359. 0	3 255. 21	34 086
2016	10	150	2 948. 54	418. 0	3 526. 54	36 850
2017	—	330	2 943. 01	486. 0	3 759. 01	39 444
2018	—	330	3 158. 04	540. 0	4 028. 04	42 267
2019	—	249	3 397. 97	644. 0	4 290. 97	45 026
2020	—	325	3 662. 00	650. 0	4 637. 00	47 952
合计	270	2 051	28 270. 48	4 562. 1	35 153. 58	—

第六章　乡村建设

50 年代初期，南渔村村民以船为家，依水生息，四处捕捞谋生，没有固定的落脚地方，过着动荡不定的艰苦生活。

50 年代中期，国家开始对渔业实行社会主义改造。1966 年开始，由国家财政补贴，渔民逐步实行陆上定居。1968 年，渔民正式陆上定居。

南渔村（渔业大队）有村民小组 5 个，村民分布居住在复线、老小河、远街村、叶荷 4 个自然村。80 年代，随着村民生活水平明显提升，住房条件明显改观，大多村民在原地翻建房屋。2000 年，村庄建设步入城乡一体化规划建设。至 2020 年，南渔村村民全部动迁安置到虹桥新村等 6 个新型社区。新型社区内基础设施配备到位，村民居住环境大幅度改善。

第一节　住房变迁

南渔村新农村建设自中华人民共和国成立以来，先后经历了水上船居、陆上定居、原地翻建、动迁安置等阶段。

一、水上船居

1949 年以前，南渔村渔民世代以船为家、四处漂流，生活艰难，一家老小吃、住、行都在船上。水上船居生活一直持续到 60 年代中期。1966 年，国家开始对渔民实施陆上定居政策，渔民渐渐结束了水上船居的生活。

60 年代前渔民连家渔船（1990 年，王小龙摄）

二、陆上定居

1966 年 4 月，昆山县委对渔业实行社会主义改造，试行陆上定居政策，规定渔民陆上定居以“户”为单位，一户一宅一间（24 平方米），房屋统一由渔业大队负责采购材料并建造，资金由昆山县财政统一拨发。渔业大队于 1966 年着手筹措建房材料，1967 年开始建房。

第一批建房的是第 1 生产队，建房时间 1967 年 5 月，在复线自然村（原车站大队第 9 生产队）建房，宅基地面积 5 亩，建住房 22 户，面积 528 平方米。

第二批建房的是第 2 生产队，建房时间 1967 年 7 月，在老小河自然村（原熊庄大队第 4 生产队）建房，宅基地面积 5 亩，建住房 24 户，总面积 576 平方米。

第三批建房的是第 3 生产队，建房时间 1967 年 10 月，在远街自然村，利用震川西路原城南公社畜牧场所在地建房，宅基地面积 3.5 亩，建住房 24 户，总面积 576 平方米。

1967 年后渔民陆上定居安置房（1982 年，王小龙摄）

第四批建房的是第 4 生产队，建房时间 1971 年 10 月，在原昆山殡仪馆北侧，叶荷自然村原虹桥大队第 9 生产队建房，宅基地面积 3 亩，建住房 25 户，总面积 600 平方米。

三、原地翻建

自陆上定居后，渔民的生活水平得到极大提高，住房条件也明显改善。

1983年2月，南渔大队第1生产队24户渔户开始由原地翻建楼房（一上一下）。每户建房60平方米，住房总面积由原来的528平方米增加到1 320平方米。

1985年3月，南渔村第2村民小组24户渔户由原地翻建楼房（一上一下60平方米）。将平房翻建成楼房后，住房总面积由原来的576平方米增加到1 440平方米。

1985年10月，南渔村第3村民小组24户渔户原地翻建楼房（一上一下60平方米）。将平房翻建成楼房后，住房总面积由原来的576平方米增加到1 440平方米。

1992年5月，南渔村第4、5村民小组有17户渔户将平房翻建成楼房，每户60平方米，住房总面积增加432平方米。

四、动迁安置

南渔村渔民自陆上定居后共享城乡一体化建设福祉。全村375户先后于1996年至2020年动迁到虹桥新村、宝领新村、大公花园、南华苑、万丰苑和万欣苑。住房总面积61 300平方米，人均住房面积62.22平方米。

第一批动迁的为部分第4、第5村民小组村民。1996年3月，根据玉山镇民营开发区建设需要，南渔村先动迁4户到虹桥新村，安排建房宅基地。按镇建管所统一规划，规定宅基地每户3分地，统一自建连体别墅。1996年后，其他村民陆续动迁到虹桥新村落户，累计住房面积6 600平方米。

第二批动迁的为第1村民小组村民。2005年，动迁户数92户，动迁到开发区宝领新村，安置房150套，住房面积12 750平方米。

第三批动迁的为此前未动迁的第4、第5村民小组村民。2007年4月，动迁户数33户，动迁小区为鹿城路南华苑小区，安置房43套。

第四批动迁的为第2村民小组村民。2008年，动迁户数96户，动迁到大公花园，安置房162套，住房面积17 820平方米。

第五批动迁的为第3村民小组村民。2012年6月，动迁户数82户，安置房129套，住房面积14 090平方米，其中：动迁到万丰苑、万欣苑的共72户，安置房119套，住房面积13 090平方米，动迁到大公花园共10户，住房面积1 000平方米。

五、安置政策

2004年，随着昆山工业化、城市化进程的大力推进以及城乡一体化格局逐渐形成，南渔村按照玉山镇人民政府的市政建设统一规划，将村内居住在规划区域的358户农户进行动迁安置。是年12月，玉山镇人民政府根据《苏州市城市房屋拆迁管理条例》规定，制定并出台《玉山镇农村动迁安置条例（试行）》。

动迁安置房按主房面积“拆一还一”原则，以动迁旧房评估价为依据，以新建安置房价格为标准，按照动迁户实际安置得房面积协议，进行差额货币结算。凡未经规划部门批准，擅自建造的房屋面积，均按苏州市文件中规定认定的建筑面积予以确定并执行。

（一）安置面积认定

动迁安置的房屋以主房面积为依据“拆一还一”，附房面积评估后，以货币形式一次性补偿。

（1）主房面积的认定：正屋以实地丈量建筑面积为准。

（2）转居平台屋：实地丈量正屋一侧转居平台屋的建筑面积，其余房间（包括连接平台造型变异的房屋）建筑面积均作为附房建筑面积。如无转居平台屋，则在本宅范围内，在正屋前后确定一间作为转居平台屋，按实地丈量建筑面积计算。

（3）假三层：从接板面至后檐椽子底高度超220厘米，按实地丈量计算内净使用面积。

（二）动迁补偿类别

根据《苏州市城市房屋拆迁管理条例》，玉山镇处于四类地区的房屋区位价确定为每平方米1 250~1 350元；五类地区的房屋区位价确定为每平方米1 100~1 200元；六类地区的房屋区位价确定为每平方米800~1 000元；六类地区以外的房屋区位价确定为每平方米700元。

（1）主房面积补偿：主房建筑面积动迁补偿金=基本重置单价×成新率×主房建筑面积（按苏州市文件执行）。

（2）其他财产补偿：附房、装修、附属物残值补偿，按玉山镇动迁户其他财产补偿作价标准进行评估，结算补偿金。

(3) 营业场所补偿：动迁户在动迁房内领取营业执照进行经营的，以户为单位，一次性补偿2 400元，无营业执照的一次性补偿500元。

(4) 搬迁补偿：主房建筑面积在40平方米以内，每户300元，每增20平方米以内加100元，每户搬迁费最高不超1 000元。

(5) 临时安置补助：实施货币安置的，一次性发放6个月的临时安置补助费，补偿标准按主房建筑面积每平方米每月6元计算。安置房为现房的，一次性发放6个月临时安置补助费，补偿标准按主房面积每平方米每月6元计算。安置房为期房的，按实际中转期计算临时安置补助费，其中：中转期18个月内，临时安置补助费按主房建筑面积每平方米每月6元计算；第19个月后，临时安置补助费按主房建筑面积每平方米每月12元计算。

(6) 动迁奖励：被动迁人在规定期内签订协议，搬迁完毕并交出旧房钥匙的，每户奖励6 000元（一块宅基地对应一户），超过期限签订协议搬迁的，取消奖励。

（三）动迁安置费用核算细则

(1) 被拆迁房屋经货币补偿结算后，被拆迁人住房在政府建造的建筑面积以内的价格：四类地区为1 780~1 880元/米^{2}加减层次费；五类地区为1 630~1 730元/米^{2}加减层次费；六类地区为1 330~1 530元/米^{2}加减层次费；六类地区以外为1 190~1 230元/米^{2}加减层次费；阁楼为380元/米^2（不计主房面积）。

(2) 被拆迁人购买住房面积超过原主房建筑面积，20平方米以内的价格：四类地区为2 140~2 240元/米^{2}加减层次费；五类地区为1 990~2 090元/米^{2}加减层次费；六类地区为1 690~1 890元/米^{2}加减层次费；六类地区以外为1 520~1 560元/米^{2}加减层次费。

(3) 被拆迁人购买住房面积超过原主房建筑面积，21~40平方米的价格：四类地区为2 340~2 440元/米^{2}加减层次费；五类地区为2 190~2 290元/米^{2}加减层次费；六类地区为1 890~2 090元/米^{2}加减层次费：六类地区以外为1 720~1 760元/米^{2}加减层次费。

(4) 被拆迁人购买住房面积超过原主房面积，超40平方米以上的价格按各类地区拆迁当时的市场价结算。

(5) 被拆迁人房屋原主房面积在200平方米以内，如被拆迁人有所在村户口，可优惠购买200平方米住房。价格：原主房面积内按上述（1）结算；超购20平方米内按（2）结算；超购21平方米以上至总面积200平方米以内按（3）结算；200平方米以上的按市场价结算。如被拆迁人无本村户口，按原主房面积购买安置房，价格按上述（1）、（2）、（3）、（4）标准结算。

（6）被拆迁人购买住房的面积少于原主房面积，少购部分按市场价与安置价的差价结算给被拆迁人。

（7）安置房价格随被拆迁房基本重置价同步调整。

（8）车库安置：购买安置房一套，可购买车库一个，其中每户大车库一个，其余为小车库。车库价格：小车库按每平方米600元结算，大车库按每平方米1 200元结算。

（9）层次差价：二层减60元/米；三层加90元/米；四层加120元/米；五层0元/米；六层减150元/米。

第二节　新型社区建设

2000年后，随着昆山工业化、城市化、城乡一体化推进，南渔村5个村民小组村民动迁到虹桥新村、宝领新村、大公花园、南华苑、万丰苑、万欣苑6个新型社区。

一、虹桥新村

虹桥新村建于1996年，位于昆山市区西侧，东至张家港，南靠昆山震川西路，西接江浦路，北连马鞍山中路和庙泾河，辖区占地面积为2平方千米，共有住宅701幢，入住户数1 517户（包含南渔村第4、第5村民小组安置户4户），常住人口5 044人，其中户籍人口2 331人。社区行政办公地点位于万步路112

号，办公服务用房面积900平方米。虹桥新村公共服务设施有便民服务大厅、多功能活动室、老人活动室、群众文体广场、电子图书阅览室、排练厅等；周边有振华实验小学、振华幼儿园、工商银行支行以及昆山亨国精机工业有限公司、长亨汽配工业（昆山）有限公司、鸿泰精密模具（昆山）有限公司、中国水政等企事业单位；区域内主要道路有虹桥路、万步路鹿城路、马鞍山中路等。马鞍山路公交站点有5路、9路、23路、51路、117路、118路、138路等公交车停靠。

虹桥新村（2020年，王小龙摄）

二、宝领新村

2003年，昆山经济技术开发区筹建宝领新村，2004年10月竣工。宝领新村地处昆山市区南端柏庐南路大桥西侧。东起宝领路，南连宝领街，西至峨眉山路，北靠沪宁高铁、复线河，占地面积2.34平方千米，其中绿化面积8 000平方米。宝领新村建有住宅居民楼10幢，380套，建筑面积42.6万平方米。2005年，南渔村第1村民小组92户村民动迁到宝领新村内，安置房150套，住宅面积12 750平方米。新型社区内公共服务设施有老年活动室、影视室、棋牌室、购物商店等；主要道路有衡山路、峨眉山路；公交站点有28路、33路公交车停靠。

宝领新村（2020 年，王小龙摄）

三、大公花园

2003 年，大公花园由昆山高新区统一规划建设，2012 年 8 月竣工，地址位于昆山市区南端，中华园西路西南侧。东起小虞河，南至吴淞江，西至昆山高铁南站与中华园西路交叉口，北连中华园西路，呈长三角形状。大公花园占地面积 3.27 平方千米，其中绿化面积 12.34 万平方米，建筑面积 35.67 万平方米，共建住宅楼 100 幢，2 590 套。南渔村第 2 村民小组有 96 户动迁至此，有安置房 162 套。大公花园常住人口 11 500 人，其中：户籍人口 4 798 人，外来常住人口

大公花园*（2020 年，王小龙摄）

* 昆山大公小区，村民称大公花园，故志稿中统称“大公花园”。

6 702 人。小区内公建设施有便民会所、商业街、医疗卫生服务站、农贸市场、超市、文体广场等；大公花园北门口中华园西路公交站点有 134 路、158 路、159 路和 205 路公交车停靠。

四、南华苑

2005 年，南华苑由昆山高新区规划建设，2007 年 3 月建成。南华苑集居区位于昆山市区西侧，地处鹿城路 665 号，东、南皆与虹桥新村相接，西连鹿城路，北至庙泾河排涝站，占地面积 0. 979 平方千米，其中绿化面积 3. 6 万平方米。有住宅楼 4 幢，104 套，建筑面积 14. 5 万平方米。南渔村第 4、第 5 村民小组共有 33 户动迁至此，有安置房 43 套。南华苑交通便捷，鹿城路公交站点有 19 路、23 路、24 路、138 路、139 路公交车停靠，交通十分方便。

南华苑——（2020 年，王小龙摄）

五、万丰苑

2012 年，万丰苑由昆山高新区规划建设，2014 年 6 月竣工，位于昆山市区南侧，中华园西路西端。东至中华园西路与江浦路交会处，南依中华园西路，西接群星村，北靠沪宁高速铁路。万丰苑占地面积 2. 667 平方千米，建筑面积 16. 02 万平方米，住宅楼 16 幢，1 126 套，南渔村第 3 村民小组有 72 户动迁至此。

万丰苑（2020 年，王小龙摄）

六、万欣苑

万欣苑位于中华园西路西北侧，与万丰苑并列，俗称“姐妹区”。建于 2015 年，2019 年竣工。小区占地面积 7.6 万平方米，住宅区域总面积 20.24 万平方米，其中纯住宅面积 15.84 万平方米，地下车库面积 2.82 万平方米，住宅楼均为高层，共有住房 1 394 套，南渔村有 4 户动迁至此。小区内公共服务设施配套齐全，绿化率 40%。

万欣苑（2019 年，丁琴花摄）

第三节　环境保护

一、水环境整治

50—60 年代，渔民以水上捕捞作业为主业，水域水质好，河水清清，可见河中小生物游动。当时虽使用少量农药、化肥，但并没有严重的水质污染。70—80 年代，随着化肥使用量逐渐增多，水质逐渐受到影响，尤其是居住在自然村落的村民的化粪池，由于无除污装置，粪便流入河内，造成水质污染越来越严重。80 年代期间，工厂、企业污染源日益增多，污水排入河内，严重污染水质。

1988 年，南渔村明确环境治理由专人负责，加强宣传，增强人们的环境保护意识，强化监督职能，勒令污染环境的企业停业整改，以达到国家环境保护规定标准。1998 年，南渔村在创建“江苏省卫生村”期间，落实专业队伍打捞周边河道内的漂浮物。2016 年，昆山高新区对河道治理全面推行“河长制”，村党支部书记为第一责任人。全村所有村民动迁到虹桥新村等 6 个新型社区后，生活污水处理全部纳入所在社区雨污分流管网管理。

二、城乡环境治理

2012 年后，南渔村对新型社区内出现的“乱搭建、乱堆放、乱开店、乱种植、乱停车”等情况，经村委会集体研究，交村民代表大会讨论通过，组建 16 人“自我管理、自我服务、自我监督”的长效管理队伍，并采取“以片包干、定职定责、落实责任”的办法，实行绩效挂钩制，使 6 个新型社区保持长效管理监督机制，增强了村民的幸福感、安全感。

2018年年初，南渔村对违章搭建、环境污染、乱租房等不良现象进行“331”“263”专项城乡环境治理工作。由村委会主任带班，组建专门队伍，实行上下联动专项检查，专项行政执法。经过阶段性整治，拆除违章搭建2起，排除安全隐患39起，化解各类矛盾纠纷3起，清理、整治车库160个。通过整治，环境焕然一新。整治后，南渔村组建起网格信息管理站，实行全程网格信息化跟踪监督管理。

三、垃圾处理

2018年，南渔村借助昆山创建国家文明城市的契机，根据昆山高新区的统一部署，在全村6个新型社区内实行垃圾分类全覆盖。为扎实有效推进垃圾分类工作，南渔村在南华苑召开垃圾分类现场会议，会后，采取宣传、示范、引导，做好垃圾处理，在指定地点分类堆放垃圾，运送垃圾至中转站处理，并实行长效检查监督机制。村民逐步养成垃圾分类处理的习惯。

第七章　精神文明建设

中华人民共和国成立后，南渔村始终将社会主义精神文明建设始终贯穿在会主义建设过程中，开展了多项活动，取得了一系列的成绩。60 年代，村域内呈现“学雷锋、做好事、积功德”的社会新风尚；80 年代起，村域内开展多项与文明相关的活动，如“新风户、文明家庭、五好家庭、文明职工”评选活动等；1996 年，南渔村被江苏省司法厅评为“先进集体”，同年获“电话小康村”称号；1998 年，南渔村被评为“昆山市卫生村”和“江苏省卫生村”；1999 年和 2002 年，南渔村先后两次被评为“昆山市双文明建设先进村”；2006 年，南渔村获评昆山市“农村精神文明建设先进村”；2007 年，南渔村被中共昆山市委员会评为“‘实践三个代表　实现两个率先’先锋村”；2009 年被中共苏州市委员会评为“实践科学发展　推进‘两个率先’先锋村”。

第一节　思想道德建设

一、主题宣教

南渔村为切实加强党员的思想道德教育，充分利用村行政办公楼空间。开辟150平方米的市民学校作为教育阵地，制订了宣传教育课程计划，定期邀请有关专家及律师到村进行专题授课和专题宣传教育活动。至2020年，共举办宣传教育活动50期，受教育人数高达2 600多人。

二、画廊宣传

2009年，南渔村利用村行政办公楼走廊打造宣传画廊。2011年，因市镇工程建设需要，村行政办公楼迁至大公花园内，在办公楼院子内重新打造宣传画廊。以“依法治村、以德治村、村民自治”为抓手，每年有针对性地按计划在宣传画廊内进行展示、宣传，内容包括法律知识、科普知识、村规民约、家教家风、文明礼貌等。

至2020年，南渔村利用宣传画廊、黑板报以及刊物共发布有关社会主义精神文明建设宣传资料、图片62期。通过画廊宣传教育，弘扬社会主义核心价值观。

三、主题教育

2006年，南渔村党支部组织党员群众开展“社会主义荣辱观”的学教活动；2008年组织党员群众开展深入学习实践科学发展观活动；2013年组织党员群众开展社会主义核心价值观宣传教育活动；2015年，组织党员群众开展“三严三实”主题教育宣传活动；2016年，组织党员群众开展“两学一做”主题教育活动；2019年，组织党员开展“不忘初心、牢记使命”主题教育宣传活动，并推进“党员先锋十带头”和“农村党员十带头”评选活动。

2020年，组织党员群众开展学习党史学教活动，并组织党员群众赴苏州革命历史博物馆参观。

南渔村重视思想道德教育，截至2020年，共举办道德教育、法律法规专题讲座38场次，发放宣传资料1.85万份。

四、志愿者服务

随着昆山城乡一体化的大力推进，南渔村初步完成了“乡村变城镇，渔民变市民，村委会逐步向社区居委会过渡”的转变。针对新型社区内渔业居民多、新昆山人多、新型社区内群众诉求多的情况，2010年，南渔村团支部在村党支部的领导下，筹划“12355”志愿者服务点建设，有10人率先参与志愿者服务队伍，重点围绕心理咨询、青少年维权、敬老助残、广场便民、城乡治理等内容开展志愿者服务。至2020年，南渔村志愿者服务队伍扩大到30人，志愿者公益性服务项目随之扩大，深受广大群众的赞赏。2020年南渔村志愿者队伍如表7-1所示。

表7-1 2020年南渔村志愿者队伍一览表

序号	姓名	性别	出生年月	序号	姓名	性别	出生年月
1	陆雅妮	女	1987年4月	10	徐文娟	女	1992年12月
2	马征雁	女	1985年8月	11	徐辉	男	1987年1月
3	王承超	男	1985年1月	12	戴永健	男	1989年9月
4	方月仙	女	1986年9月	13	戴雪花	女	1971年2月
5	戴正华	男	1962年8月	14	戴文韬	男	1986年8月
6	徐明龙	男	1964年9月	15	徐雅东	男	1987年7月
7	徐青弟	男	1960年11月	16	何亮	男	1985年6月
8	陆洪泉	男	1962年11月	17	沈兰花	女	1967年2月
9	徐永珍	女	1954年3月	18	刘恩风	女	1986年7月

续表

序号	姓名	性别	出生年月	序号	姓名	性别	出生年月
19	俞献文	女	1993 年 8 月	25	俞冬林	男	1938 年 11 月
20	戴正良	男	1967 年 4 月	26	赵永妹	女	1966 年 3 月
21	陆忠生	男	1947 年 3 月	27	费根元	男	1954 年 11 月
22	王小龙	男	1956 年 12 月	28	戴信德	男	1960 年 4 月
23	潘卫珍	女	1967 年 8 月	29	陆炳生	男	1945 年 1 月
24	薛招妹	女	1964 年 2 月	30	沈明花	女	1964 年 1 月

南渔村自组建志愿者队伍以来，坚持以“学雷锋，见行动”为导向，结合本村区域内广大群众的所求、所需、所帮的有关事项加以认真梳理，并分门别类地列出清单，制订好志愿者服务活动计划，有的放矢地开展公益性社会服务活动，收到了良好的社会效益。经过几年的实践，活动取得了一定的成效，为昆山创建文明城市出了一份力。

（1）关爱妇女儿童：2016 年至 2020 年，志愿者在每年的“三八”妇女节、“母亲节”等节日，在南渔村团支部、妇联的牵头带领下，开展以关爱妇女为主题，倡导温馨、和谐、平等、文明家庭的主题活动；讲述“母亲节”的由来，为妈妈们表演精彩的文艺节目。每年“六一”儿童节，志愿者通过广场文化参与亲子互动。志愿者还利用村儿童游戏房空间，建立校外辅导站，由志愿者中的一些“五老”人员（老党员、老干部、老军人、老教师、老渔民）重点做好校外辅导站的公益性服务工作。此外，志愿者每年还帮助村域内育龄妇女做好健康检查。

（2）帮扶弱势群体：2016 年至 2020 年，南渔村志愿者服务站将对困难家庭及困难儿童的帮扶作为公益性服务重要内容之一。如：每年的端午节，由村团支部牵头组织“爱在五月，粽叶飘香”活动。志愿者们包好粽子送到低保户家中，让这些低保户感到大家庭的温暖。志愿者还帮助残疾老人，陪同他们到医院看病。每逢重阳节日，志愿者们自发募捐，到年老体弱者的家中慰问等。

（3）参与城乡治理：2016 年至 2020 年，志愿者按照村“两委”城乡治理的具体部署，发放“创文明城，做文明人”“小区是我家，管理靠大家”等宣传资料，带头参加义务值勤、义务劳动，针对小区内的黑色广告，绿化带内的白色垃圾，居民车库内乱堆放，公交站台共享单车维护等事项，积极配合村“两委”做好环境整治工作。

（4）卫生健康服务：2016年至2020年，南渔村志愿者为村民提供卫生健康服务。一是帮助村域内村民做好疾病普查登记工作；二是做好计生服务和义诊工作；三是为新昆山人和流动人口做好卫生健康服务等。

（5）做好疾病防控：2020年，志愿者在村党支部统一领导下，积极投入新冠疫情防控工作中。一是做好防控知识宣传；二是轮流在小区门口值班，对进出人员做好登记核实和体温测量等工作；三是为居家隔离的人员做好检测、购物等服务工作。

（6）办好实事工程：自2019年12月以来，南渔村党支部联合志愿者，多渠道、多层次、多领域筹措爱心慈善基金，搭好村（社）互助平台，办好扶民、帮民、惠民实事。至2020年12月，共募集慈善基金10.6万元，重点用于区域内农村居民大病救助、孤老辅助、急难帮助，为民办实事、办好事。通过慈善基金的建立，实行专户存储、专款专用，为办好实事工程做好后勤保障。

第二节　创建活动

一、苏州市“先锋村”创建

改革开放以来，南渔村历届党组织在各级党委的直接领导下，始终坚持一手抓物质文明建设，一手抓精神文明建设。1999年，南渔村被中共昆山市委员会、昆山市人民政府评为“昆山市双文明建设先进村”。2006年，南渔村被昆山市精神文明建设委员会评为“昆山市农村精神文明建设先进村”。随后，南渔村向苏州市“实践科学发展　推进‘两个率先’先锋村”的目标迈进。2009年，南渔村被中共苏州市委员会评为“实践科学发展，推进‘两个率先’先锋村”。

（一）夯实基石

2000年后，面对新时期、新变化、新要求，南渔村进一步增强党支部的战斗力、党员群众的凝聚力、干部群众的号召力，将它们作为村基层组织建设的重要抓手并按照玉山镇党委提出的“争先进位”的要求，着力夯实基层组织基石，于2009年成功将南渔村创建成苏州市“实践科学发展　推进‘两个率先’先锋村”。

南渔村在创建苏州市“实践科学发展　推进‘两个率先’先锋村”过程中，提出了“工作要上去，干部要下去”的工作要求。明确村党支部书记为创建第一责任人，村“两委”班子成员和村条线工作人员及村民组长明确分工、包干到组、责任到人。对创建工作是否落实到位及工作中存在的问题，做到情况明、决策灵，形成齐抓共管的局面。对于和创建有关的内容和要求，邀请区文明办和有关专家到村进行专门辅导，做到目标明、创建准、计划细、措施实，避免人为蛮干、瞎干的倾向，确保创建工作有序开展。

（二）文明导向

南渔村在创建苏州市“实践科学发展　推进‘两个率先’先锋村”过程中，充分意识到创建工作是一个系统工程，首先从舆论导向、文明宣传上求突破，做到人人皆知、全民参与。主要从舆论导向、示范导向、激励导向三方面着手进行文明引导。

（1）做好舆论导向：村党支部每年年初制定苏州市“先锋村”工作计划，并充分利用党的“三会一课”、市民学校培训以及农村党员远程教育网络宣传创建意义和目的，明确创建目标要求，共享创建成果。

（2）做好示范导向：村党支部首先在党员干部培训中要求党员干部做到“为人处世讲品德，工作岗位讲职业道德，社会交往讲公德，家庭生活讲美德”。要求在岗党员做好“示范岗”、在家党员做好“示范户”，以党员的示范作用带动村民树新风、讲文明。

（3）做好激励导向：村党支部根据中共玉山镇党委“关于在农村开展新风户、五好家庭、文明家庭、文明职工”评选活动的指示，一是通过村民代表大会发放宣传资料；二是利用一年一度的评比活动，深入开展“讲文明、树新风”

评选活动。获得新风户、五好家庭及文明家庭或文明职工称号的家庭和个人，可优先享受村的各项福利待遇。这一举措使全体村民朝着“有理想、有道德、有文化、有纪律”的目标迈进，形成人人参与创建、自觉行动的氛围。

（三）经济支撑

南渔村“两委”充分认识到“先锋村”创建离不开经济支持，反过来经济建设也离不开“先锋村”创建的推动，二者相辅相成。因此，南渔村在发展壮大村级集体经济的基础上，狠抓机遇，通过对上多争取、对外多联系、对内多挖掘，发展沿村、沿线、沿路经济，以资源变资产、以资产变资本、以资本增效益。至 2009 年，实现到账集体可支配收入 258 万元，保障创建工作有序有效开展。

南渔村开展“先锋村”创建活动，除了宣传发动外，每年专门提留一笔专用资金，以满足精神文明建设的活动经费需要。2019 年至 2020 年，南渔村先后投入大量资金建造了党群服务中心、便民服务中心、文体活动中心、图书室、影视室、村博览室、健身器材室等，为开展丰富多彩的活动创造了条件，促进了以精神文明建设为抓手的“先锋村”创建工作有序展开。

二、文明户（家庭）创建

1998 年前，南渔村“两委”根据昆山市《关于在全市开展文明市民的教育活动实施意见》的精神和中共玉山镇党委《关于开展文明市民教育实施计划》的具体要求，坚持以人为本，持之以恒地对全村村民进行以爱国主义、集体主义、社会主义为主要内容的思想道德教育和以“礼貌、礼仪、礼节”为主要内容的文明礼貌教育。通过教育，广大村民自觉形成了人人“讲文明话，办文明事，做文明人，创文明户”的良好氛围。南渔村按照中共昆山市委和玉山镇党委开展文明市民教育的具体部署，重点对村民开展以“社会公德、职业道德、家庭美德”和“礼貌、礼仪、礼节”为主要内容的专题教育。同时结合《昆山市民公约》《昆山市文明卫生行为规范》《昆山市文明礼貌用语》等内容，相应制定南渔村文明市民实施细则：文明无小事，请做到遛狗牵绳；及时清理粪便；不乱扔垃圾；不随地吐痰，不乱堆杂物；不车窗抛物，不搞迷信赌博，不铺张浪费，不搞邪教歪风等。措施出台后，南渔村每年年终以村民小组为单位，由村民代表对每户村民进行民主测评。是年，经民主测评，有 301 户被评为文明户。

2004 年，南渔村按照中共玉山镇委员会颁布的《关于创建全国文明城市的实施意见》，把“德育”作为立家之本，要求村民有良好的生活作风、高尚的人格形象、正确的爱子方式、严格的教育手段，能够营造和维护温馨的家庭环境；在村域内倡导“爱心、真心、关心、热心、贴心”的“五心”行动，让南渔村形成助人为乐，扶贫帮困，和谐友善的良好社会风尚。

2004 年至 2018 年，每年全村文明户参评率达 98%以上，文明户达 95%以上。通过文明户创建活动，南渔村多年来，无超计划生育情况发生，无刑事案件发生，无群体性迷信赌博活动、邪教现象发生，营造了良好的党风、村风、民风，也为昆山创建文明城市夯实了基础。2020 年，中共昆山高新区党工委、管委会、党群工作部在全区开展“好儿女，好媳妇，好管家”“文明和谐家庭”评选活动。经过村民评选，有 25 户家庭被昆山高新区党群工作部评为“文明和谐家庭”。

三、“江苏省卫生村”创建

1998 年，南渔村“两委”在昆山市玉山镇党委、镇政府的直接领导下，根据玉山镇政府“关于创建国家卫生城市检查验收达标”的通知有关精神，争创“江苏省卫生村”，为昆山创建国家卫生城市添砖加瓦，为新农村建设开启新的篇章。

（一）明确创建目标

南渔村按照创建省“江苏省卫生村”的各项标准和要求，做到咬住目标不放松，瞄准“村庄绿化、道路硬化、饮用水净化、厕所无害化、健康教育普及化、矛盾调处无激化”等总目标，有效有序开展工作。

（二）确保三个到位

对照创建“江苏省卫生村”的各项细则，南渔村“两委”坚持做到长计划、短安排。在实际工作中做到“有人管事、有钱办事、有章理事”，确保村各项指标达到预定目标。

一是创建组织网络到位。南渔村成立了领导工作小组，村委会主任任组长并抓好此项工作。村委会成员和各村民小组组长明确各自分工和职责，重点在单位检查、村镇建设、村容卫生、健康教育、防病除害等方面求突破。

二是创建资金保障到位。南渔村在创建“江苏省卫生村”过程中，按照各项指标的要求，首先进行排查摸底，找出薄弱环节；其次落实资金，对薄弱环节逐一整改。通过“自我对照、自我检查、自我整改”，全村共整改达标 11 项，投入资金 40.2 万元。

三是创建措施落实到位。南渔村在创建“江苏省卫生村”过程中明确做到“有人管事、有钱办事、有章理事”。从制度上、措施上加以保障，巩固创建成果。① 加大创建宣传力度，通过宣传画廊、资料发放以及健康知识宣传等途径，把创建“江苏省卫生村”工作真正做到人人皆知、家喻户晓、全民参与。② 强化创建督查力度。南渔村“两委”在创建过程中，按照创建项目达标的要求逐一检查对照，发现不到位、不达标的地方及时落实责任人，限期整改，确保创建工作各方面达标。③ 建立“清洁村庄、清洁家园、清洁河道”长效管理队伍，制定相应的考核奖惩制度。

（三）完善自治细则

南渔村“两委”为巩固创建成果，有针对性地完善村民自治细则，重点在规范村民“不乱堆放、不乱焚烧、不乱搭建、不乱拉线、不乱种养、不乱开店”等方面加以细化，把创建“江苏省卫生村”视为打造社会主义新农村的新起点。

1998 年，经过全村上下的不懈努力，南渔村经上级检查团考核通过验收，被评为“江苏省卫生村”。

第三节 “美丽乡村”建设

南渔村始终牢固树立和贯彻落实新发展理念，坚持两手抓、两手都要硬的战略方针，自觉肩负“聚民心、育新人、兴文化、展形象”的使命任务，大力培育和践行社会主义核心价值观，深化拓展精神文明建设的内涵，始终保持争先创优的干劲。

一、坚持“党建引领”

俗语说得好，“村看村，户看户，社员看干部，干部看党员，党员看支部”。“党建引领”是争创“美丽乡村”的关键所在。南渔村历届党组织始终坚持党建引领，争当标杆，勇于实践，做好“美丽乡村”创建工作。

在志愿者公益性服务活动中，党员起到带头引领作用。南渔村志愿者队伍中，有党员12名，他们在扶贫帮困、义务劳动、义务巡逻、义务献血等方面起了示范带头作用，在群众中树立了良好形象。

在加强自我管理中，党员的引领作用也不容忽视。2012年后，南渔村所有村民全部动迁到虹桥新村、宝领新村、大公花园、南华苑、万丰苑、万欣苑内，加强新型社区环境治理刻不容缓。村“两委”针对小区内“乱堆放、乱停车、乱焚烧、乱种植”等不良现象，出台了相关自治细则。细则出台后，南渔村先从党员家庭户整改抓起。经过一段时间的集中整治和党员家庭户的带头示范，小区内环境焕然一新。

二、做强村级经济

南渔村历届党组织充分认识到，只有经济强村才能富民。南渔村把村级经济可持续发展放在村各项工作的重要位置，在发展村级集体经济过程中，注重抓机遇、拓优势、挖资源、搞联合，通过多年的滚动发展，以资产保值、增值为抓手，不断培育村级经济新的增长点。至2020年，全村每年到账可支配收入在700万元以上，确保村有钱办事。

三、美化人居环境

2012年，南渔村根据中共昆山市委、昆山市人民政府提出的“打造美丽乡村”的指示精神，对虹桥新村、宝领新村、大公花园、南华苑、万丰苑、万欣苑进行全方位环境改造，不断增加投入，全面实施小区内道路硬化、路灯亮化、四季绿化、排污一体化、垃圾分类化、监控智能化、治理网格信息化等措施，确保小区环境美化、净化，达到资源共享。

四、严守治村底线

南渔村党支部在历届上级党委政府的领导下，在精神文明建设过程中始终不忘“依法治村”，切实抓好民主法治建设，坚持“党务、村务、财务”公开制度。

（一）守住集体资产不流失的底线

经过多年的负重拼搏，南渔村集体资产已超6 000万元。为切实管好、用好集体资产，确保集体资产不流失，2011年，南渔村组建了配套服务公司，实行政经分开、民主管理、民主监督。线上按规范程序公开招标，线下由理事会、监事会进行审议监督，做到抖明集体家底，亮明资产流向底细。同时将村域内的土地、水面、鱼塘对外发包，通过公开招投标，先交后租；并针对村集体重大项目建设，做到事前民主决策、事中民主议事、事后规范发包，确保集体资产不流失。

（二）守住城乡治理法治底线

2018年，昆山市全面启动“331”“263”专项城乡环境综合治理工作。经过上下联动行政执法，南渔村先后拆除违章搭建2起，排除安全隐患39起，化解各类矛盾纠纷3起，清理、整治车库160个。

（三）守住村规民约自治底线

南渔村的村民自治经历了乡村自治和社区自治两个阶段，村规民约也经历了多次修正，最终明确了“文明出行、文明观赛、文明操办红白喜事”三个文明守则。

文明出行　南渔村“两委”通过宣传交通法，将文明出行作为评比“文明和谐家庭”的条件之一，要求每个家庭自觉遵守交通法规，始终保持警钟长鸣，不擅自闯红灯、不乱停车，确保文明出行。

文明观赛　按照历年的文体活动年度计划安排，南渔村全年举办不少于5场（次）群众性的大型文体活动。村“两委”要求全体村民在观赛或观摩中，做到遵守、维护公共秩序，不起哄，不大声喧哗。

文明操办红白喜事　南渔村“两委”要求党员干部、村民代表、教师、医生、在外就职人员等在操办婚丧喜事上做好表率，倡导村民婚事新办、丧事简办，让文明新风全面推开，蔚然成风。同时，要求党员干部不但要做好移风易俗的宣传督促工作，而且要把相关工作联系到位，服务到位，并用群众的规矩，管理好群众自己的事，真正把移风易俗工作落到实处。

南渔村按照昆山市政府提出的“婚事新办不攀比”原则制定了七条规定：①操办喜事早预约；②婚宴时长不超1天；③举办规模，单方不超30桌；④餐费标准不超200元/人；⑤份子钱（礼金）不高于500元，提倡互免；⑥文明用餐，光盘不浪费，室内不抽烟；⑦安全用餐，厨房干净，食材新鲜，吃得放心，不出安全事故。按照“丧事简办不迷信”原则制定了九条规定：①有丧事进村办事中心；②丧事时长不超3天；③丧事就餐标准不超150元/人；④丧事就餐规模不超30桌；⑤吊唁金不高于500元；⑥文明用餐，光盘不浪费，室内不抽烟；⑦安全用餐，厨房干净，食材新鲜，吃得放心，不出安全事故；⑧不妨碍公共秩序，不影响环境卫生，不搞迷信活动；⑨不建豪华墓地，提倡生态安葬。

五、优化富民工程

南渔村“两委”多年来根据上级党委提出的“强村富民”的工作目标，全面推进富民工程，使广大村民享受到社会主义制度的优越感和集体经济的获得感。通过搭建六个载体（便民服务中心，文明实践站，昆山市同创富民有限公司，社区股份专业合作社，慈善基金会，第三方物业公司），形成富民工程的一条幸福线。

2008年，南渔村根据昆山市农委关于政经分开的指示精神，组建了社区股份专业合作社，对集体净资产采取量化到人、计算到户，年年进行红利分配。2010至2020年，全村311户共获红利分配总额567.85万元，户均18 258.84元。

推进医疗普惠制度　2017年起，南渔村根据昆山市人民政府“关于实施农村医疗普惠”的指示精神，在每年集体收益中，提留一笔资金，专门用于补助村民医保外的自负医疗费，截至2020年已补助6.31万元，解决了部分村民医疗困难。

聘用第三方物业公司　自村民入住新型社区后，南渔村针对小区内的保洁、保安、保绿及日常维护等，聘用第三方物业公司进行管理和提供服务。村每年从集体收益中提留支付物管费 60 万元，村民不承担物管费和私家车停车费。

鼓励村民参与文体活动 村“两委”为鼓励村民参与群众文体活动，每年提供 3 万元，用以支付文体活动中的一些公共费用。

第四节 南渔榜样人物

南渔村虽然没有突出的政治人物，但有一批尊老爱亲、助人为乐的好人，给南渔人树立了学习的榜样。

一、好儿子——潘利明、潘志明

潘利明，男，1963 年 3 月出生，南渔村第 2 村民小组人。潘利明已近 60 岁，其弟潘志明 56 岁。他们的父亲患有阿尔茨海默病，神志不清，母亲瘫痪在床 10 多年了。作为儿子，潘利明和潘志明为精心照顾父母，10 多年如一日，从无怨言。他们兄弟俩几乎每天帮父母做饭、洗衣、擦身等，使二老充满幸福感。村上的乡亲们对潘利明和潘志明的尽孝行为给予一致好评，称他们为“好儿子”。

二、好丈夫——徐红弟

徐红弟，男，1966 年 10 月出生，南渔村第 2 村民小组人。徐红弟是一名普通的渔家子弟。10 年前，他的妻子身患尿毒症。徐红弟为了给妻子医治尿毒症，在家庭经济条件比较困难的情况下，把家里两套动迁安置房屋卖掉为妻子做手术。术后，妻子一直要服用免疫抑制的药进行排异，每年医药费也要 6 万~7 万元。在这个艰难情况下，他每天起早贪黑，拼命工作，给家庭带来安全感。

三、好媳妇——俞龙琴

俞龙琴，女，1955 年 1 月出生，南渔村第 2 村民小组人。俞龙琴是一名普通退休人员，退休之后，本应安度晚年了，但家中婆婆 10 年前因骨质疏松瘫痪在床，吃、住、行，包括大小便都要有人照料。俞龙琴作为媳妇尽善尽孝，十多年如一日精心照料好婆婆的日常生活，从无怨言。

四、好老师——赵亚娜

赵亚娜，女，1991 年 7 月出生，南渔村第 2 村民小组人，中共党员。赵亚娜是一名“90 后”，周市镇永平小学教师。作为一名人民教师，她处处“为人师表”。不但认真教书，而且积极参与社会各项公益性活动。如：每年利用寒暑假，参与社区举办的亲子互动活动，帮助贫困学生创办校外辅导站。在她的精心辅导下，3 名学生于 2020 年 12 月参加昆山市举办的关于习近平新时代中国特色社会主义思想的知识竞赛，荣获一等奖。在新冠疫情防控中，她放弃休息时间，积极参加志愿者服务和募捐活动。

五、好管家——潘阿良

潘阿良，男，1965 年 1 月出生，南渔村第 1 村民小组人，现是昆山市中医医院的一名安保人员。他在单位工作期间，尽心尽责，做好本职工作。在值班期间，他经常帮助一些老、弱、病者，用车把他们推送到病区。他还经常帮一些年老的患者挂号、找医生，病人家属深受感动。他助人为乐的精神深受大家的赞扬。

第八章 教育 文化

50 年代初期，南渔村渔民以船为家，四处漂泊，基本没有受教育的条件，文化水平普遍较低。50 年代末期，村域内教育、文化事业开始逐步发展。教育方面，陆续开办渔家小学和队办小学，开辟就地读书绿色通道，尽力保障渔家子女受教育的权利。此外，村域内还开办扫盲夜校、市民学校，帮助村民学习，进一步降低文盲率。文化方面，南渔村陆续组建了文艺宣传队、舞蹈队，开设渔家书屋，大力建设社区文化，文化生活越来越丰富，民间娱乐活动也越来越多样化。而且，由于村民的生活水平逐渐提高，饮食文化也发生了变化，美食种类越来越丰富。

第一节　教　育

一、渔家小学

1959年11月，城南公社渔业大队正式成立，随后即利用昆山化工厂东侧的20平方米房屋，办起渔家小学。教师徐瑞珍，学生20名。

二、流动学校

1968年，昆山县人民政府为解决渔民四处捕捞、流动性大，渔家子女读书难的问题，开设渔家子女就地读书绿色通道，向全县的渔家学龄儿童颁发流动学习卡（证）。渔业大队的渔家子女凭卡可随时在昆山范围内的小学就地接受教育。

三、队办小学

1968年，渔业大队为从根本上解决渔家子女上学难的问题，要求各个生产队在可利用的地方创办队办小学。各生产队聘用苏州插队知识青年任教。第1生产队聘华宏毅为老师；第2生产队聘宋根娣为老师；第3生产队聘朱梅英、马家勤为老师。3个生产队就学学生共62名。

四、就地就学

1970年，城南公社统一调配渔家子女按居住地到附近农业大队学校就地就学。渔业大队第1生产队的渔家子女到车站小学就学；渔业大队第2生产队渔家子女到熊庄小学就学；渔业大队第3、4、5生产队的渔家子女到虹桥、江浦小学就学。就地就学一直持续至2020年。

五、扫盲行动

1976年12月，城南公社颁布了《关于开展扫盲工作的意见》。渔业大队根据城南公社政府扫盲工作的指示精神，对全大队青壮年中的文盲、半文盲进行摸底排查，并建好台账档案，通过定期请老师集中培训授课、开办夜校进行扫盲。在城南乡文化站的指导下，经过3年的扫盲工作，渔业大队文盲率降低到50%以下。80年代以后，渔业大队（南渔村）教育普及工作进一步发展，至90年代末目前，村域内文盲率已降至10%左右。

六、市民学校

1993年，南渔村在昆山市城区朝阳西路南侧筹建村行政办公大楼，利用二楼150平方米的多功能会议室创办市民学校。每年组织本村村民学习就业技能、卫生保健、法律法规等相关知识。每次授课都有专家、老师现场辅导。市民学校的各类培训，使大多数村民掌握了就业、创业、安全防范等方面的知识，增强了就业能力。

第二节　文化

陆上定居后，村民之间的交流逐渐增多，村民的文化生活也越来越丰富多彩。2009年3月，南渔村组建了文艺宣传队、舞蹈队，村民们闲暇时就到广场上跳广场舞和健身舞。2011年，南渔村利用政府办公楼建渔家书屋，方便村民学习和阅读。2012年后，南渔村村民入住新型社区，南渔村充分挖掘社区文化资源，利用窗廊展示具有时代特色的新人新事；在墙体、楼道作画宣传党的大政方针，展示昆山好人、南渔村好人形象，弘扬礼仪、道德文化，使群众文化进一步发展。

一、群众文化

广场文化 2009年3月，南渔村组建了南渔村文艺宣传队、舞蹈队。文艺宣传队组建后，在村“两委”的领导下，围绕“党的建设”“乡村振兴”“文化强村”等主题，开展多样化的群众文化宣传活动。2009年至2012年期间，村每年在村域范围内举办群众性文化宣传活动不少于6场次。2010年，南渔村舞蹈队在由昆山高新区文化站举办的舞蹈比赛中获三等奖。2012年至2020年，南渔村村民参与大公社区的广场舞、健身舞等文化广场活动，使群众性文化活动逐渐转变为自觉行为。

渔家书屋 2011年，南渔村利用办公楼空间，建面积为30平方米的渔家书屋，搜集、储藏各种图书2 000余册，提供给本村村民阅读，内容涉及革命历史传统教育、法律法规知识、家教家风、渔业用具、民间文化等。至2020年，渔家文化书籍增加到2 500册。

二、民间娱乐

50年代，旧时盛行的斗蟋蟀、唱宣卷、唱春等民间娱乐逐渐被人们遗忘。1958年“大跃进”，1959—1961年的三年困难时期，民间娱乐更少。“文化大革命”时期，民间娱乐仅以唱语录歌、跳忠字舞为主。改革开放至2020年，民间娱乐复兴，且有时代风貌。

叉铁箍 60年代，男孩几乎都会玩叉铁箍，一般以木桶上废弃的铁箍作为滚转的器材，然后用粗铁丝弯成一个一头弯、一头直的铁钩，将直的一头插入细竹竿当手柄，弯的一头勾住铁箍，借助铁钩推着铁箍往前推，叉着铁箍飞奔，发出“哐啷啷”的响声。80年代后叉铁箍基本消失。

打棱角 50—70年代，打棱角游戏曾风靡一时。用一硬质木块，做成一个直径约5厘米、高5厘米左右的圆锥形棱角，形状为橄榄型，上部比下部略长，上端留有倒凸型端子，便于绕绳，然后用一根细绳沿棱角端子有规则地绕入。倒捏棱角于手中，手指用力抽绳并将棱角丢在地上，棱角自然正立，并很快在地上旋转。80 年代后打棱角基本消失。

打弹珠 打弹珠游戏操作较为方便，用大拇指和食指弹球，通常是“打老虎洞”，在场地上挖比弹珠大一点的 6 个坑，将弹珠依次打进 6 个坑，全部打进为胜。此游戏现在仍存，但玩的人较少。

竹蜻蜓 竹蜻蜓的外形呈“T”字形，横的一片像螺旋桨，当中有一小孔，孔中插入一根笔直的竹棍。用两手搓转竹棍再松开，竹蜻蜓便会旋转飞向上空，之后逐渐旋转下降，落到地面。此游戏现在已基本消失。

掼纸包 掼纸包由两人玩的一种游戏。用两张旧书页纸对折成长条交叉相叠，折成四方形纸包。把纸包放在地上，用自己手中的纸包打击别人的纸包，将别人的纸包打翻（从正面翻到背面或从背面翻到正面）就算赢。此游戏盛行于 50—80 年代，现在已基本消失。

翻娱人片 娱人片又叫洋画片，是一种彩卡片。画面多为《三国演义》《水浒传》《西游记》等中的故事人物。将娱人片放在地上，利用手掌扇动产生风，将娱人片扇翻。参与者一人拿出一张娱人片，轮流去扇，扇翻几张就赢取几张。此游戏盛行于 50—80 年代，现在已基本消失。

滚铜钿 滚铜钿时，在地上斜支一块砖，在砖的前面五六米开外设一道障碍物，然后用大拇指扣着铜钿，在砖面上用力一磕，铜钿就叮的一声落在砖上并弹离砖面，顺着地面一路往前滚。谁的铜钿滚得远，谁为赢者。此游戏盛行于 50—80 年代，现在已基本消失。

打铜板 打铜板是一项由多人玩的活动。在场地上放一块砖，参与者每人拿出一个或数个铜板，叠放在砖面上，通过猜拳的形式，决定出场名次。出场者用自己手中的铜板瞄准砖面上的铜板用力打击，打掉几个拿几个。砖面铜板被打完为一局。此游戏盛行于 60—70 年代，现在已基本消失。

挑绷绷 50—70 年代，女孩们常取一根一米不到的“扎底线”，把线的两头打结拴住，然后你来我往，利用十根手指头，或勾，或挑，或叉，变幻出许多不同的图形，有“大方格”“梭子块”“大手巾”“乱草把”等。此游戏现在仍有少数人在玩。

踢毽子 毽子由公鸡的长羽毛和圆形铜钿、线做成。踢毽子比赛有单人赛和集体赛，踢毽子以下肢肌肉的协调运动为主，功夫在脚上，使髋关节、踝关节、脊椎各关节和腿部、腰背部肌肉得到有效锻炼。此游戏从50年代至今盛行不衰。

跳橡皮筋　跳橡皮筋也称跳牛皮筋，一般是女孩子喜爱的一种游戏运动。街头巷尾，弄堂院落，经常可看到女孩们哼着童谣，随着节奏在跳牛皮筋。这是一项有利于健身的体育活动。此游戏从50年代至今盛行不衰。

放风筝　放风筝是民间风俗中的娱乐活动之一，历史久远。每年春节后到清明，男女老少争相放风筝的场面热闹非凡。风筝形态有龙、凤、鹰、燕、鸽、蜂、龟，还有蜈蚣、蜻蜓、月亮、板门、蝴蝶等。风筝多以竹篾为骨，扎成各种形状，表面糊上面筋纸或者其他有韧性的薄纸。大型风筝常用白细布制作。较大的风筝有用藤篾制作的鹞琴。风吹之下鹞琴发出悠扬悦耳之声。在夜间于风筝上挂一二十盏“鹞灯”，高悬夜空，十分壮观。此游戏从50年代至今盛行不衰。

打羽毛球　打羽毛球是常见的体育活动。90年代起，有些家庭把打羽毛球作为一项健身娱乐活动。利用节假日和夜间空余时间，全家人在一起打羽毛球。

广场舞　进入新世纪，随着人民群众生活水平的不断提升和精神生活的不断改善，不少中老年居民自发组织，利用社区广场或公园等场所的空间跳广场舞，获得了更多的精神乐趣。

棋牌娱乐　80年代兴起的棋牌娱乐至今很受村民欢迎，许多居民常利用节假日自发组织打扑克、下象棋、搓麻将等业余娱乐活动，以此丰富精神生活。

三、渔民美食

（一）时令食物

菱角菜　又名“菱角根”，是摘除菱角之后剩下的茎部，黄褐色，像面条一样细长。旧时菱角菜对南渔村村民来说是一道特别开胃的下饭菜。夏季菱角菜较嫩时，适合清炒。将洗干净的菱角菜放入锅中焯水，以消除涩味，然后捞起放入冷水中浸泡。浸泡后的菱角菜用刀切成段，再放入油锅中翻炒2分钟左右，直至熟透，放入少量的盐和味精，盛起即可食用。根据个人喜好，也可拍打适量蒜泥放入菜中，味道更佳。焯水后的菱角菜也可用冷水浸泡后直接进行凉拌。临近秋天之时，菱角菜的菜质偏老，渔民们会将采集到的菱角菜清洗干净，同样先进行焯水，再冷却沥干，放入少量的盐进行腌制。特别需要注意的是，盐量不能太多，也不能将沥干后的菱角菜放在阳光下暴晒，以免影响口感。菱角菜腌制一天左右即可使用。

桃凝 又名“桃胶”，是桃树分泌出来的树脂，呈黄色半透明状，味道甘苦，每年3—4月份多见。旧时每遇饥荒或粮食不足之时，人们便会用勺子在桃树上刮下桃凝，用来充饥，也可用来给小孩解馋。

芦苇根 又名“芦柴根”，为芦苇根部。南渔村河、塘、沟、溇遍布，芦苇丛众多，因而芦苇根为常见之物。旧时渔民生活困苦，经常采摘食用。常见的食用方法有放入白糖进行凉拌，也可以加入适量冰糖，用开水煮汤汁饮用。

（二）传统佳肴

清蒸白丝鱼 白丝鱼肉嫩、口感好。在清蒸前，需要先将白丝鱼清洗干净，在锅里放适量的盐、油、黄酒、生姜，在鱼上面放上新鲜葱，然后在锅里蒸半个小时左右即可出锅。

清蒸白丝鱼（2020年，王小龙摄）

剁椒鱼头 剁椒鱼头，逢年过节人们往往会做这道菜。鱼头营养丰富，放上剁椒后，让人感觉既有江南特色口味，又有西南香辣风味。烧前，在锅中放入菜油、酱油、黄酒、生姜、葱等，烧半小时后出锅即可。

油爆河虾 做油爆河虾时，人们选择较长、较粗的大虾。河虾清洗后，在油锅里放进黄酒、味精、盐、生姜等料，爆炒后捞起即成。

剁椒鱼头（2020年，王小龙摄）

油爆河虾（2020年，王小龙摄）

清蒸大闸蟹　阳澄湖大闸蟹美名远扬。每年十月份，人们都将清蒸大闸蟹作为一道佳肴。配上葱、生抽、醋、糖等佐料，大闸蟹更美味。大闸蟹清蒸时间在十五分钟左右。

清蒸大闸蟹（2020 年，王小龙摄）

河鳗　河鳗这道美食，清洗后以清蒸为主。清蒸前在锅里放入适量盐、黄酒、生姜、葱等调料。清蒸时间一般在半小时左右。

红烧肉　红烧肉在江南一带，是逢年过节或办婚丧喜事时餐桌上必备的大荤，其口感酥而不烂，食而不腻。

油焖鸡　将鸡洗清后，配好适量盐、酒、姜，放在油锅里焖四十分钟左右。油焖鸡的特点是酥而不腻，皮脆、肉嫩、骨酥。

红烧肉（2020 年，王小龙摄）

油焖鸡（2020 年，王小龙摄）

四季豆　四季豆是绿色食品之一，清爽、口感好。清洗后，放入油锅里加适量盐清炒五分钟即可，其口感新鲜，干脆。

小笼包　用面粉皮手工将调好料的鲜肉包起来放入蒸笼里蒸，一般时间在四十五分钟左右。小笼包一般作为人们的早点或点心。

小笼包（2020 年，王小龙摄）

腌鱼干　制作鱼干的鱼的种类没有特别的限制，青鱼、鳊鱼、鲤鱼等都可以。先剖开鱼腹，去除内脏；然后用清水将血污、黏液清洗掉；再撒上适量食盐，使盐分渗入鱼体。腌上一晚上，即可用钩、绳挂在室外进行日晒、风干。一般晒 10 天左右鱼干即可制成。

腌西瓜皮 腌制西瓜皮需要挑选厚皮西瓜，去除外面的青皮，把红瓤刮干净，把皮切成小条状，在阳光下先暴晒。待水分晒干后，放入适量生抽进行腌制。腌两天左右即可。

酒酿饼 酒酿饼以面粉和酒酿为原料，主要以豆沙、板油、玫瑰等为馅，甜而不腻，油润晶莹，色泽鲜艳，口味分明。酒酿饼现已成为清明时节扫墓、缅怀先人时必备的一种祭品。相传元朝末年，农民起义领袖张士诚因误伤人命，带着母亲逃亡。当时正逢青黄不接时期，由于几天没有进食，他的母亲饿晕了过去。张士诚伤心地号啕大哭起来。一位老百姓见张士诚母子俩十分可怜，就从家中取出仅有的一点酒糟，做了饼送给张士诚的母亲吃。几年后，张士诚在苏州称王，想起了当年的救命恩人，为了不忘记此事，张士诚下令在清明时节用酒糟做饼，叫作“救娘饼”。后“救娘饼”一直流传至今，即如今的酒酿饼。

第九章　卫生　体育

中华人民共和国成立前，南渔村渔民的卫生、体育事业十分落后。中华人民共和国成立后，在中国共产党的领导下，尤其是国家对渔民实行陆上定居后，南渔村的卫生、体育事业逐步发展起来。卫生方面，70 年代，村域内积极开展查螺、灭螺、消灭血吸虫病工作。80 年代，南渔村建立了爱国卫生领导小组，配备了卫生管理员。90 年代，南渔村制定了农村合作医疗章程。2000 年以后，南渔村把卫生工作作为民生工程，把渔民的医疗待遇提升到享受城市居民普惠待遇。体育方面，南渔村克服了无场地、无人员、无经验等困难，组建了篮球队，开展了一系列全民健身运动，营造了良好的运动氛围。

第一节 卫 生

一、组织机构

70年代，随着城南公社卫生事业的进一步发展，全公社形成社、队两级医疗服务网。公社卫生院和大队合作医疗站加强了行政管理、经济管理、业务管理，建立了以岗位责任制为中心的各项规章制度，使医疗秩序走上正轨。渔业大队医疗站在城南公社卫生院的指导下，全面开展血吸虫病防治和爱国卫生运动。在1977年至1979年三年时间内切实抓好查螺、灭螺、血吸虫病防治工作。同时要求各自然村陆上定居的渔户将井水作为饮用水。1980年，城南公社恢复公社爱国卫生运动委员会后，渔业大队建立了爱国卫生工作领导小组，配备卫生管理员，由大队妇女主任兼管卫生工作。

1983年，城南乡成立农村合作医疗管理委员会，建立和健全农村合作医疗卫生室和赤脚医生联系卡机制，制定农村合作医疗章程，规定医疗费用由个人和集体各负担50%，南渔村村民得到更加有效的医疗保障。

2000年后，随着昆山城乡一体化的大力推进，中共昆山市委、昆山市人民政府加强了对失地农民和失水渔民的医疗保障措施。自此，南渔村所有的失水渔民100%加入农村医保。个人每人每年仅承担50元医保费用，就可享受到城市居民的医疗待遇。

2018年至2020年，南渔村村民除享受市医疗保障外，还享受村医疗普惠待遇。

二、传染病防治

20世纪60年代，渔业大队在城南公社的领导下，认真贯彻“卫生为生产，生产讲卫生”“预防为主，防治结合”的方针，扎实做好各种疾病的防治工作。1961年，全大队全面开展了疟疾抗变的治疗工作，治疗病人众多。同时，针对流行性乙型脑炎、伤寒、痢疾、天花、百日咳、白喉等疾病采取预防接种等措施。加强对浮肿、消瘦病的防治和妇幼卫生的跟踪观察，有效提高治疗效果，有力地保护了人民健康，促进了渔业生产发展。

2003年，“非典”发生后，南渔村积极做好“非典”防范工作，村中无一人感染。2020年，新冠疫情暴发并蔓延后，南渔村按照昆山高新区统一部署，采取积极有效措施，做到宣传到位，检测到位，服务到位。

三、血吸虫病防治

1968年冬至1969年春，城南公社结合“农业学大寨”运动，开展了“血吸虫病防治灭螺大会战”。渔业大队根据城南公社统一安排，积极开展查螺、灭螺工作，重点排查湖泊、河流的沿河、沿岸等血吸虫滋生场所，广泛开展灭螺造田工作。

（一）查螺、灭螺

渔业大队积极围绕垦荒滩灭螺，用石灰氮灭钉螺，筑灭螺带，并开展以清理石驳岸、石码头、石桥墩、荒滩、荒坟、荒宅墓、荒竹园等为重点的查螺、灭螺行动。经过多次反复查螺、灭螺，至1972年年底，村域内未发现有钉螺现象，从而彻底根除血吸虫病的传播源头。

（二）查病

城南公社在昆山县防血防治领导小组的指导下，发动群众送验大便，渔业大队由血防大队长、妇女主任具体负责。1971年至1974年，每年春、秋两季送检两次，1975年至1979年，每年普查一次。耕牛由公社兽医站和大队技术员密切配合做粪检，一旦发现染病，则集中到公社兽医站由兽医负责治疗。

（三）治病

1969年，渔业大队第3生产队陆小弟因患血吸虫病，到昆山第一人民医院做脾脏切除手术，全部医疗费用由县医疗单位给予报销。1970年，城南卫生院对各大队赤脚医生进行业务培训，将患有血吸虫病的病人集中到大队，采用酒石酸锑钾注射液和血防“846”、锑“273”口服片治疗。至1983年年底，城南乡经过多次综合检测，乡域内没有发现血吸虫病患者。南渔村历时30余年的反复查治，终于送走了“瘟神”。

（四）粪便管理

渔业大队加强粪便管理和无害化处理，力图从源头防治血吸虫病。1970年，渔业大队发动群众，将粪缸集中搭棚加盖，进行无害化处理。陈粪下田，并由专人负责。同时渔业大队推广常熟沈浜式厕所，一户一厕（两格），做到新、陈粪便分开储存，达到杀虫灭卵的效果。2002年后，粪便由昆山玉山镇环卫所配置好粪便排放集中点后，统一进行处理。

四、妇幼保健

1978年，渔业大队建起行政办公室后，利用空余房屋建起大队卫生室，配备卫生员，并明确由大队妇女主任具体负责妇幼保健工作，主要从事预防、保健、健康教育、卫生咨询、育龄妇女服务和医疗帮困救助等方面的工作。

（1）提供基本公共卫生服务，包括卫生洁具管理、健康教育、妇幼保健服务、计划生育、生育妇女的妇科普查和治疗等工作。

（2）提供基本医疗服务，包括一般常见疾病的治疗护理、急救护理、康复医疗服务等。

（3）定期组织相关育龄妇女参加健康知识培训和业务学习。

（4）认真做好母婴随访工作，包括产妇出院后7天、14天、28天的上门探访，母婴42天后到市区医院妇保科、儿保科门诊进行体检时的随访，对儿童按不同年龄段进行各种防疫疫苗注射的查访等。

五、爱国卫生运动

（一）除“四害”

60年代，村（渔）民不仅讲究家庭卫生，同时对屋前屋后的卫生也很重视，经常清除垃圾，除掉杂草。同时，渔业大队发动群众开展除“四害”爱国卫生运动，号召人人参与拍苍蝇、蚊子，灭老鼠、蟑螂，取得了阶段性成果。

（二）改厕、改水

改厕 70年代，渔业大队推广常熟沈浜式厕所，一户一厕（两格）。实行新、陈粪便分开储存。1998年，经村委会研究决定，南渔村全村统一更换三格式化粪池。粪池经验收合格，每户可享受村一次性改厕补贴100元。当年完成改厕户87户，村一次性补贴改厕资金8 700元。最终，全村卫生户改厕达标率在85.3%以上。

改水 1991年，南渔村第1、2村民小组60户村民开始得到大同自来水厂的自来水供应。之后，其他村户逐渐用上自来水。全村投入资金10 200元用于改水，完成农村改水102户；村民饮用自来水普及率达100%。2012年全村动迁到虹桥新村、宝领新村、大公花园、南华苑、万丰苑及万欣苑后，都用上了昆山自来水厂供应的自来水。

第二节 体 育

一、篮球队

60年代，村民缺乏体育意识，村域内也没有体育活动设施。直到1978年，渔业大队在第1生产队所在地（原城南公社车站大队第9生产队所在地）建了一个篮球场，搭了两个篮球架，供群众打篮球。篮球场建成后，先是由部分青少年自发组织篮球友谊比赛。经过一段时间，渔业大队正式成立渔业大队篮球队：队长徐明龙，队员有徐阿三、沈云明、沈福明、潘金弟、潘明龙、陆忠生、沈菊生、潘荣良等人。篮球队组建后，组织的众多活动吸引了许多爱好篮球的人员。在此基础上，篮球队挑选出10多个精兵强将，经常外出到昆山县城北公社、陆家公社、花桥公社、常熟任阳等地方参加篮球比赛活动。

二、全民健身

80年代开始，村“两委”通过共青团、妇女联合会组织发动村民开展群众性的体育活动，如挑担、跑步、拔河比赛等。在此基础上，挑选一批青壮年参加由乡镇组织的文体活动和大队与大队、街道与社区组织的挑担、拔河、跑步等体育活动。

进入21世纪，村民动迁到新型社区后，村“两委”号召村民参加所在社区的各类群众性的体育活动：一是健身活动。居民们利用早、晚的时间，在社区内健身器材上进行锻炼，如手拉杠、脚踏杠等。二是舞蹈活动。居民们自发组织舞蹈队、秧歌队等，充分利用社区的市民活动室和露天广场，开展舞蹈活动。三是文艺活动。村、社区联合，定期或不定期在社区内组织群众性的文艺演出活动。

第十章 风土民情

旧时，渔民靠捕捞谋生。封闭的生活空间和恶劣的生存环境迫使渔民形成以内部姻亲关系为纽带、生产作业互助为推力的渔帮文化。同时，由于村域东邻上海，西靠苏州，多种地方文化充分交融。1949后，村民习俗去伪存真，去繁化简，不断适应时代的发展，形成富有特色的南渔村风土风貌。

村域内的方言与风俗既有独特的渔民习俗特点，又与农耕有联系。气象、谚语、谜语、岁时习俗、渔船习俗、生活习俗等无不体现出南渔村别具特色的风土人情，是村域内民俗文化不可或缺的组成部分。

第一节　岁时习俗

一、春节

春节是中华民族的传统节日，也是南渔村村民合家团聚、休养生息的日子。村民在长期发展过程中形成了不少与春节有关的习俗。

（一）掸尘

农历腊月廿八、廿九，村民们会将屋子里外打扫干净，同时将窗户上的灰尘用抹布擦拭干净。对于屋顶、房梁等够不着的地方，则将鸡毛掸绑在竹竿的一头清理灰尘，俗称“掸尘”。

（二）添新衣

南渔村民风淳朴，勤劳朴实的村民们大多勤俭节约，节衣俭食。旧时只有临近春节，家庭主妇们才会尽可能为孩子添上一身崭新的衣服。等到大年初一一早，孩子们换上新衣，相互串门，互相展示。随着经济条件的改善和生活水平的大幅提高，春节穿新衣之俗未变，着装的款式更加丰富多样。

（三）年夜饭

年夜饭是除夕甚至是一年中最重要的环节。70 年代，年夜饭菜肴或三五碗，或七八碗，以自家捕捞的鱼虾和种植的蔬菜为主。上至耄耋老人，下至孩童，团聚一起，品食佳肴。开饭时间大多在晚上 8 点左右。80 年代开始，村民们的年夜饭又多了一道“文化菜”——中央电视台春节联欢晚会。村民们一边吃着美味佳肴，一边欣赏精彩的晚会节目。90 年代，随着文化娱乐方式的增多，年夜饭的时间已不再固定。2000 年以后，50%以上的家庭更是选择提前很多天在饭店预订年夜饭。有的村民在除夕下午两三点就已开始吃年夜饭，一方面希望讨个好彩头，另一方面也可以预留出更多的时间进行放松和娱乐。

（四）守岁

守岁又称守岁火，即在除夕夜将家中每个房间的灯火全部点亮，全家人吃过年夜饭团聚在一起，通宵守夜，象征着驱除邪神病疫，增加光明和财富。旧时守夜大多是全家人共同进行。随着社会的发展和思想的进步，除夕是否守夜更多的是根据自身的身体状况酌情考虑。进入 21 世纪，守夜的主体已转变为年轻人和孩子们。

（五）放鞭炮

放鞭炮既是辞旧也是迎新的象征。90 年代以前，村民们除了燃放普通的小爆竹之外，还会燃放“大炮仗”“震天雷”之类的简易鞭炮。有亲戚朋友来访，吃饭前也会燃放鞭炮表示欢迎。简易鞭炮整体呈圆柱体状，有长有短。可以矗立在地面，也可以直接用手捏着。90 年代中期开始出现小型礼花。小型礼花外形为立方体，可以连续射向空中燃爆，有 16 响、24 响、36 响、100 响等。另外也有适合孩子们燃放的鞭炮，比如踏炮、擦炮、摔炮、河水炮、花炮、摇花等。2017 年，昆山市发布禁止燃放烟花爆竹相关条例，南渔村春节放鞭炮的习俗消失。

（六）压岁钱

压岁钱又称“压祟钱”，寓意压住邪祟，岁岁平安。一般在年夜饭后，长辈将压岁钱装在红包内给晚辈，意义不在金额多少，在于对晚辈的美好祝福。旧时，南渔村的压岁钱经历了几毛至几十元的发展，进入 21 世纪，基本在 500~1 000 元不等。

（七）走亲戚

村民们一般会在正月初二走访亲戚，上门时会带上苹果、橘子、香烟、酒等五六样礼品，主家则会准备好瓜子、花生、水果等物品。招待客人的菜肴中，蹄髈、东坡肉为必备之品。解放初期至 70 年代，未结婚的青年和年幼的孩童在走访爷爷、奶奶、外公、外婆或其他年纪比较大的长辈和亲戚时会行跪拜礼，以示敬重。

（八）做礼拜

大年初一，信教的渔民会选择在天主教堂做礼拜，祈祷来年风调雨顺，阖家幸福。

（九）初二相亲

旧时，年轻的未婚男女青年平时很少有时间见面接触，春节期间父母一般会托人为子女介绍对象。于是，大年初二走亲戚时成为青年男女相亲的好时机。2000年以后，随着网络、通信方式的不断发展，初二相亲的惯例逐渐消失。

二、元宵节

正月是农历的元月，古人称“夜”为“宵”，所以把一年中第一个月圆之夜称为元宵节。南渔村村民在元宵节自己做汤圆、吃汤圆，寓意团团圆圆，美美满满。汤圆的馅料就地取材，丰富多样，有芝麻的、糖心的、红豆的、绿豆的、蟹黄的等。

三、二月二

二月二龙抬头，又称“春耕节”“农事节”，意味着龙告别潜伏的状态，万物开始复苏。这一天，村里的男孩都要剃头，以示鸿运高照，全年都有精神。由于二月二理发的人数众多，村里理发店会出现排队理发、应接不暇的现象。

四、清明节

清明是春季传统祭祀节日，由于特殊的信仰结构，南渔村呈现出与众不同的祭祀特点。其中60%左右的渔民因信奉天主教，会选择在教堂进行祷告、追思。其余村民会选择在亲人墓前点燃香烛，焚烧锡箔、冥纸等，以表思念。

五、立夏

立夏是夏季的第一个节气。村民们会在清明节前后开始腌制咸鸭蛋，立夏时味道最佳。立夏吃咸鸭蛋的习俗一直流传至今。立夏这天，村民还常为小孩子称重。

六、端午节

端午节，南渔村有做粽子的习俗。粽叶通常是箬竹叶，也有的用就地取材的芦苇叶。粽子有四角粽、对角粽、方形粽等。把裹好的粽子放入锅中，倒入适量的水漫过粽子进行蒸煮。待到水沸腾之后，香气四溢，即可剥开粽子食用。端午期间，适逢栀子花开之季，村里上了年纪的妇女会在发髻或衣襟上别上一两朵栀子花。

七、七月半

七月半又称“中元节”“鬼节”。七月半这一天，不信教的村民会买上锡箔、冥币及其他贡品焚烧，追思亲人。同时祈求即将到来的秋天能够风调雨顺、丰产丰收。

八、中秋节

中秋节又称“拜月节”，中秋月圆意味着人之团圆。旧时，南渔村村民大多在水上劳作，夜晚航行较危险。明月照着人们在水面上前行，因此渔民们对月亮更多一分敬畏和感恩。每逢中秋之夜，渔民都会在船头摆上瓜果和月饼，以敬月神。在航行穿梭之间，吃着月饼，享受月圆之乐。岸上的村民则会在小院中摆放桌椅，在桌子上放贡品和月饼，一家人围在一起，共享欢乐。动迁之后，原有的水上和庭院生活成为记忆，但人们对月神的敬畏以及赏月思亲的习俗依旧保存了下来，延传至今。

九、重阳节

重阳节又称“敬老节”“老人节”。南渔村自古就有敬老爱老、崇尚孝道之风。每逢重阳节，晚辈们都会给家里的老人或村里德高望重的长辈奉上香甜可口的重阳糕，以示尊重；陪在老人身旁话家常，缓解老年人的心灵孤寂。进入21世纪，南渔村每年都会给村里60岁以上的老人发放一定金额的重阳节慰问金，同时举办适合老年人参加的各种主题文化活动。

十、冬至

旧时，村民们认为冬至是盘古开天地之日，此日群魔乱舞，因此要待在家不出门以避邪事和灾祸。早上，主妇们会准备好冬至面，象征过了冬至白昼一天比一天长。早期冬至面基本以阳春面为主，没什么浇头，顶多放几根青菜叶。90年代开始，冬至面的浇头逐渐丰富，大排、爆鱼、焖肉等相继出现，甚至有双浇、多浇等。2000年以后，冬至不出门的禁忌在南渔村也基本消失。

第二节 婚嫁习俗

南渔村渔民世代在水上劳作，受劳动工具和生产方式的制约，通婚对象仅局限在渔帮内部。加上特殊的宗教信仰，南渔村形成了独特的婚嫁习俗。

（一）攀小亲

旧时南渔村有“攀小亲”的风俗，素有“男孩早攀亲，父母受人敬”之说，认为男孩如果不能尽早攀到亲，父母就会被人看不起，会受到他人的奚落。又认为女儿“落地就是外头人，早有婆家早放心”，因此很多家庭在孩子五六岁时就在教会内部攀小亲（俗称“娃娃亲”），有的甚至还未出生便由父母“指腹为婚”。最为常见的是“换亲”，将自己的女儿给对方做儿媳，对方的女儿做自己的儿媳。也有的是因为家庭条件不好，为了减轻经济负担，将女儿抱给富裕人家做“童养媳”。通过“攀小亲”，村民一方面可以尽早确定孩子的终身大事，另一方面可以利用姻亲形成帮扶关系。

（二）早婚

昆山解放前，早婚之风盛行，儿女到了十四五岁，父母便开始为其张罗婚嫁之事。旧时有“男大女小，同岁最好”“十六岁做娘，天下通行”的说法。封闭的生活空间和恶劣的劳动环境使得人们经常食不果腹，子嗣夭折和劳动力不足的情况极为常见，早婚生儿育女、传宗接代便成为天经地义之事。男女双方除非家有丧事或者本人身体患有疾病等，都无理由推迟婚期。南渔村村民们大多信奉天主教，认为婚配是主的旨意。时至今日，村内早婚现象早已消失，悔婚和离婚的现象也极为少见。

（三）央媒

旧时，村民信奉“父母之命、媒妁之言”，女孩到了七八岁时若还没有接帖或出帖，其父母便会委托媒婆或“月老”寻找门当户对的人家，俗称“央媒”。媒人不仅要口齿伶俐、能说会道，腿脚也要勤快，而且要有一定的威望，在男女双方那里都能说得上话。

（四）出帖

男方行媒到女方家里，会将男方家里的财产、家庭成员、亲戚关系、男孩的体貌特征和工作单位等做详细介绍。女方如果同意，便会请人将生辰八字写在红纸上，作为“庚帖”。庚帖的正面写上“吉庚”或“某宅吉庚”，背面写“全福”两字。媒人怀揣庚帖返回男方，直接到厨房将贴压在灶头香炉下方，点上三支清香，祈求平安吉祥。如三日内家里未出现鸡死、猪病、蛇出没等不祥之兆，便视为可以合婚。条件好的人家有的能收到好几个姑娘的庚帖，经过仔细打听摸底后，会挑出一个满意的姑娘进行八字测算。

（五）合婚

合婚又称“测八字”。男方确认庚帖合适后，便会请算命看相的先生选择吉日进行测算。根据双方五行和八字的生、克，判断姻缘是否合适。合的称“占应”，婚姻关系初步确定。若不合，男方便会将庚帖还给女方，称“还帖头”，也有女方主动要回的，称“讨帖头”。

（六）请媒

请媒，渔家也称“待媒”。男方为感谢双方媒人，会选择吉日在船上招待宴请。请媒同时邀请双方的亲友，通过吃待媒酒的方式，将双方的婚约关系对外公开。

（七）纳吉

纳吉即定亲。合婚后双方如无异议，会择日传红定亲。传红要有礼帖，将媒人帖、传红喜帖等装进拜盒里，用两匹靛青色土布，在中间系上红色绒线，表示红线联姻。再备上礼品，如核桃（寓“好合”）、红枣（寓“早生贵子”）、云片糕（寓“年年高、代代高”）和甘蔗（寓“节节高”）等。另外茶礼也是必不可少的。茶叶象征纯洁、多子，茶树古称“不迁”，寓意亲事坚定不移。女家受聘称为“受茶”，受茶后便不再更改。同时男方还要送女方若干礼金，礼金也要用红袋子封装。礼帖、礼品和礼金分别装于六个红漆木盘中（寓“六六大顺”），再由六人用两条舢板（俗称“礼船”）送至女方渔船进行下聘。送盘前男方必须提前下“道日帖子”告知女方，使女方有所准备，以便邀请主要亲眷喝受盘喜酒。女方受盘后要“回盘”，将事前男方相赠的“求”字换为“允”字，连同代表女孩终身的“生辰八字”及桂圆、红长生果、谢帖等进行回赠。双方互相赠受礼品后，婚约正式确立。

（八）纳礼

纳礼又称“担小盘”。纳礼当天，男方在客厅中间拼好八仙桌，点起香烛，在桌上摆放六只长方形红漆木盘，俗称“帑盘”。盘中整齐放好礼帖、礼品和礼金。每盘四角放四只用红绿纸糊成、四边镶贴金纸的小果盒，叫“对果”，每只盒上插一朵小缎花或小绒花，盘里铺满桂圆、红枣、米、麦、绿豆等。男方家长和媒人并立朝里对盘三作揖，俗称“唱喏”。礼毕，将帑盘搬到船上，媒人夹着红毡包裹的拜盒由主人相送，在铜锣和爆竹声中解缆开船。这种船叫“盘船”，也叫“礼船”。盘船将近女方家时，必须以铜锣、爆竹敬告。女家的媒人（俗称“坐媒”）闻声出门至河边相迎，将礼盘捧入女方客厅摆放整齐，然后点燃香烛，和女方主婚者一起对盘作揖，交代聘金。女方主婚者一一过目，称为“相盘”，同时口中说上几句吉利话。此时，左右邻里的孩子和妇女抢吃糖果，但不能抢尽，要适可而止。小红花被视为吉祥物，要送给年长的老婆婆插戴。女方回盘的是一个描金“允”字红帖和一只“发禄袋”。男方将“发禄袋”悬挂在堂中柱子上，表示千年发禄，同时告知外人家里的孩子已经攀定姑娘了。

（九）搭船棚

男女双方先约定好在河流某段抛锚停泊，停止捕捞，以筹备婚嫁事宜。抛锚时男方渔船要停泊在上风处，女方渔船要停泊在下风处。船停泊后则不能移动，以免不吉。两家的渔船合并靠拢在一起。双方用毛竹搭建大棚，顶部用篷布覆盖。梁、柱、叉等突出部位均插上用红丝绵缠绕的柏枝，意味着同结连理、松柏常青，辟邪求吉。船舱内则张贴喜对和喜字。凡是在船上帮忙搭棚的帮工都要由主人家请吃“搭棚酒”。按渔家风俗，吃过搭棚酒的亲友都要帮忙至婚庆结束才能离开。

（十）敬神

南渔村渔民旧时结婚时都要举行敬神、祭祖仪式，感恩神灵庇佑，不忘祖宗阴德。一般是第一天敬神，第二天祭祖，第三天拜堂成亲。敬神又称“赕（敬）南北”，通常由半职业的太保先生主持，以表对南元帅岳飞和北元帅关羽的尊崇之意。敬神时，先在甲板上设置“香堂”和“供桌”，在桌上摆放糕点、蔬菜、水果、全猪、全羊、公鸡、鲤鱼等供品。甲板上张挂观音、猛将（驱蝗神）、土地等神道画像。

（十一）排宴

排宴即“宴神”。“宴神”有一系列步骤。先是请神，由司祝开唱《仪式歌》：“玳瑁筵开主华堂，屏开孔雀奏笙簧。神明暂出黄金殿，一派香案迎神贤。”司锣敲锣四下：“铛、铛、铛、铛。”开唱毕，是“赕符官”，即敬请“符官”出面，去遍邀太湖周边的各位“神灵”前来赴宴。遍请诸神后，众人叩头，转身朝大门外跪伏“接神”。接着由司祝“通神”“笃笤”，直到笃出“圣笤”，表示神已请到，可以开始“宴神”。司祝唱《献酒词》：“造酒原来是杜康，消愁解闷最为高。劝君更尽一杯酒，与我同消万种愁。”唱毕，司祝念：“收起茶炉担，摆开酒席台，接上迎风酒，请各桌便宴，斟酒、饮酒。”这时，“宴神”告一段落，婚礼乐声响起，众人稍事休息，男士可喝酒，女士可吃糖茶，同时众人聆听太保先生唱神歌。

（十二）献宝

新郎从盛有檀香、红烛、茶叶、米、酒等十件物品的宝盘中取宝。每取一件，太保先生即根据具体物品献唱一段规定的献宝词，俗称“十宝十曲”。比如拿出檀香时的“献香词”为：“古水其实出外邦，万年清香叶芬芳。凌根独立升东海，馥郁飘香到北洋……”如拿出其他非常规的物品献宝时，太保先生则需要随机应变，出口成章，不能有片刻的犹豫。因此这非常考验太保先生的唱词功底。

（十三）祭祖

旧时，渔民在结婚前一天需举行祭祖仪式，焚香点烛，上供祭拜。供品有三牲、糕团、馒头，还有寓意吉庆的干果，如核桃、桂圆、红枣等。祭祖一般在甲板上进行，也有在大舱内祭拜的，以感谢祖宗阴德，祈求万事顺遂。同时告知小辈即将行“人生大礼”，成家立业。

（十四）迎聘

迎聘又叫“送猪羊”。成亲当日，男方准备好全猪、全羊、“六衣”（红袄、红裙、夹衫、夹裤、单布衫、裤）、喜果和“迎鸾之敬”请帖等，分盛六盘，由两条舢板载盘去女方家里。女方受盘后，需将男方的请帖换成谢帖，同时回赠礼品，由原舢板载回进行“回盘”。

（十五）发喜花

结婚当日，新郎家会由一名青年女子（一般为新郎的妹妹或表妹）给前来喝喜酒的每位女客发一枝红色绒线花或者绢花插在头上，象征着“借喜”“同喜”，给客人带来喜庆，喜花越多代表喜庆越多。每吃一次喜酒，就多插一朵喜花，所以渔家船娘头上插了几朵喜花，就意味着吃了几次喜酒。

（十六）喜宴

传统喜宴都是先拜堂再吃喜酒。渔家的喜宴则有所不同，是先吃喜酒再拜堂。婚礼当日，迎聘的喜船载着女方的“回盘”返回到男方渔船时，即开宴待客，俗称“正酒”。客人围成圆形就座。正座位于船上大桅和二桅之间，背靠大桅、面向船头的是大位，只能由新郎的舅舅或太公坐，二桅对应的座位则由姑父坐，其他宾客的座次不能坐错。喜宴每桌人数必须成双，座席数量不受限制。菜肴也要按双数配置，品类花样越多，意味着主家越有面子。正酒的时间从中午持续到傍晚。

（十七）发迎

黄昏时分，由两条扎上彩绸的小舢板组成“迎船”发迎。其中一条舢板由新郎哥哥带领，载上6个迎亲男童，称“迎官”。另外一条舢板则载掌礼和乐手，一路吹奏。至新娘家后，新娘家须招待“迎官”吃下迎面。然后就是新娘“开面”，新娘梳洗打扮后，必须换上红衣、红裙、红鞋，头上插上红色的绒花，并用红色方巾盖住头。接下来由新郎的哥哥或舅舅将新娘抱上迎船。新娘头不见天，脚不踩地，表示既避免煞气，又不带走新娘家的财运。新娘随嫁的嫁妆都很简单，一般是绸被两条和锁桶一只。

(十八）拜堂

喜堂设置在大舱内，四张八仙桌拼成供桌，上置龙凤花烛和其他供品。迎船傍住成亲大船后，掌礼先生“三请新郎”后再“三请新娘”，喜乐同时奏起。这时新郎将新娘抱上成亲大船，同样脚不着地，踩在已经铺好的蚊帐上，寓意“长子”“求子”。新娘上船后，掌礼在礼乐声中高喊“恭请新贵人参拜天地君亲师……”然后新郎新娘手挽红绿牵巾，新郎牵着新娘在铺好的麻袋上缓步前行，俗称“传代”，直至舱内主卧洞房。

(十九）坐床

新郎新娘作揖拜“床公床婆”后，新娘退坐在床沿，新郎对面而坐。双方要脚对脚，称“坐床”。这时喜娘会在一旁喊“脚对脚，做人家”。然后新郎用红纸包裹的秤杆将新娘的盖头挑去，一睹新娘娇羞的容颜。

(二十）撒帐

喜娘或亲属将核桃、桂圆、红枣、花生、红长生果等撒入新人帐中，寓意吉祥喜庆，同时高喊：“撒帐东西南北中，洞房花烛喜相逢。嫦娥今宵良辰夜，学士贵人步蟾宫。”

(二十一）交杯酒

撒帐后，新郎新娘共饮“交杯酒”，寓意同甘共苦。接着由喜娘依次向新郎新娘敬上用桂圆肉和红枣冲泡的糖水（称“和气汤”），同时喊“和和气气，满船生财”。

(二十二）揩脸

新郎新娘喝交杯酒后，由喜娘端上一盆水。新郎新娘先用毛巾洗脸，然后依次由父母、长辈和全船的人揩脸。新郎新娘洗脸时要说“新郎新娘合面同心”的口彩，同时也意味着从此之后是一家人。

(二十三）花烛夫妻

信奉天主教的渔民婚礼比较简单。当天，新郎新娘会在大舱挂上十字架，左右点上两根喜烛，意味着尊崇主的旨意成亲，称“花烛夫妻”。

第三节 丧葬习俗

渔民去世前，家人请神父到家摆桌进行告诫，将渔民生前的过错向圣母玛利亚一一忏悔，祈求得到原谅，以便渔民死后能够进入天堂。去世后，遗体在家摆放 2~3 天，头朝正南，其间家人会摆礼节，点上蜡烛，请神父进行祷告、祈福。

前来吊唁者除白布外，手臂上戴黑纱，上系白、黄绒花，直系亲属系白花，旁系亲属系黄花，一直戴到“断七”（七七四十九天）。曾孙、玄孙一代则戴红花，以示善终。

在举丧日家人要准备膳食以答谢前来参加葬礼或资助礼金、实物以及提供其他帮助的亲友。旧时渔民大多贫苦，此类宴席以素食和豆制品为主，俗称“吃豆腐饭”，雅称“吃豆宴”。改革开放之后，豆腐饭的种类逐渐丰富，各类佳肴可比喜庆之宴。每逢“七”，村民要用不同膳食祭奠亡灵，有“头七团子、二七面、三七糕、四七馄饨、五七饭、六七圆子、七七酒”的风俗。

遗体火化后（解放前用棺材），在已置好的坟地下葬。每年清明上坟祭奠时，家人用米粉做成红、黄、青、白各色小团子（俗称“抛坟团”），将“抛坟团”用竹子扦后插在坟上，以示供逝者享受。旧俗认为吃“抛坟团”能辟邪驱鬼，因此很多小孩会来哄抢，抢得越快越吉利。

第四节　渔民习俗

旧时，渔民们终年在水上劳作，居无定所，水上捕捞是谋生的主要手段，所以有“以船为家，捕鱼为业”之说。长期“低头朝水，抬头看天”的渔民，为了平安和丰收，在长期的生产过程中形成了诸多与众不同的风俗习惯。

旧时内河渔民的船体一般较小，单体的生产效率有限，抗击自然灾害和突发事件的能力差。为应付变化无常的水面环境，渔民们自发组织互助小组，相互照应，共同捕捞。不同于其他行会和帮会组织，渔业互助小组既无行规，又无固定组织，但重情谊。解放后，渔民们在每个行政村水域面积的基础上重新划分小组，按照捕捞工具和捕捞物的不同，形成了“渔行”，集中捕捞。常见的有“拖虾行”“牵蟹行”“捉鳝行”等，每个行组3~5户。由于对外联络相对闭塞，渔行内成员关系以亲戚关系居多，婚姻关系也多在渔行成员及所信奉的天主教会成员之间缔结，因此渔行具有天然的凝聚力，在日常的生产劳作之时和天灾人祸之际，成员之间都相互帮扶。

常年的水面捕捞和风餐露宿，让南渔村渔民们对滋养生息的水产生了深深的敬畏。船家从不将吃剩的螃蟹壳、虾壳、河蚌壳等乱扔到河里，他们相信这会让河里的鱼、虾、蟹等闻到气味，进而被吓跑，既亵渎神灵，又污染水质，影响捕捞的收成。

渔民常年与风和水打交道，风险较大，因而在渔船上忌讳与“翻”“沉”“破”有关的行为。在船上掀锅盖、揭舱板、晒鱼筐、晾竹篮等，均不能放翻。不能在船头、船旁或两人同时大小便，以避“船头土地”“左青龙、右白虎”和所谓“两人争坑道，必定有风暴”。语言上忌讳“翻”“下”等谐音。因此，东西打翻只能说“泼出”，翻身只能说“转身”，放下一部分帆则称“小篷”等。

船娘们亦不能随便跨越渔网，以免沾上晦气。

渔民的生产习俗是在“三寸板内是娘床，三寸板外见阎王”的险恶环境中日积月累形成的，也促进了渔民们同舟共济、勤劳勇敢、重义轻财的朴实民风的形成。

第五节　渔船习俗

渔船大多是连家渔船，它是渔民家居之处，融合了吴地民居“明堂、暗房、亮灶”的习俗。大渔船载重六至十吨左右，船只宽大，居住舒适。

以船楼为界，前部是作业、祭典区，后部为起居生活区。船楼舱面宽敞明亮，相当于民居的厅堂，是吃饭、会客之处；下面是房舱，朝舱艄处是正房，按先东后西或“品”字形安排床位。床与床之间用移门分隔成独立的单元。主(大)桅前的舱面是“大板面”首席，是赕佛庆典的场所；二桅前舱面为“头板面”，是进行祭祖等活动的地方。婚宴时“娘舅靠大桅，姑夫倚二桅”。夫妻船、小网船只有船舱和船艄两处可宿。小船要办喜事、丧事时，则靠岸搭篷棚于堤。渔民夫妇既是亲人，又是生产帮手，不分彼此。

第六节　民间信仰

南渔村地处苏州太湖流域，村域内原住民以渔民居多，生活空间相对闭塞，文化程度不高，信仰天主教者较多。

一、天主教

50 年代，天主教思想在南渔村传播。渔民生活简洁、思想淳朴、为人厚道，而天主教的信仰就是宣扬“爱主、爱人”，故渔民多信仰天主教。这一理念至今为南渔村村民所接受。50 年代，教会活动在昆山县陆家浜天主教堂内进行；60 年代在昆山县城南公社车站大队小横塘天主堂内进行；现在则在昆山中华园西路小横塘天主堂内进行。

二、天主教渔民简介

50 年代初期，昆山县每个乡都有信奉天主教的渔民，当时信仰天主教的渔民分为捻网帮和捉牲帮。

捻网帮渔民指的是将捻网作为主要捕鱼工具的渔民，他们早期大多归属昆山县陆家浜天主教。捉牲帮渔民指的是主要在夏天张鳝笼捉黄鳝，在冬天捉黄狼等野生动物的渔民，他们归属小横塘天主堂堂口。

南渔村信奉天主教的有 600 余人，均为渔民。在每年耶稣复活节、圣神降临节、圣母荣召升天节、圣诞节四大节日，他们都要进行纪念活动。

三、历史传说

南渔村渔民信徒信奉刘王（刘猛将）。关于刘王其人，说法不一。相传刘承忠出生在江南，18 岁从军，因战功卓著被封为“将军”，任指挥使。元朝末年苏浙一带发生蝗灾，刘承忠揭皇榜自荐赴浙江嘉兴与百姓一起灭蝗。扑灭蝗灾后，刘承忠本应赴京领赏，但看到百姓颗粒无收，生活穷困，于是又开展生产自救，带领部下下湖捕捞鱼蟹以帮助百姓度过饥荒，后因劳累过度，不幸溺死于莲泗荡中。百姓为感刘承忠之德，为其塑像并修建庙供奉，尊称为“刘王爷”。

南渔村村民因经常去浙江嘉兴进行捕捞，这一信仰遂流传下来。时至今日，村里部分年纪大的信徒仍然会去莲泗荡，参加一年两次的刘王庙庙会，拜祭刘承忠。

第七节　文化特色

一、文化设备

（一）广播

1970 年，城南公社有线广播喇叭得到大力推广，各大队安装高音喇叭 2~3 只不等。公社配有一名专职通讯员，各大队安排 1 名业余通讯员为广播站撰稿。报道生产及各项中心工作等信息。1972 年，渔业大队 70%的家庭通上有线广播，实现广播式指挥生产。

1983 年，由乡广播站筹措资金和设备，在各村统一建立广播室。广播站转播的节目内容有市、省级以上及中央人民广播电台新闻、本乡重要新闻、文艺节目、知识节目、天气预报、自办节目等。1988 年，广播站更名为广播电视站。

（二）电视、电话

1976 年，农村开始有少量的带有自备无线装置的黑白电视机，每个生产队一台。1989 年 1 月，有线电视正式开通，能接收中央电视台第一、第二两套节目和上海、江苏、苏州电视台的节目。并有自办频道播放录像，每周定期播放 4 次。1996 年，全村开通有线电视，并在通有线电视的基础上，装上程控电话，全村安装电话率达 95%以上。是年，南渔村被评为“电话小康村”。

二、谜语选粹

（一）成语谜语

注意两侧——小心翼翼　　　古稀者众——人寿年年

曹操称霸——一世之雄
张飞窜瓜——事出有因
囫囵吞枣——不求甚解
都成眷属——无独有偶
空袭报警——一鸣惊人
细菌开会——无微不至
病体自愈——患得患失
再造乾坤——改天换地
火把接力——付之一炬
郑人买履——不是为凭
爱好跳伞——喜从天降
新陈代谢——吐故纳新
黄河之水天上来——源远流长
轻舟已过万重山——一帆风顺
跳伞着陆——脚踏实地
量体裁衣——以身作则
失物招领——待人接物
游览手册——引人入胜
哑巴说话——翻手为云

（二）动物谜语

赛跑不行，游泳有名——鸭子
睡觉在泥里，离地一丈八——燕子
不论遇见谁，总爱喊妈妈——山羊
划起两支桨，湖上四处游——鹅
一把刀，水里漂，有眼睛，没眉毛——鱼
剪刀两把，筷子四双——螃蟹
小小一条龙，胡须硬似鬃，活着没有血，死了满身仁——虾
尾巴一根钉，眼睛两粒豆，有翅没有毛，有脚不会走——蜻蜓
姑娘出门，扇子遮头——田螺
个个开着糖坊铺，日日夜夜忙不休——蜜蜂
水田过日子，岸上来睡觉——青蛙
双脚跳跳，吵吵闹闹，吃虫吃粮，功大过小——麻雀
吃饱就睡觉，走路哼哼叫——猪
说它力气小，背着房子走——蜗牛
远看像喷泉，近看似岛屿——鲸鱼
冬天向南去，春天回来早——燕子
春花一开，它就来到——蝴蝶
一身毛，四只手，坐着像人，走路像狗——猴子

（三）植物谜语

黄衣裳，白珍珠，秋天一到满田铺——稻子

红梗子，绿叶子，开白花，结黑籽——荞麦

小树长桃多又大，桃花裂了开白花，结的籽儿能榨油，剩下花儿能纺纱——棉花

头戴黄草帽，身穿绿色袍，迎风点点头，朝着太阳笑——向日葵

有洞不见虫，有巢不见蜂，有丝不见蚕，撑伞不见人——藕

打开仔细看，都是好木梳——橘子

上搭棚，下搭棚，开黄花，结青龙——丝瓜

千姐妹，万姐妹，同床睡，合盖被——石榴

大姐长得美，二姐一肚水，三姐露着牙，四姐歪着嘴——苹果、葡萄、桃子、香蕉

圆圆脸儿像苹果，又酸又甜营养多，既能拿来做菜吃，又能当作水果食——番茄

半截白，半截青，半截实来半截空——葱

奇怪奇怪真奇怪，头顶长出胡子来，解开衣服看一看，颗颗珍珠露出来——玉米

青藤藤，开黄花，地上开花不结果，地下结果不开花——花生

红口袋，绿口袋，有人害怕有人爱——辣椒

红嘴绿鹦哥，吃了营养多——菠菜

立冬不见叶，到老没有荚——蚕豆

三、方言土语

（一）俚语

天文气象

日头：太阳

阴头里：太阳照不到的地方

天好：晴天

迷露：雾

长夯雨：连续不断地下雨

雷响：打雷

冰排：冰雹

冰冰阴：寒冷

作冷：寒潮来
阴司天：阴天
麻花雨：毛毛雨
阵头雨：阵雨
霍显：闪电
劈风斜雨：狂风暴雨
褐色热：闷热
凌堂：檐前的冰锥

时令时间

热天：夏天
秋场里：秋天
年夜煞壁：近年底
日脚：日子
好日脚：吉利的日子
原先：从前、过去
今朝：今天
明朝：明天
上昼：上午
日昼性：中午
下昼：下午
夜快、黄昏头：傍晚
轮更半夜：半夜里
开年：明年
姜海：刚才、方才
一歇歇：一会儿
辰光：时候
古辰光：古时候
有辰光：有时候

农业种植

稻湿头：稻穗
姜麦：元麦
麦湿头：麦穗
瘪谷：秕谷
脱草：除草
作稻：割稻
辣茄：辣椒
小草：紫云英
地栗：荸荠、马蹄
长生果：花生
灵眼：白果、银杏
番麦：玉米
寒豆：蚕豆
大草、金花菜：苜蓿
小寒、水寒：豌豆
野菜：荠菜

动物

呆鹅：大雁
鹁鸽：鸽子
鸭连连：鸭子
众牲：牲畜的总称
湖羊：绵羊
偷瓜畜：刺猬
田鸡：青蛙
麻将：麻雀

老婆鸡：老母鸡

白乌鹃：鹅

羊妈妈：羊

猪猡猡：猪

老虫：老鼠

癞团：癞蛤蟆

曲蟮：蚯蚓

在节：蟋蟀

菊蜘：蜘蛛

蚕宝宝：蚕

桂鱼：鳜鱼

鱼鳞片：鳞

百脚：蜈蚣

机扇夹：翅膀

裙带鱼：带鱼

隔鳃：鱼鳃

子老全：蝉

衣服装饰

料作、料头：衣料

短出手：短袖

饭单头、雨扇头：腰围巾

系巾：围巾

堆头布：包头布

头绳：毛线

绢头：手帕

长出手：长袖

兜头布：头巾

饮食

干面：面粉

饭除：锅巴

斩烂肉：肉糜

腰子：肾脏

肚里劳朝：动物内脏

化面：下面条

面老虫：面疙瘩

索粉：粉丝

杂碎：禽类的肫

门枪：猪舌头

下脚：猪牛羊的内脏

房屋及用具

宅基：住宅的土地

桁条：梁

柱头：柱子

乌槛：门槛

阶沿石：台阶

窗盘：窗户

客堂：客厅

碗盏橱：碗橱

灶郎刀：菜刀

抄：汤匙

笼格：笼屉

枪篱：篱笆

滴衣裳棒：洗衣用的棒槌

碾钵：用于食品碾细的器皿

扎底针：纳鞋针

拖畚：拖把

筷箸笼：筷笼

砧墩板：砧板

灶番布：灶上用的揩布

引线：缝衣针

线板：线轴

爪篱：捞面、馄饨的漏水勺

白席：席子

人体形象

颗郎头：头

额骨头：额头

头螺：头发的旋儿

眼眉毛：眉毛

眼仙人：瞳孔

倪朵：耳朵

鼻头管：鼻子

馋吐：唾液

牙须：胡须

颈骨：颈

眼见毛：睫毛

天平盖：脑门

面见骨：颊．颧骨

眼乌珠：眼珠

眼膛：眼眶

嘴层皮：嘴唇

肩架：肩膀

手介子：手腕

脚馒头：膝盖

顺手、顺脚：右手、右脚

济手、济脚：左手、左脚

节喀指：指甲

肋棚骨：肋骨

筋：血管

医疗卫生

打霍显：哈欠

勿适意、勿受用：生病

肚皮拆：腹泻

发寒热：发烧

痄腮胀：流行性腮腺炎

吃伤：积食不消

脚子斑：雀斑

疯瘫：瘫痪

搭脉：把脉

眯妻眼：近视

黑痧：中暑

瘪罗痧：霍乱

猪狗臭：狐臭

小肠气：疝气

羊癫疯：癫痫

死血：冻疮

委水：遗尿

栗子筋：淋巴结核

疰车：船车、晕车

人际交往

黄牛肩胛：不负责任

死样怪气：慢吞吞

岔烂乌：马虎了事

有亲头：乖巧．懂事

拉倒：终止

象肚皮：按个人意志办

龊心：对某一人物心中不快

结棍：厉害

到加：道地

扳雀丝：找岔子

勿搭界：不相关

出洋相：出丑

杨树头：两面派

轧闹忆：凑热闹

搭讪头：搭讪

尖头把戏：贪小利

看面子：徇私情

现世：坍台

小八腊子：小人物

看冷波：袖手旁观

窝窝心：满意

空过门：虚假应付

王伯伯：不可信托的人

盖牌头：依仗某人地位权势达到目的

（二）谚语

生活谚语

嘴上没毛，办事勿牢。

聪明一世，糊涂一时。

真话好说，谎话难编。

千朵桃花一树生，同胞手足看娘面。

临睡洗洗脚，胜过吃补药。

不听老人言，吃亏在眼前。

宰相肚里能撑船。

人老珠黄不值钱。

越吃越馋，越困越懒。

棒头上出孝子，筷头上出逆子。

养子防老，积谷防荒。

有福同享，有难同当。

只有懒人，没有懒地。

小洞勿补，大洞吃苦。

若要人不知，除非己莫为。

人往高处走，水往低处流。

三个臭皮匠，赛过诸葛亮。

在家靠父母，出外靠朋友。

人要衣装，佛要金装。

着衣看门面，吃食看来方。

浇花浇根，交人交心。

人人要脸，树树要皮。

八仙过海，各显神通。

好记性不如烂笔头。

身正不怕影斜。

为人不做亏心事，半夜敲门心不惊。

少年苦，勿算苦，青年苦，风吹过，
老来苦，真正苦。
人在人情在，人死一笔勾。
人不可貌相，海水不可斗量。
千金难买老来瘦。
一分行情一分货。
一朝天子一朝臣。
花有重开日，人无再少年。
一个篱笆三个桩，一个好汉三个帮。
良药苦口利于病，忠言逆耳利于行。
有意栽花花不发，无心栽柳柳成荫。
画虎画皮难画骨，知人知面不知心。
酒逢知己千杯少，话不投机半句多。
吃人家嘴软，拿人家手短。
冰冻三尺，非一日之寒。

金乡邻，银亲眷。
叫人勿蚀本，舌头上打个滚。
村上有个好嫂嫂，全村姑娘都学好。
吃勿穷，着勿穷，算计勿着一世穷。
吃尽滋味盐好，走尽天边娘好。
冷粥冷饭好吃，冷言冷语难受。
无风不起浪。
有钱能使鬼推磨。
瞎子点灯白费蜡。
清官难断家务事。
浪子回头金不换。
芝麻开花节节高。
情人眼里出西施。
瘌痢头儿子自家好。
借借桃花眼，讨讨扬白眼。

气象谚语

春天孩儿面，一日变三变。
春风勿着肉，吹得啼啼哭。
清明断雪，谷雨断霜。
未吃端午粽，寒衣不可送，
吃了端午粽，还要冻三冻。
夏雨隔田生（夏雨隔牛背）。
小暑一声雷，顶到做黄霉。
雨落黄霉头，四十五天吭日头，
雨落黄霉脚，四十五天赤刮刮。
开门落一泄，关门落一夜。
一落一个泡，落过就天好。
六月初三起个阵，上昼耘稻下昼困。

早西夜东风，日日好天空。
蚂蚁搬家，必有雨下。
乌头风、白头雨（乌云风、白云雨）。
九月南风两日半，十月南风当日雨。
迷露开，晒得呆。
朝看天顶穿，夜看四脚远。
朝霞不出门，晚霞行千里。
日没胭脂红，无雨定是风。
东北风，雨太公。
东风两头大，西风腰里粗。
日界风，夜界雨，界里无星连夜雨。

农业谚语

植树造林，莫过清明。

清明前后，种瓜种豆。

娘好囡好，秧好稻好。

做天难做四月天，秧要日头麻要雨。

麦秀风来摆，稻秀雨来淋。

寸麦不怕尺水，尺麦就怕寸水。

六月勿热，五谷勿结。

人在岸上跳，稻在田里笑。

六月风潮，稻像粪浇。

七月风潮，稻象火烧。

稻要养，麦要抢，菜籽掮在肩胛上。

白露白迷迷，秋分稻秀齐。

寒露无青稻，霜降一齐倒。

（三）歇后语

蜻蜓咬尾巴——自吃自

老婆鸡生疮——毛里有病

癞痢头儿子——自家好

缺嘴流鼻涕——顺路

六月里结婚——（棉被）不要面皮

驼子跌跤——二头不着实

泥菩萨过江——自身难保

兔子尾巴——长不了

老虎头上拍苍蝇——胆大包天

卫生口罩——嘴上一套

造屋请箍桶匠——不对路

飞机上吊蟹——悬空八只脚

三个指头拾田螺——稳笃笃

墙头上刷白水——白说（刷）

牯牛身上拔根毛——小意思

肉骨头敲铜鼓——昏（荤）咚咚

黄鼠狼给鸡拜年——不怀好心

弄堂里拔木头——直来直去

肉包子打狗——有去无回

鸭吃砻糠——空欢喜

猫哭老鼠——假慈悲

癞蛤蟆跳在秤盘里——自称自赞

癞蛤蟆想吃天鹅肉——梦想

十五只吊桶打水——七上八下

月亮里点灯——空好看

城墙头上出棺材——兜远路

关公卖豆腐——人硬货不硬

狗捉老鼠——多管闲事

过街老鼠——人人喊打

石头上掼乌龟——硬碰硬

十五只小菜——七荤八素

瘌痢头撑伞——无法无天

后娘的拳头——早晚一顿

初一夜里月亮——有呒一样

顶着石臼做戏——吃力不讨好

踏破皮球——一包气

瘌痢头打架——无抓手

雨里背稻柴——愈背愈重

小葱烩豆腐——一清二白

秃子头上的虱子——明摆着

狗咬吕洞宾——不识好人心

一滴雨落在油瓶里——真巧

千里送鹅毛——礼轻情意重

三粒蚕豆放两堆——一是一，二是二

周瑜打黄盖——一个愿打一个愿挨

第十一章　人物　荣誉

南渔村虽然小，历史不长，但人杰地灵。本章对村域内影响较大的各类人士以传略简介和名录等方式志之。通过人物荣誉的展示，让后人学有榜样，干有方向，在新时代文明实践中发扬“奋发有为，敢闯敢做，唯实敢干”的精神，为乡村振兴开辟新的篇章。

第一节　南渔人物

一、人物传略

沈金生　1926—1982，南渔村第3村民小组人。沈金生是一个渔家子弟，1959年渔业大队建立后，他成为渔业大队第一任副大队长兼第3生产队队长。他在任职的8年时间内，积极当好大队长的助手。在“农业学大寨”期间，他总是任劳任怨、吃苦耐劳，为广大村民树立了学习榜样。

沈叙良　1921—1992，南渔村第1村民小组人。沈叙良出身渔民家庭，从小跟随父母捕捞谋生。1959年11月，渔业大队建立后，沈叙良担任第一任渔业大队大队长。在担任大队长的8年内，他不但展现了自己的组织能力，还表现出一定的号召力。凡大队有突发事件，他总是带头冲在前，让群众跟着干，给群众留下了深刻的印象。

戴梅生　1939—2000，南渔村第2村民小组人。戴梅生出身渔民家庭，从小跟随父母漂流到昆山定居落户，一直从事水产养殖捕捞。他平时勤奋好学，积极要求上进，陆上定居后，先是担任生产队会计，后于1973年至1978年任大队会计。1975年3月，他正式加入中国共产党。在任职会计期间，他工作认真，严格把关，被大家称为“好管家”。1979年4月至1999年任南渔村党支部书记期间，他始终保持艰苦奋斗、自强不息的精神，先后为村筹建办公大楼，创办村办企业，推进渔业生产责任制。他走南闯北，带病工作，1998年在南渔村创建“江苏省卫生村”期间，昆山日报记者专门报道了戴梅生奋发向上的事迹。2000年，戴梅生患病去世。他给大家留下了一位“焦裕禄式的好书记”的难忘印象。

王三林 1950—2019，南渔村第 4 村民小组人。王三林是一个农家子弟，平时跟随父母务农，1980 年 5 月至 1992 年 6 月担任南渔村民兵营长兼生产队队长。他任职期间，积极配合村（大队）党支部工作。80 年代，村里组建了板车队、装卸队、杠棒队，他充分做好表率，为村里创收做出了贡献，他的敬业精神值得学习。

二、人物简介

陆炳生 男，1945 年 1 月生。中共党员，南渔村第 1 村民小组人。陆炳生出身普通的渔民家庭，从小跟随父母捕捞打鱼。自踏入社会后，尤其是国家对渔民实行陆上定居以来，陆炳生积极参与社会各种活动，并展示了一定的工作活动能力。1965 年 7 月，他光荣地加入了中国共产党，成为南渔村现今唯一的党龄超 50 年的老党员。1966 年 3 月至 1975 年 9 月，陆炳生任渔业大队大队长，1976 年 5 月任吴淞江边（青淞村）鱼苗场场长，为渔业生产发展起到了典型的示范引导作用。退休后，他始终不忘共产党员的本质，平时关心村里大小事情，帮助村“两委”出好点子，当好参谋，真正做到人老心不老，把“不忘初心、牢记使命”付诸实际行动。

徐永珍 女，1954 年 3 月出生。中共党员，南渔村第 2 村民小组人。徐永珍是一个普通渔家的女儿，从小跟随渔家前辈捕鱼、种田打拼。她文化水平不高，但擅于辨明是非，办事作风泼辣，被大家称为“女强人”。由于她时常关爱集体，善于发挥“半边天”的作用，1975 年 3 月，她加入中国共产党。她于 1975 年 9 月至 1983 年 9 月担任渔业大队大队长，1999 年 9 月至 2006 年 9 月担任南渔村党支部书记兼村委会主任。担任村主要干部后，她尽心尽力做好三项工作：一是谨慎、廉洁，做好表率；二是发挥团队作用，着力发展村级经济；三是替民着想，为民办事，帮民解忧。她的务实作风、大爱精神深受广大村民好评。徐永珍被中共玉山镇委员会评为“2001—2002年度优秀共产党员”。

徐永珍获“优秀共产党员”荣誉
（2020年，王小龙摄）

徐永珍获“先进个人”荣誉
（2020年，王小龙摄）

徐青弟 男，1960年11月出生。中共党员，南渔村第3村民小组人。徐青弟是一个渔家子弟，从小跟随父母水上生活，亦渔亦农。自踏入社会后，由于他虚心好学，勤学苦练，于1975年12月至1985年12月被推荐担任渔业（南渔）大队第3生产队会计。其间，他认真记账，做到账账相符、账款相符、账据相符，切实把好账务关。1992年至2007年7月，他分别担任村民兵营长、治保主任，多次被昆山市政府、人民武装部评为“四有”民兵。1994年10月，他加入中国共产党。2007年7月至2016年8月，他被任命为南渔村党支部书记。其间，他以身作则，着力发展村级经济，使南渔村先后被评为苏州市“实践科学发展 推进‘两个率先’先锋村”“昆山市农村精神文明建设特色村”。按照规定，徐青弟已达退休年龄，但他仍积极发挥余热，在村里帮助年轻书记做好“传、帮、带”工作。他任劳任怨、不计得失的精神值得大家学习。

徐青弟被评为“四有”民兵
（2020年，王小龙摄）

三、人物名录

中华人民共和国成立后，村里涌现出一批优秀人士和杰出人物，他们中有踊跃报名参军的优秀青年；有甘当园丁，教书育人的教师；有投身医疗，救死扶伤的医护人员；有被各高校录取的莘莘学子。1972 年至 2020 年全村共有 15 名优秀青年入伍。截至 2020 年底，南渔村仍有在役士兵 1 名。入伍人员在部队接受各种考验，有的立功受奖，有的加入中国共产党，复员后在不同岗位上发挥正能量，并成为各行业的中坚力量。

1972 年—2020 年南渔村（大队）入伍人员如表 11-1 所示。

2020 年南渔村籍任教教师如表 11-2 所示。

1968—2020 年南渔村籍医务人员如表 11-3 所示。

2002—2020 年南渔村本科以上学历人员如表 11-4 所示。

表 11-1 1972 年—2020 年南渔村（大队）入伍人员一览表

序号	组别	姓名	出生年月	入伍时间	退伍时间	职务及履历	备注
1	4	薛洪宝	1952 年 4 月	1972 年 12 月	1975 年 12 月	某部队战士	—
2	1	陆宝弟	1958 年 6 月	1976 年 12 月	1980 年 12 月	某部队战士	—
3	1	陆冬生	1960 年 2 月	1978 年 12 月	1981 年 12 月	某部队战士	—
4	5	高根林	1960 年 2 月	1981 年 12 月	1984 年 12 月	某部队战士	—
5	3	唐新洋	1970 年 2 月	1986 年 10 月	1989 年 10 月	某部队战士	婚入
6	5	王锦才	1971 年 7 月	1990 年 12 月	1993 年 12 月	某部队战士	—
7	3	孙坚红	1977 年 12 月	1995 年 12 月	1998 年 02 月	某部队战士	—
8	1	王茂	1979 年 3 月	1998 年 12 月	2006 年 11 月	某部队战士	婚入
9	1	沈丰丰	1981 年 12 月	2000 年 10 月	2002 年 10 月	某部队战士	—
10	1	潘国华	1981 年 2 月	2000 年 10 月	2002 年 10 月	某部队战士	—
11	3	孙琪	1981 年 6 月	2001 年 12 月	2003 年 11 月	某部队战士	—
12	1	潘春华	1982 年 3 月	2002 年 12 月	2004 年 12 月	某部队战士	—
13	5	王玮	1994 年 8 月	2014 年 9 月	2016 年 9 月	某部队战士	—
14	3	潘阳	1996 年 4 月	2016 年 9 月	2018 年 9 月	某部队战士	—
15	5	李杰	1998 年 4 月	2020 年 9 月	—	某部队战士	在部队

表 11-2　2020 年南渔村籍任教教师一览表

序号	姓名	性别	出生年月	工作单位	开始任教时间
1	王炎	女	1983 年 6 月	昆山开发区实验小学	2004 年 8 月
2	陆媚妮	女	1985 年 10 月	昆山开发区实验学校	2011 年 9 月
3	赵亚娜	女	1991 年 7 月	昆山市周市镇永平小学	2013 年 8 月
4	陈艳	女	1991 年 9 月	上海市徐汇区长海幼儿园	2015 年 8 月
5	钮艳	女	1992 年 6 月	昆山市玉山镇新城域小学	2015 年 8 月
6	徐涛	男	1993 年 6 月	昆山市张浦镇第二小学	2017 年 9 月
7	赵伟康	男	1995 年 9 月	苏州工业园区第三实验小学	2017 年 9 月
8	赵文燕	女	1995 年 11 月	昆山高新区西塘实验小学	2018 年 9 月
9	郑丽文	女	1997 年 8 月	苏州市虎丘中心幼儿园	2018 年 9 月
10	戴佳逸	女	1993 年 10 月	昆山高新区姜巷小学	2019 年 9 月
11	宗莉杰	女	1995 年 2 月	昆山高新区娄汀苑幼儿园	2019 年 9 月

表 11-3　1968—2020 年南渔村籍医务人员一览表

序号	姓名	性别	出生年月	工作单位	就职时间
1	赵兴德	男	1951 年 5 月	南渔村合作医疗站	1968 年 4 月
2	王勇	男	1982 年 3 月	昆山市中医医院	2015 年 8 月
3	徐倍琪	女	1992 年 12 月	昆山市中医医院	2018 年 9 月
4	金鸿	女	1992 年 9 月	昆山市中医医院	2017 年 9 月

表 11-4　2002—2020 年南渔村本科以上学历人员一览表

序号	组别	姓名	性别	录取院校	入学年月	毕业年月
1	1	陆雅妮	女	南京财经大学	2005 年 9 月	2009 年 7 月
2	1	陆媚妮	女	淮阴师范学院	2005 年 9 月	2009 年 7 月
3	1	陆　霞	女	南京化工大学	1996 年 9 月	2000 年 7 月
4	1	陆　琴	女	南京师范大学	2002 年 9 月	2006 年 7 月

续表

序号	组别	姓名	性别	录取院校	入学年月	毕业年月
5	1	陆春荣	男	南京邮电大学	2004 年 9 月	2008 年 7 月
6	1	张　敏	女	阜阳师范学院	2008 年 9 月	2012 年 7 月
7	1	陈　艳	女	江苏师范大学	2011 年 9 月	2015 年 7 月
8	1	徐　磊	男	南京工程学院	2008 年 9 月	2012 年 7 月
9	1	潘骏驰	男	南京林业大学	2014 年 9 月	2018 年 7 月
10	1	潘浩钧	女	江苏大学	2019 年 9 月	在读
11	1	沈媛媛	女	南京财经大学	2008 年 9 月	2012 年 7 月
12	1	沈世豪	男	云南大学丽江学院	2011 年 9 月	2015 年 7 月
13	1	沈天池	男	淮海工学院	2008 年 9 月	2012 年 7 月
14	1	俞静雯	女	江苏技术师范学院	2008 年 9 月	2012 年 7 月
15	1	陆雅倩	女	南京晓庄学院	2013 年 9 月	2017 年 7 月
16	1	潘丽沁	女	江苏理工学院	2010 年 9 月	2014 年 7 月
17	1	潘　健	男	常州工学院	2006 年 9 月	2010 年 7 月
18	2	俞晨曦	女	浙江万里学院	2017 年 9 月	在读
19	2	沈嘉琪	女	南京中医药大学	2018 年 9 月	在读
20	2	戴佳逸	女	江苏师范大学	2012 年 9 月	2016 年 7 月
21	2	戴文韬	男	淮阴师范学院	2005 年 9 月	2009 年 7 月
22	2	王彩虹	女	西南财经大学	2010 年 9 月	2013 年 7 月
23	2	戴文浩	男	徐州师范大学	1998 年 9 月	2002 年 7 月
24	2	徐昕怡	女	南京师范大学泰州学院	2019 年 9 月	在读
25	2	周永昌	男	浙江农业大学	1994 年 9 月	1998 年 7 月
26	2	徐雅东	男	淮阴师范学院	2006 年 9 月	2010 年 7 月
27	2	徐　涛	男	南京师范大学	2011 年 9 月	2015 年 7 月
28	2	赵　莉	女	江苏师范大学	2011 年 9 月	2015 年 7 月
29	2	赵伟康	男	江苏师范大学	2013 年 9 月	2017 年 7 月
30	2	俞小英	女	南京大学	2015 年 9 月	2017 年 7 月
31	2	顾正华	男	北京航空航天大学	2012 年 9 月	2016 年 7 月

续表

序号	组别	姓名	性别	录取院校	入学年月	毕业年月
32	2	徐倍琪	女	上海中医药大学	2015 年 9 月	2018 年 7 月
33	2	赵罗成	男	南京大学	2007 年 9 月	2009 年 7 月
34	2	沈建洁	女	江苏科技大学	2004 年 9 月	2008 年 7 月
35	2	蒋莉莉	女	苏州科技大学	2000 年 9 月	2004 年 7 月
36	2	赵　奇	男	河海大学	2005 年 9 月	2009 年 7 月
37	2	张文婷	女	河海大学	2005 年 9 月	2009 年 7 月
38	2	潘文迪	男	苏州大学	2012 年 9 月	2014 年 7 月
39	2	戴晨寅	男	淮阴工学院	2005 年 9 月	2009 年 7 月
40	2	赵夏鹃	女	江苏师范大学	2018 年 9 月	在读
41	2	俞佳清	男	南京工程学院	2019 年 9 月	在读
42	2	沈　俊	男	北京外国语大学	2018 年 9 月	2020 年 7 月
43	2	赵文燕	女	江苏师范大学	2013 年 9 月	2017 年 7 月
44	2	赵芳佳	女	湖北美术学院	2010 年 9 月	2014 年 7 月
45	2	陆晓雯	女	苏州大学	2016 年 9 月	2018 年 7 月
46	2	俞献文	女	广西中医药大学	2015 年 9 月	2018 年 7 月
47	2	赵亚娜	女	江苏第二师范学院	2014 年 9 月	2016 年 7 月
48	2	刘长玲	女	江苏师范大学	2018 年 9 月	2020 年 7 月
49	2	沈雪峰	男	北京工学院	2002 年 9 月	2006 年 7 月
50	2	戴金元	男	中国地质大学	2012 年 9 月	2016 年 7 月
51	3	徐　珍	女	南京师范大学	2002 年 9 月	2006 年 7 月
52	3	徐　金	男	苏州科技大学	2016 年 9 月	2020 年 7 月
53	3	金　鸿	女	南通大学杏林学院	2010 年 9 月	2015 年 7 月
54	3	殷国平	男	青岛大学	2001 年 9 月	2004 年 7 月
55	3	陆　静	女	苏州大学	2009 年 9 月	2013 年 7 月
56	3	周鸣鸣	男	苏州大学	2009 年 9 月	2013 年 7 月
57	3	董成月	女	南京农业大学	2009 年 9 月	2012 年 7 月
58	3	殷怡芸	女	南通大学	2013 年 9 月	2018 年 7 月

续表

序号	组别	姓名	性别	录取院校	入学年月	毕业年月
59	3	张旭东	男	淮阴师范学院	2012年9月	2016年7月
60	3	张沈娟	女	盐城师范学院	2010年9月	2014年7月
61	3	金　玉	女	常熟理工学院	2018年9月	在读
62	3	孙可欣	女	东华理工大学	2019年9月	在读
63	4	沈　斌	男	江南大学太湖学院	2004年9月	2008年7月
64	4	费　伟	男	中国石油大学	2016年9月	2020年7月
65	4	王　华	男	华中科技大学	2008年9月	2011年7月
66	4	王　勇	男	东南大学	1994年9月	1998年7月
67	4	周佳丽	女	中南大学	2014年9月	2019年7月
68	4	宗芳芳	女	华中科技大学	2004年9月	2007年7月
69	4	王　燕	女	华中科技大学	2008年9月	2011年7月
70	4	赵　云	女	吉林大学	2016年9月	2020年7月
71	4	王　炎	女	南京晓庄师范学校	1992年9月	1996年7月
72	4	戴红芳	女	上海财经大学	2002年9月	2006年7月
73	4	宗莉杰	女	常熟理工学院	2013年9月	2017年7月
74	5	王　玮	男	江苏警官学院	2015年9月	2019年7月
75	5	李　杰	男	淮阴工学院	2015年9月	2019年7月
76	5	钮　斌	男	华中科技大学	2011年9月	2015年7月
77	5	徐文娟	女	南京林业大学	2011年9月	2015年7月
78	5	高　琪	女	中共中央党校	1995年9月	1999年7月
79	5	钮　艳	女	南京师范大学泰州学院	2011年9月	2015年7月

第二节 集体荣誉

南渔村 1996—2012 年所获江苏省级及以上集体荣誉如表 11-5 所示。

表 11-5 1996—2012 年荣获南渔村江苏省级及以上集体荣誉汇总表

序号	获得单位	荣誉名称	授予单位	授予年份
1	南渔村	先进集体	江苏省司法厅	1996
2	南渔村	电话小康村	江苏省邮电管理局	1996
3	南渔村	江苏省卫生村	江苏省爱国卫生运动委员会	1998
4	南渔村	全国文化信息资源共享工程玉山镇南渔村服务点	中华人民共和国文化部	2012

南渔村 2008—2009 年所获苏州市级集体荣誉如表 11-6 所示。

表 11-6 2008—2009 年南渔村苏州市级集体荣誉汇总表

序号	获得单位	荣誉名称	授予单位	授予年份
1	南渔村	苏州市农村（社区）消费维权工作先进单位	苏州市工商行政管理局 苏州市消费者权益保护委员会	2008
2	南渔村	实践科学发展 推进“两个率先”先锋村	中共苏州市委员会	2009

南渔村 1998—2020 年所获昆山市级集体荣誉如表 11-7 所示。

表 11-7 1998—2020 年南渔村昆山市级集体荣誉汇总表

序号	获得单位	荣誉名称	授予单位	授予年份
1	南渔村	昆山市卫生村	昆山爱国卫生运动委员会	1998
2	南渔村	积极创建绿化造林“千佳村”	昆山市绿化委员会	1999
3	南渔村	昆山市双文明建设先进村	中共昆山市委员会、昆山市人民政府	1999
4	南渔村	昆山市双文明建设先进村	中共昆山市委员会、昆山市人民政府	2002
5	南渔村	订阅 2005 年度《昆山日报》先进集体	昆山日报社订发行工作小组	2005
6	南渔村	昆山市农村精神文明建设先进村	昆山市精神文明建设委员会	2006
7	南渔村	“实践三个代表 实现两个率先”先锋村	中共昆山市委员会	2007
8	南渔村	昆山市农村精神文明建设特色村	昆山市精神文明建设委员会	2009
9	南渔村	昆山市“无黑”（村）社区	昆山市扫黑除恶专项斗争领导小组办公室	2020

第三节 个人荣誉

南渔村人勤劳、勇敢、向上。在历届党委、政府的关心帮助下，在不同的平凡岗位上，涌现出许多奋发向上、致力新时代“美丽乡村”建设的南渔先进人物。1996—2020 年南渔村村民所获个人荣誉如表 11-8 所示。

表 11-8　1996—2020 年南渔村村民个人荣誉汇总表

获得者	获得时间	荣誉内容	授予单位
徐　敏	1996 年 3 月	见义勇为奖	昆山市见义勇为基金会
陆冬妹	1996 年 12 月	优秀计划生育宣传员	昆山市玉山镇
王小龙	2006 年 9 月	全国 1% 人口抽样调查工作市级先进个人	苏州市人口抽样调查办公室
赵平国	2006 年 7 月 2007 年 6 月	见义勇为奖	昆山市见义勇为基金会
徐青龙	2007 年 2 月	见义勇为奖	昆山市见义勇为基金会
赵　军	2007 年 8 月 2008 年 10 月	见义勇为奖 见义勇为奖	昆山市见义勇为基金会 昆山市见义勇为基金会
沈玉龙	2008 年 12 月 2009 年 9 月	“十佳治安辅助班队长” 见义勇为奖	昆山市公安局治安大队 昆山市见义勇为基金会
俞玉明	2009 年 4 月 2015 年 2 月	春运工作先进个人 在警辅工作中被记功	昆山市政府春运办 昆山市警务辅助人员管理大队
陆建文	2012 年 7 月	警务辅助人员先进个人	昆山市科教园派出所
徐明龙	2012 年 11 月	昆山“百佳”人民调解员	昆山市司法局
缪香妹	2013 年 1 月	河道保洁工作先进个人	昆山市城区水利站
沈明花	2013 年 12 月	优秀社会体育指导员	昆山市体育局
沈国学	2015 年 2 月	在警辅工作中被记功	昆山市警务辅助人员管理大队
徐　伟	2017 年 11 月	昆山市青年公路养护人员技能竞赛三等奖	昆山市交通局 共青团昆山市委员会
钮　艳	2018 年 8 月	2016—2018 年义务教育学校教师轮岗交流先进个人	昆山市教育局
俞颖菲	2020 年 12 月	全国中学生英语能力测评高中二年级全国二等奖	中国人生科学学会 语言教育专业委员会

第十二章　村民忆事

自中华人民共和国成立以来，南渔村渔民在中国共产党的领导下，摆脱了长期以来“三面朝水，一面朝天”的艰难生活。尤其是中共十一届三中全会后，南渔村渔民的生活蒸蒸日上，渔民已拥有和城市居民一样的获得感、幸福感、安全感，生活更加殷实、有保障。然而，50 年代至 60 年代的艰难生活以及一些人和事却始终让渔民难以忘怀，如：陆上定居使渔民结束了水上定居的历史，“亦渔亦农”政策为渔民解决了生计问题，集体婚礼为渔民后代树立了新风，《车轮滚滚》影片拍摄让参与其中的村民终身铭记，如今业已消失的各种票证是计划经济年代的见证，等等。通过回忆往事，村民们不忘初心，更加努力地开创未来。

第一节　船上、岸上生活

一、船上生活

渔民水上船居是世代相传的生活方式。据前辈的回忆，渔民水上船居有两种情况：一种是生活较困难的普通渔民，全家老老少少吃、住、行、捕捞都在一条船上；另一种是比较富裕的渔家，有两条船，一条是捕捞用船，另一条是生活用船。水上船居的生活一直持续到1968年国家对渔民实施陆上定居政策止。

二、岸上生活

1968年，渔民虽然享受到陆上定居的政策，但陆上定居后的生活并不宽裕。按当时的规定，陆上定居实行统一安置地方，统一建筑面积，统一规划建造，建筑材料统一由昆山县财政拨款购置。当年城南人民公社按昆山县的要求，先在渔业大队第1、2、3生产队进行陆上定居试点。按规定，一户一间24平方米。渔民陆上定居后，有相当一部分渔户因全家人口较多，采取大人居住在船上，小辈居住在岸上的方式，过着船岸同时定居的生活。

三、"亦渔亦农"

1955年开始，昆山县对渔业实行社会主义改造，为切实解决渔民的实际生活问题，先后三次对渔民实施"亦渔亦农"的政策，以维持渔民家庭的基本生活。

红星初级社解散后，城南公社将30户渔民分散至多农业村，开始第一次"亦渔亦农"。1959年6月，马鞍山公社撤销，城南公社将渔民集中后再次分散到各大队，开始第二次“亦渔亦农”。1968 至 1978 年，城南公社响应号召，实施第三次“亦渔亦农”，让渔民投身农业生产。1978 年后，“亦渔亦农”彻底结束。

第二节　怀念的趣事

一、早点茶酒

20 世纪 50 年代至 80 年代，渔民们每天一早将捕捞的水产品运到市场上售卖后就在昆山城河岸边老街茶室相聚，喝喝早茶、吃点早酒（酒是自带的）。

喝早茶、早酒，主要有四个方面的好处。一是让渔民们借此机会休息一下，恢复体力；二是通过茶室喝茶、喝酒，渔民可以互相交流市场信息；三是渔民之间发生矛盾纠纷，通过去茶室喝茶、喝酒的时间相互沟通，消除矛盾；四是若子女到了谈婚论嫁的年龄，可以在茶室请人帮忙牵线搭桥。

二、集体婚礼

1965 年，渔业大队为积极响应国家提倡晚婚晚育的号召和树立移风易俗新风尚，在昆山统战部的关心帮助下，经过细致的动员工作，将全大队 7 对新人统一安排到昆山大有蚕种场礼堂举行集体婚礼。仪式既简单又隆重，给人们留下了深刻的印象。

三、电影《车轮滚滚》拍摄

电影《车轮滚滚》于 1974 年 10 月在昆山娄江北侧，原 312 国道（现震川西路）旁拍摄。为配合把这部影片拍好，根据昆山县统战部的指示，城南公社要求渔业大队选派60多名青壮年渔民扮演民工。渔民们的密切配合使《车轮滚滚》影片拍得顺利而有声有色。

第三节　消逝的票证

在粮食统购统销和计划经济年代，南渔村村民购买粮油食品和衣物时，均需要粮票、布票等相应的票证。

一、粮票

全国通用粮票　在统购统销和计划经济年代，凭全国粮票可以在全国各地购买粮食或食品。这一时期，渔民出差或旅游到全国任意一个地方，凭全国粮票可就地购买食品。

江苏省地方粮票　江苏省地方粮票源于计划经济年代。凭江苏地方粮票可在江苏省域内任一地方购食品。

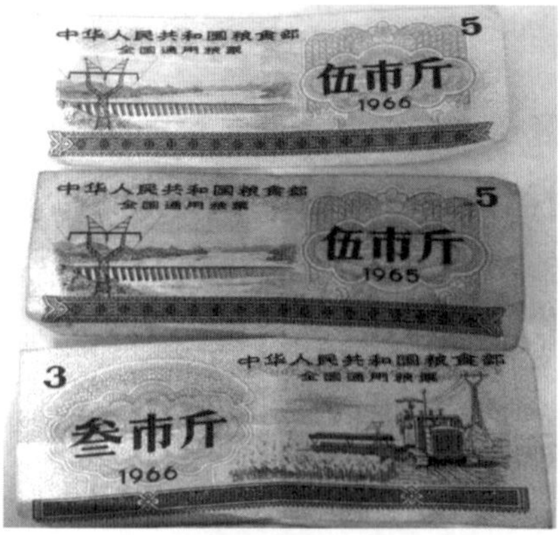

全国通用粮票
（2020年，王小龙摄）

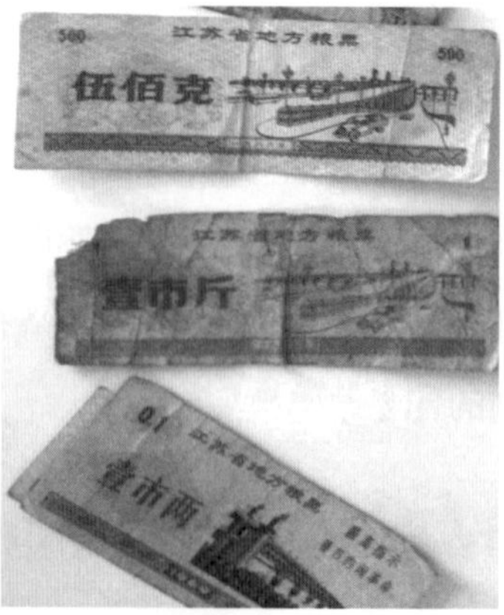

江苏省地方粮票
（2020年，王小龙摄）

昆山县购粮券 昆山县购粮券供昆山城乡居民购买食品时用。购粮券发放后，使城乡居民有计划地用粮。

昆山市粮油供应证 昆山市粮油供应证供昆山市辖区内的居民购粮时用。此购粮证既是购粮的凭证，又是计划用粮的依据。

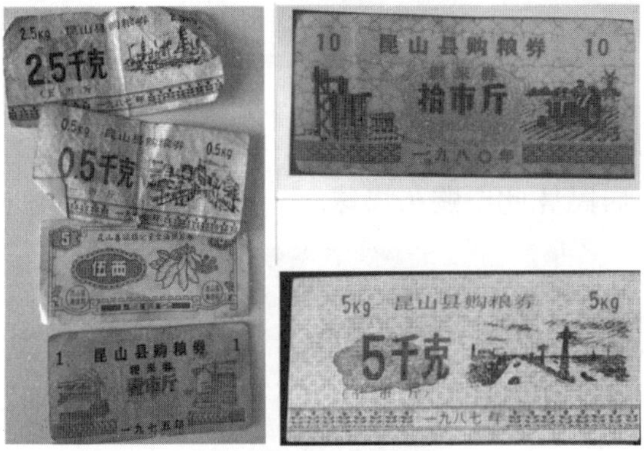

昆山县购粮券
（2020 年，王小龙摄）

昆山市粮油供应证
（2020 年，王小龙摄）

二、其他票证

江苏省布票 在江苏省范围内，城乡居民可凭此票购布。

昆山县豆制品票 昆山县居民凭此券购豆制品。

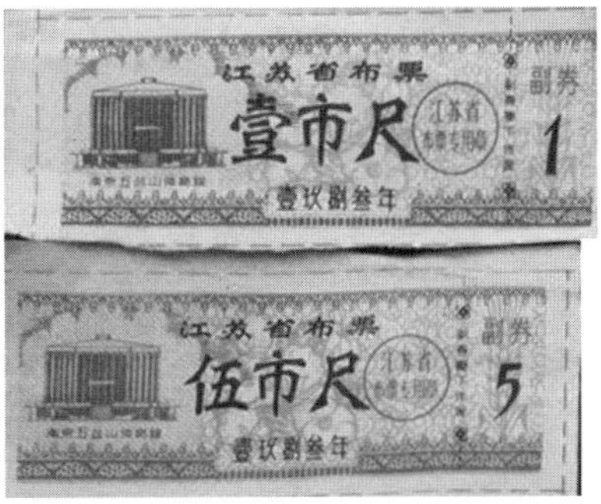

江苏省布票
（2020 年，王小龙摄）

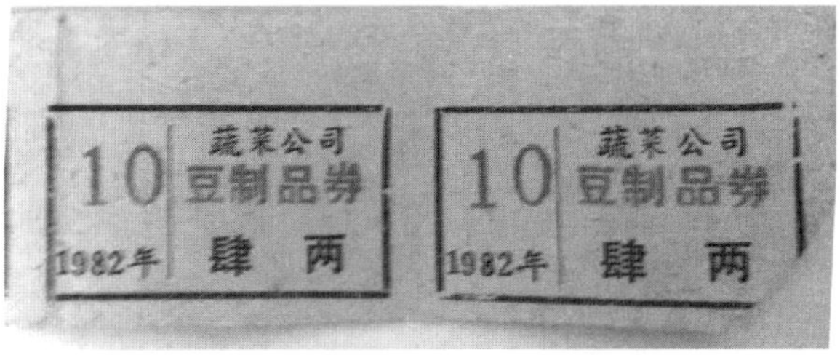

昆山县豆制品票
（2020 年，王小龙摄）

昆山县城镇定量食油供应券 在粮油统购统销时期，昆山城乡居民凭食油券购食油。

昆山县城镇定量食油供应券（2020 年，王小龙摄）

昆山市煤球券 昆山市城乡居民凭此票购买煤球。

昆山县煤球券（2020 年，王小龙摄）

编后记

2020年5月，在昆山高新区党工委、管委会的统一部署和安排下，《南渔村志》被列入昆山高新区第三批村志编纂计划。自昆山高新区召开村志编纂工作动员大会以来，南渔村组建了《南渔村志》编纂领导小组和村志编纂工作组，配备资料征集人员7名、志稿编写人员3名，并制定编纂工作实施方案，召开《南渔村志》编纂工作会议。2020年7月，在昆山高新区村志编纂办公室的指导下，南渔村初步制订《南渔村志》编纂纲目，着手征集编纂资料。是年10月，《南渔村志》纲目基本确定。在《南渔村志》编纂过程中，编纂人员根据志稿编写的实际情况，对编纂纲目进行多次调整。

为充分体现历史的真实性，编纂人员除查阅村档案室大量档案资料外，还赴昆山市档案馆查阅城南乡党史有关资料。细致调研，深入走访，出入企事业单位。召开村干部、村民组长、村民代表听证会6次，各类座谈会10余次。走访“五老”（老党员、老村干部、老军人、老教师、老村民）代表及知情者80余名，获得大量珍贵的档案和口述资料，甚至收集到濒临失传的资料。

在全体志稿编纂人员和资料征集员的共同努力下，2021年7月，志书完成了征求意见稿。经村“两委”多次审查，村民组长和“五老”代表多次论证、反复修正，以及专家审核把关，2022年10月28日，志稿通过昆山市地方志办公室和专家终审。

《南渔村志》是集体智慧的结晶，是公共记忆的化身。在编纂志稿的过程中，编纂人员边学边写，几调纲目，数改其稿，终成此志。《南渔村志》的编纂得到了村“两委”的高度重视，以及“五老”人员的热情支持，得到了昆山市地方志办公室、昆山高新区村志编纂办公室和专家的大力支持和悉心指导。在此，谨向所有为《南渔村志》编纂出版尽心尽力的热心人士致以衷心的感谢！

《南渔村志》编纂涉及面广，资料来源难免有出入，加上编者阅历、见闻和水平有限，志书一定还有许多不足之处，敬请读者批评指正。

《南渔村志》编纂组

2023 年 10 月

昆山高新区（玉山镇）村志系列丛书

南渔村志

村民家庭记载

NANYU CUNZHI CUNMIN JIATING JIZAI

昆山高新区（玉山镇）村志系列丛书编纂委员会 编

苏州大学出版社
Soochow University Press

图书在版编目（CIP）数据

南渔村志. 村民家庭记载 / 陆雅妮主编 ; 昆山高新区(玉山镇)村志系列丛书编纂委员会编. -- 苏州 : 苏州大学出版社, 2023. 12

（昆山高新区（玉山镇）村志系列丛书）

ISBN 978-7-5672-4671-3

Ⅰ. ①南… Ⅱ. ①陆… ②昆… Ⅲ. ①村史−昆山 Ⅳ. ①K295. 35

中国国家版本馆 CIP 数据核字（2023）第 240692 号

南渔村志　村民家庭记载

编　　者　昆山高新区(玉山镇)村志系列丛书编纂委员会
主　　编　陆雅妮
责任编辑　王海芹
助理编辑　闫莹莹
装帧设计　刘　俊
出版发行　苏州大学出版社
地　　址　苏州市十梓街 1 号
邮　　编　215006
电　　话　0512-67481020
网　　址　http://www.sudapress.com
邮　　箱　sdcbs@suda.edu.cn
印　　刷　苏州市越洋印刷有限公司
开　　本　787 mm×1 092 mm　1/16　插页 16　印张 19. 25(共两册)　字数 325 千
版　　次　2023 年 12 月第 1 版
印　　次　2023 年 12 月第 1 次印刷
书　　号　ISBN 978-7-5672-4671-3
定　　价　120. 00 元(共两册)

目 录

村民家庭记载

村民家庭记载

至2020年12月，南渔村有5个村民小组，311户家庭，964人。其中：男性455人，女性509人。

本书根据村民意愿，将310户家庭住户载入其中，仅对每户村民家庭的现状和历史片段做介绍，以期追忆先人，惠泽子孙。所载“现有家庭人员”以常住户籍登记为准，不包括部分户籍迁出的家庭。“家庭大事”部分显示了中华人民共和国成立以来每个家庭所发生的变化，个别家庭出于各种缘由留白。

一、南渔村村民小组、户数一览表

南渔村村民小组、户数一览表

村民小组	户数/户	村民小组	户数/户
第1村民小组	89	第4村民小组	41
第2村民小组	85	第5村民小组	22
第3村民小组	73		

二、南渔村村民家庭记载

南渔村第 1 村民小组

	姓名	与户主关系	性别	出生年月	民族
现有家庭人员	陆龙生	户主	男	1964 年 3 月	汉
	赵明珍	妻子	女	1965 年 4 月	汉
	陆雅妮	女儿	女	1987 年 4 月	汉
家庭大事	1983 年，自建房二层 3 间 74 平方米； 2005 年，获动迁安置房 2 套 170 平方米； 2008 年，陆雅妮加入中国共产党； 2014 年，购买商品房 1 套 110 平方米； 2019 年，购买凌志汽车 1 辆。				

	姓名	与户主关系	性别	出生年月	民族
现有家庭人员	徐新珍	户主	女	1925 年 11 月	汉
家庭大事	2005 年，获动迁安置房 1 套 85 平方米。				

	姓名	与户主关系	性别	出生年月	民族
现有家庭人员	陆忠生	户主	男	1947 年 3 月	汉
	潘月英	妻子	女	1946 年 5 月	汉
家庭大事	1983 年，自建房二层 3 间 74 平方米； 2005 年，获动迁安置房 1 套 85 平方米； 2005—2006 年，陆忠生被评为玉山镇老年协会“先进工作者”； 2019 年，获评昆山高新区“文明和谐家庭”。				

	姓名	与户主关系	性别	出生年月	民族
现有家庭人员	陆佳民	户主	男	1974年7月	汉
	邹建云	妻子	女	1977年9月	汉
	陆邹影	女儿	女	2001年6月	汉
	邹　玥	女儿	女	2013年9月	汉
家庭大事	1999年，购买商品房1套70平方米； 2005年，获动迁安置房2套170平方米； 2009年，购买威志汽车1辆； 2014年，获评昆山高新区“文明和谐家庭”。				

	姓名	与户主关系	性别	出生年月	民族
现有家庭人员	陆复生	户主	男	1955年6月	汉
	陈卫菊	妻子	女	1957年9月	汉
家庭大事	1984年，购买商品房1套120平方米； 2005年，获动迁安置房2套170平方米。				

	姓名	与户主关系	性别	出生年月	民族
现有家庭人员	陆诚	户主	男	1981年8月	汉
	屠艳秋	妻子	女	1981年10月	汉
	陆逸冉	儿子	男	2005年10月	汉
	屠亦芯	女儿	女	2011年8月	汉
家庭大事	2010年，购买奥迪汽车1辆； 2017年，购买商品房1套200平方米。				

<table>
<tr><td rowspan="5">现有
家庭人员</td><th>姓名</th><th>与户主关系</th><th>性别</th><th>出生年月</th><th>民族</th></tr>
<tr><td>戴秀英</td><td>户主</td><td>女</td><td>1960 年 9 月</td><td>汉</td></tr>
<tr><td>陆媚妮</td><td>女儿</td><td>女</td><td>1985 年 10 月</td><td>汉</td></tr>
<tr><td>段怡如</td><td>孙女</td><td>女</td><td>2011 年 5 月</td><td>汉</td></tr>
<tr><td>段馨嫣</td><td>孙女</td><td>女</td><td>2013 年 3 月</td><td>汉</td></tr>
<tr><td>家庭大事</td><td colspan="5">2005 年，获动迁安置房 2 套 170 平方米；
2013 年，购买商品房 1 套 100 平方米；
2014 年，购买奥迪汽车 1 辆；
2019 年，购买商品房 1 套 220 平方米。</td></tr>
</table>

<table>
<tr><td rowspan="4">现有
家庭人员</td><th>姓名</th><th>与户主关系</th><th>性别</th><th>出生年月</th><th>民族</th></tr>
<tr><td>陆雪妹</td><td>户主</td><td>女</td><td>1948 年 12 月</td><td>汉</td></tr>
<tr><td>杨燕萍</td><td>女儿</td><td>女</td><td>1976 年 5 月</td><td>汉</td></tr>
<tr><td>杨丽萍</td><td>女儿</td><td>女</td><td>1980 年 6 月</td><td>汉</td></tr>
<tr><td>家庭大事</td><td colspan="5">1983 年，自建房二层 3 间 74 平方米；
1996 年，购买店面房 3 间 100 平方米；
2001 年，购买商品房 1 套 75 平方米；
2005 年，获动迁安置房 1 套 85 平方米。</td></tr>
</table>

<table>
<tr><td rowspan="3">现有
家庭人员</td><th>姓名</th><th>与户主关系</th><th>性别</th><th>出生年月</th><th>民族</th></tr>
<tr><td>陆大妹</td><td>户主</td><td>女</td><td>1951 年 1 月</td><td>汉</td></tr>
<tr><td>陆　霞</td><td>女儿</td><td>女</td><td>1976 年 5 月</td><td>汉</td></tr>
<tr><td>家庭大事</td><td colspan="5">1993 年，获单位房改房 1 套 60 平方米；
2005 年，获动迁安置房 1 套 85 平方米；
2018 年，购买雷诺汽车 1 辆。</td></tr>
</table>

现有家庭人员	姓名	与户主关系	性别	出生年月	民族
	陆惠良	户主	男	1968 年 9 月	汉
	陆青英	妻子	女	1970 年 3 月	汉
	陆辰依	女儿	女	1991 年 6 月	汉
家庭大事	1983 年，自建房二层 3 间 74 平方米； 2015 年，购买斯柯达汽车 1 辆； 2005 年，获动迁安置房 2 套 170 平方米。				

现有家庭人员	姓名	与户主关系	性别	出生年月	民族
	陆炳生	户主	男	1945 年 1 月	汉
	朱秀珍	妻子	女	1945 年 5 月	汉
家庭大事	1966 年，陆炳生加入中国共产党； 1983 年，自建房二层 3 间 74 平方米； 2005 年，获动迁安置房 1 套 85 平方米； 2013 年，获评昆山高新区“文明和谐家庭”。				

现有家庭人员	姓名	与户主关系	性别	出生年月	民族
	陆青妹	户主	女	1966 年 3 月	汉
	薛三宝	丈夫	男	1963 年 10 月	汉
	陆凝希	孙子	男	2013 年 7 月	汉
家庭大事	1983 年，自建房二层 3 间 74 平方米； 2005 年，获动迁安置房 2 套 170 平方米； 2012 年，购买别克汽车 1 辆； 2016 年，获评昆山高新区“好婆媳家庭”。				

现有家庭人员	姓名	与户主关系	性别	出生年月	民族
	陆卫民	户主	男	1954 年 11 月	汉
	邹桂芳	妻子	女	1958 年 11 月	汉
家庭大事	1983 年，自建房二层 3 间 74 平方米； 2005 年，获动迁安置房 1 套 85 平方米。				

	姓名	与户主关系	性别	出生年月	民族
现有家庭人员	陆　琴	户主	女	1981 年 11 月	汉
	陆吴娴	女儿	女	2007 年 5 月	汉
	吴　婷	女儿	女	2013 年 8 月	汉
家庭大事	2005 年，获动迁安置房 1 套 85 平方米。				

	姓名	与户主关系	性别	出生年月	民族
现有家庭人员	陆大弟	户主	男	1962 年 8 月	汉
	陈佩勤	妻子	女	1962 年 5 月	汉
	陆春荣	儿子	男	1985 年 9 月	汉
	张　敏	儿媳	女	1988 年 3 月	汉
	陆未来	孙子	男	2016 年 6 月	汉
	陆一诺	孙子	男	2018 年 11 月	汉
家庭大事	1983 年，自建房二层 3 间 74 平方米； 2005 年，获动迁安置房 2 套 170 平方米； 2014 年，购买吉利汽车 1 辆； 2021 年，购买商品房 1 套 70 平方米。				

	姓名	与户主关系	性别	出生年月	民族
现有家庭人员	陈小龙	户主	男	1964 年 5 月	汉
	陆小英	妻子	女	1968 年 2 月	汉
	陆泽飞	儿子	男	1992 年 4 月	汉
家庭大事	1983 年，自建房二层 3 间 74 平方米； 2005 年，获动迁安置房 2 套 170 平方米。				

	姓名	与户主关系	性别	出生年月	民族
现有家庭人员	陆卫弟	户主	男	1971 年 2 月	汉
	浦飞红	妻子	女	1981 年 7 月	汉
	陆佳梦	儿子	男	2002 年 5 月	汉
家庭大事	1983 年，自建房二层 3 间 74 平方米； 2005 年，获动迁安置房 2 套 170 平方米。				

	姓名	与户主关系	性别	出生年月	民族
现有家庭人员	陆宝明	户主	男	1953 年 4 月	汉
	潘珠珍	妻子	女	1955 年 6 月	汉
	陆　英	女儿	女	1980 年 8 月	汉
家庭大事	1983 年，自建房二层 3 间 74 平方米； 2005 年，获动迁安置房 2 套 170 平方米。				

	姓名	与户主关系	性别	出生年月	民族
现有家庭人员	陆宝龙	户主	男	1956 年 8 月	汉
	陆卫英	妻子	女	1957 年 1 月	汉
	陆　益	儿子	男	1981 年 11 月	汉
	陆佳文	孙女	女	2005 年 8 月	汉
家庭大事	1983 年，自建房二层 3 间 74 平方米； 2005 年，获动迁安置房 2 套 170 平方米。				

	姓名	与户主关系	性别	出生年月	民族
现有家庭人员	陆宝弟	户主	男	1958年6月	汉
	潘鸣娥	妻子	女	1958年4月	汉
	陆雪芬	女儿	女	1983年8月	汉
	陆思岱	孙子	男	2010年10月	汉
	潘雨露	孙女	女	2007年12月	汉
家庭大事	1976年，陆宝弟入伍； 1983年，自建房二层3间74平方米； 2005年，获动迁安置房2套170平方米。				

	姓名	与户主关系	性别	出生年月	民族
现有家庭人员	陆弟宝	户主	男	1964年2月	汉
	许雪贞	妻子	女	1966年7月	汉
	陆茜茜	女儿	女	1990年4月	汉
	陈小妹	母亲	女	1935年9月	汉
家庭大事	1983年，自建房二层3间74平方米； 2005年，获动迁安置房3套255平方米。				

	姓名	与户主关系	性别	出生年月	民族
现有家庭人员	潘明官	户主	男	1952年5月	汉
	潘爱萍	女儿	女	1980年5月	汉
家庭大事	1983年，自建房二层3间74平方米； 2005年，获动迁安置房1套85平方米。				

	姓名	与户主关系	性别	出生年月	民族
现有家庭人员	潘丽华	户主	男	1969年2月	汉
	陆桂宝	母亲	女	1930年4月	汉
家庭大事	1983年，自建房二层3间74平方米； 2005年，获动迁安置房1套85平方米。				

	姓名	与户主关系	性别	出生年月	民族
现有家庭人员	潘龙官	户主	男	1953 年 5 月	汉
	吴妹珍	妻子	女	1957 年 10 月	汉
家庭大事	1983 年，自建房二层 3 间 74 平方米； 2005 年，获动迁安置房 1 套 85 平方米。				

	姓名	与户主关系	性别	出生年月	民族
现有家庭人员	陆　成	户主	男	1979 年 1 月	汉
	潘吉吉	妻子	女	1979 年 6 月	汉
	潘峻磊	儿子	男	2003 年 5 月	汉
家庭大事	2005 年，获动迁安置房 2 套 170 平方米。				

	姓名	与户主关系	性别	出生年月	民族
现有家庭人员	潘良官	户主	男	1957 年 1 月	汉
	戴琴芳	妻子	女	1963 年 10 月	汉
	王龙飞	女婿	男	1980 年 9 月	汉
	潘　隽	女儿	女	1984 年 9 月	汉
	潘奕诺	孙女	女	2010 年 12 月	汉
	王奕涵	孙子	男	2017 年 4 月	汉
家庭大事	1983 年，自建房二层 3 间 74 平方米； 1998 年，戴琴芳加入中国共产党； 2005 年，获动迁安置房 2 套 170 平方米； 2008 年，潘隽加入中国共产党； 2020 年，购买商品房 1 套 180 平方米； 2021 年，购买凯迪拉克汽车 1 辆。				

	姓名	与户主关系	性别	出生年月	民族
现有家庭人员	潘阿华	户主	男	1963 年 9 月	汉
	陈建明	妻子	女	1970 年 11 月	汉
	陈　艳	女儿	女	1991 年 6 月	汉
	赵杏花	岳母	女	1950 年 6 月	汉
家庭大事	1983 年，自建房二层 3 间 74 平方米； 2005 年，获动迁安置房 3 套 255 平方米。				

	姓名	与户主关系	性别	出生年月	民族
现有家庭人员	潘明龙	户主	男	1953 年 1 月	汉
	范阿珍	妻子	女	1954 年 3 月	汉
家庭大事	1983 年，自建房二层 3 间 74 平方米； 2005 年，获动迁安置房 1 套 85 平方米。				

	姓名	与户主关系	性别	出生年月	民族
现有家庭人员	潘　杰	户主	男	1979 年 3 月	汉
	金　定	妻子	女	1979 年 8 月	汉
	潘　鑫	儿子	男	2003 年 11 月	汉
家庭大事	2005 年，获动迁安置房 1 套 85 平方米； 2015 年，购买斯柯达汽车 1 辆。				

	姓名	与户主关系	性别	出生年月	民族
现有家庭人员	潘明良	户主	男	1955 年 5 月	汉
	王志芹	妻子	女	1972 年 4 月	汉
	王　雨	女儿	女	1994 年 3 月	汉
家庭大事	1983 年，自建房二层 3 间 74 平方米； 2005 年，获动迁安置房 1 套 85 平方米。				

	姓名	与户主关系	性别	出生年月	民族
现有家庭人员	潘春华	户主	男	1982 年 3 月	汉
	王小晓	妻子	女	1984 年 5 月	汉
	潘逸萍	女儿	女	2008 年 2 月	汉
	潘辰逸	儿子	男	2017 年 8 月	汉
家庭大事	2002 年，潘春华入伍； 2005 年，获动迁安置房 1 套 85 平方米。				

	姓名	与户主关系	性别	出生年月	民族
现有家庭人员	潘卫良	户主	男	1973 年 3 月	汉
	陈　霞	妻子	女	1975 年 11 月	汉
	潘　骏	儿子	男	1998 年 2 月	汉
家庭大事	1983 年，自建房二层 3 间 74 平方米； 2005 年，获动迁安置房 2 套 170 平方米； 2013 年，购买斯柯达汽车 1 辆； 2018 年，购买商品房 1 套 120 平方米； 2019 年，潘骏加入中国共党员。				

	姓名	与户主关系	性别	出生年月	民族
现有家庭人员	潘云生	户主	男	1933 年 11 月	汉
	徐雪琴	妻子	女	1935 年 7 月	汉
	潘国琴	女儿	女	1972 年 6 月	汉
家庭大事	1983 年，自建房二层 3 间 74 平方米； 2005 年，获动迁安置房 2 套 170 平方米。				

	姓名	与户主关系	性别	出生年月	民族
现有家庭人员	潘国华	户主	男	1981 年 2 月	汉
	金　娜	妻子	女	1984 年 5 月	汉
	潘嘉翼	儿子	男	2005 年 5 月	汉
	潘阿勤	母亲	女	1958 年 1 月	汉
家庭大事	1983 年，自建房二层 3 间 74 平方米； 2000 年，潘国华入伍； 2005 年，获动迁安置房 2 套 170 平方米； 2016 年，购买别克汽车 1 辆。				

	姓名	与户主关系	性别	出生年月	民族
现有家庭人员	潘国民	户主	男	1962 年 2 月	汉
	赵花英	妻子	女	1963 年 8 月	汉
	潘敏华	儿子	男	1985 年 9 月	汉
	潘天佑	孙子	男	2010 年 10 月	汉
家庭大事	1983 年，自建房二层 3 间 74 平方米； 2005 年，获动迁安置房 2 套 170 平方米； 2013 年，购买商品房 1 套 138 平方米； 2015 年，购买斯柯达汽车 1 辆。				

	姓名	与户主关系	性别	出生年月	民族
现有家庭人员	潘月明	户主	男	1963 年 9 月	汉
	潘龙妹	妻子	女	1964 年 3 月	汉
	潘　健	儿子	男	1987 年 11 月	汉
	潘静雯	孙女	女	2013 年 11 月	汉
	许静萱	孙女	女	2015 年 4 月	汉
家庭大事	1983 年，自建房二层 3 间 74 平方米； 2005 年，获动迁安置房 2 套 170 平方米； 2019 年，购买桑塔纳汽车 1 辆。				

<table>
<tr><td rowspan="3">现有家庭人员</td><th>姓名</th><th>与户主关系</th><th>性别</th><th>出生年月</th><th>民族</th></tr>
<tr><td>潘妹娟</td><td>户主</td><td>女</td><td>1966 年 9 月</td><td>汉</td></tr>
<tr><td>潘艾娜</td><td>女儿</td><td>女</td><td>1989 年 8 月</td><td>汉</td></tr>
<tr><td>家庭大事</td><td colspan="5">1983 年，自建房二层 3 间 74 平方米；
2005 年，获动迁安置房 2 套 170 平方米。</td></tr>
</table>

<table>
<tr><td rowspan="3">现有家庭人员</td><th>姓名</th><th>与户主关系</th><th>性别</th><th>出生年月</th><th>民族</th></tr>
<tr><td>潘小牛</td><td>户主</td><td>男</td><td>1937 年 4 月</td><td>汉</td></tr>
<tr><td>陆小妹</td><td>妻子</td><td>女</td><td>1937 年 11 月</td><td>汉</td></tr>
<tr><td>家庭大事</td><td colspan="5">1983 年，自建房二层 3 间 74 平方米；
2005 年，获动迁安置房 1 套 85 平方米。</td></tr>
</table>

<table>
<tr><td rowspan="6">现有家庭人员</td><th>姓名</th><th>与户主关系</th><th>性别</th><th>出生年月</th><th>民族</th></tr>
<tr><td>潘小龙</td><td>户主</td><td>男</td><td>1959 年 5 月</td><td>汉</td></tr>
<tr><td>陆惠秀</td><td>妻子</td><td>女</td><td>1962 年 8 月</td><td>汉</td></tr>
<tr><td>潘国强</td><td>儿子</td><td>男</td><td>1985 年 12 月</td><td>汉</td></tr>
<tr><td>潘毅文</td><td>孙子</td><td>男</td><td>2008 年 5 月</td><td>汉</td></tr>
<tr><td>周毅萱</td><td>孙女</td><td>女</td><td>2015 年 7 月</td><td>汉</td></tr>
<tr><td>家庭大事</td><td colspan="5">1983 年，自建房二层 3 间 74 平方米；
2005 年，获动迁安置房 2 套 170 平方米；
2019 年，购买商品房 1 套 100 平方米。</td></tr>
</table>

<table>
<tr><td rowspan="3">现有家庭人员</td><th>姓名</th><th>与户主关系</th><th>性别</th><th>出生年月</th><th>民族</th></tr>
<tr><td>潘小弟</td><td>户主</td><td>男</td><td>1940 年 9 月</td><td>汉</td></tr>
<tr><td>潘新珍</td><td>妻子</td><td>女</td><td>1939 年 4 月</td><td>汉</td></tr>
<tr><td>家庭大事</td><td colspan="5">1983 年，自建房二层 3 间 74 平方米；
2005 年，获动迁安置房 1 套 85 平方米。</td></tr>
</table>

<table>
<tr><td rowspan="5">现有
家庭人员</td><td>姓名</td><td>与户主关系</td><td>性别</td><td>出生年月</td><td>民族</td></tr>
<tr><td>潘阿良</td><td>户主</td><td>男</td><td>1965 年 1 月</td><td>汉</td></tr>
<tr><td>徐小妹</td><td>妻子</td><td>女</td><td>1967 年 4 月</td><td>汉</td></tr>
<tr><td>徐　磊</td><td>儿子</td><td>男</td><td>1989 年 11 月</td><td>汉</td></tr>
<tr><td>徐悠悠</td><td>孙女</td><td>女</td><td>2017 年 11 月</td><td>汉</td></tr>
<tr><td>家庭大事</td><td colspan="5">2005 年，获动迁安置房 2 套 170 平方米；
2011 年，徐磊加入中国共党员；
2015 年，购买高尔夫汽车 1 辆；
2018 年，获评昆山高新区“文明和谐家庭”；
2019 年，购买商品房 1 套 120 平方米。</td></tr>
</table>

<table>
<tr><td rowspan="2">现有
家庭人员</td><td>姓名</td><td>与户主关系</td><td>性别</td><td>出生年月</td><td>民族</td></tr>
<tr><td>徐云生</td><td>户主</td><td>男</td><td>1928 年 6 月</td><td>汉</td></tr>
<tr><td>家庭大事</td><td colspan="5">1983 年，自建房二层 3 间 74 平方米；
2005 年，获动迁安置房 1 套 85 平方米。</td></tr>
</table>

<table>
<tr><td rowspan="3">现有
家庭人员</td><td>姓名</td><td>与户主关系</td><td>性别</td><td>出生年月</td><td>民族</td></tr>
<tr><td>潘荣良</td><td>户主</td><td>男</td><td>1941 年 12 月</td><td>汉</td></tr>
<tr><td>潘秀英</td><td>妻子</td><td>女</td><td>1942 年 2 月</td><td>汉</td></tr>
<tr><td>家庭大事</td><td colspan="5">1983 年，自建房二层 3 间 74 平方米；
1981 年，造木船 1 条 2 吨；
2005 年，获动迁安置房 1 套 85 平方米。</td></tr>
</table>

<table>
<tr><td rowspan="4">现有
家庭人员</td><td>姓名</td><td>与户主关系</td><td>性别</td><td>出生年月</td><td>民族</td></tr>
<tr><td>潘建华</td><td>户主</td><td>男</td><td>1969 年 9 月</td><td>汉</td></tr>
<tr><td>郝建华</td><td>妻子</td><td>女</td><td>1974 年 3 月</td><td>汉</td></tr>
<tr><td>潘　郝</td><td>女儿</td><td>女</td><td>1999 年 12 月</td><td>汉</td></tr>
<tr><td>家庭大事</td><td colspan="5">2000 年，购买迈腾汽车 1 辆；
2005 年，获动迁安置房 2 套 170 平方米。</td></tr>
</table>

<table>
<tr><td rowspan="3">现有家庭人员</td><th>姓名</th><th>与户主关系</th><th>性别</th><th>出生年月</th><th>民族</th></tr>
<tr><td>潘云弟</td><td>户主</td><td>男</td><td>1954 年 3 月</td><td>汉</td></tr>
<tr><td>徐彩英</td><td>妻子</td><td>女</td><td>1957 年 3 月</td><td>汉</td></tr>
<tr><td>家庭大事</td><td colspan="5">1983 年，自建房二层 3 间 74 平方米；
2005 年，获动迁安置房 1 套 85 平方米；
2013 年，获评昆山高新区“文明和谐家庭”。</td></tr>
</table>

<table>
<tr><td rowspan="4">现有家庭人员</td><th>姓名</th><th>与户主关系</th><th>性别</th><th>出生年月</th><th>民族</th></tr>
<tr><td>潘兰兰</td><td>户主</td><td>女</td><td>1981 年 5 月</td><td>汉</td></tr>
<tr><td>王　茂</td><td>丈夫</td><td>男</td><td>1979 年 3 月</td><td>汉</td></tr>
<tr><td>潘宇航</td><td>儿子</td><td>男</td><td>2008 年 9 月</td><td>汉</td></tr>
<tr><td>家庭大事</td><td colspan="5">1998 年，王茂入伍；
2001 年，王茂加入中国共党员；
2005 年，获动迁安置房 1 套 85 平方米；
2021 年，购买红旗汽车 1 辆。</td></tr>
</table>

<table>
<tr><td rowspan="5">现有家庭人员</td><th>姓名</th><th>与户主关系</th><th>性别</th><th>出生年月</th><th>民族</th></tr>
<tr><td>潘玉龙</td><td>户主</td><td>男</td><td>1964 年 1 月</td><td>汉</td></tr>
<tr><td>戴阿二</td><td>妻子</td><td>女</td><td>1966 年 7 月</td><td>汉</td></tr>
<tr><td>潘　敏</td><td>女儿</td><td>女</td><td>1987 年 11 月</td><td>汉</td></tr>
<tr><td>潘志颖</td><td>孙女</td><td>女</td><td>2015 年 12 月</td><td>汉</td></tr>
<tr><td>家庭大事</td><td colspan="5">1983 年，自建房二层 3 间 74 平方米；
2005 年，获动迁安置房 2 套 170 平方米。</td></tr>
</table>

<table>
<tr><td rowspan="2">现有家庭人员</td><th>姓名</th><th>与户主关系</th><th>性别</th><th>出生年月</th><th>民族</th></tr>
<tr><td>潘杏英</td><td>户主</td><td>女</td><td>1945 年 1 月</td><td>汉</td></tr>
<tr><td>家庭大事</td><td colspan="5">2005 年，获动迁安置房 1 套 85 平方米。</td></tr>
</table>

现有家庭人员	姓名	与户主关系	性别	出生年月	民族
	潘永健	户主	男	1971 年 4 月	汉
	计林珍	妻子	女	1973 年 3 月	汉
	潘骏驰	儿子	男	1995 年 4 月	汉
家庭大事	1983 年，自建房二层 3 间 74 平方米； 2005 年，获动迁安置房 2 套 170 平方米； 2011 年，购买商品房 1 套 120 平方米； 2012 年，购买尼桑汽车 1 辆。				

现有家庭人员	姓名	与户主关系	性别	出生年月	民族
	潘炳泉	户主	男	1945 年 10 月	汉
	潘花妹	妻子	女	1947 年 8 月	汉
家庭大事	2005 年，获动迁安置房 1 套 85 平方米。				

现有家庭人员	姓名	与户主关系	性别	出生年月	民族
	潘勇叶	户主	男	1975 年 12 月	汉
	潘雪妹	妻子	女	1975 年 12 月	汉
	潘浩钧	儿子	女	1999 年 12 月	汉
家庭大事	1983 年，自建房二层 3 间 74 平方米； 2005 年，获动迁安置房 2 套 170 平方米。				

现有家庭人员	姓名	与户主关系	性别	出生年月	民族
	潘国泉	户主	男	1958 年 2 月	汉
	潘明珍	妻子	女	1957 年 12 月	汉
家庭大事	1983 年，自建房二层 3 间 74 平方米； 2005 年，获动迁安置房 1 套 85 平方米。				

	姓名	与户主关系	性别	出生年月	民族
现有家庭人员	潘永辉	户主	男	1982 年 3 月	汉
	潘　宁	儿子	男	2009 年 3 月	汉
家庭大事	2005 年，获动迁安置房 1 套 85 平方米。				

	姓名	与户主关系	性别	出生年月	民族
现有家庭人员	潘金弟	户主	男	1953 年 2 月	汉
	潘五妹	妻子	女	1953 年 8 月	汉
家庭大事	1983 年，自建房二层 3 间 74 平方米； 2005 年，获动迁安置房 1 套 85 平方米。				

	姓名	与户主关系	性别	出生年月	民族
现有家庭人员	潘　剑	户主	男	1978 年 5 月	汉
	徐　燕	妻子	女	1979 年 6 月	汉
	徐思嘉	儿子	男	2003 年 1 月	汉
家庭大事	2005 年，获动迁安置房 1 套 85 平方米。				

	姓名	与户主关系	性别	出生年月	民族
现有家庭人员	潘建平	户主	男	1975 年 9 月	汉
	赵锦华	妻子	女	1976 年 1 月	汉
	潘逸静	女儿	女	1999 年 10 月	汉
家庭大事	1983 年，自建房二层 3 间 74 平方米； 2005 年，获动迁安置房 2 套 170 平方米； 2013 年，购买福特汽车 1 辆。				

现有家庭人员	姓名	与户主关系	性别	出生年月	民族
	潘金凤	户主	女	1959 年 3 月	汉
	项根荣	丈夫	男	1957 年 8 月	汉
家庭大事	2005 年，获动迁安置房 1 套 85 平方米。				

现有家庭人员	姓名	与户主关系	性别	出生年月	民族
	潘金元	户主	男	1962 年 4 月	汉
家庭大事	1983 年，自建房二层 3 间 74 平方米； 2005 年，获动迁安置房 2 套 170 平方米； 2020 年，购买桑塔纳汽车 1 辆。				

现有家庭人员	姓名	与户主关系	性别	出生年月	民族
	沈大弟	户主	男	1964 年 3 月	汉
	潘国妹	妻子	女	1963 年 3 月	汉
	沈媛媛	女儿	女	1988 年 1 月	汉
	李雨浠	孙女	女	2012 年 7 月	汉
	沈梓妍	孙女	女	2014 年 7 月	汉
家庭大事	1983 年，自建房二层 3 间 74 平方米； 2005 年，获动迁安置房 2 套 170 平方米； 2011 年，购买长安福特汽车 1 辆。				

现有家庭人员	姓名	与户主关系	性别	出生年月	民族
	沈菊明	户主	男	1944 年 2 月	汉
	陆菊英	妻子	女	1941 年 12 月	汉
家庭大事	1982 年，造木船 1 条 2 吨； 1983 年，自建房二层 3 间 74 平方米； 2005 年，获动迁安置房 1 套 85 平方米。				

<table>
<tr><td rowspan="4">现有家庭人员</td><th>姓名</th><th>与户主关系</th><th>性别</th><th>出生年月</th><th>民族</th></tr>
<tr><td>沈健康</td><td>户主</td><td>男</td><td>1969 年 1 月</td><td>汉</td></tr>
<tr><td>陆佳莺</td><td>妻子</td><td>女</td><td>1972 年 3 月</td><td>汉</td></tr>
<tr><td>沈世豪</td><td>儿子</td><td>男</td><td>1992 年 9 月</td><td>汉</td></tr>
<tr><td>家庭大事</td><td colspan="5">1983 年，自建房二层 3 间 74 平方米；
2005 年，获动迁安置房 2 套 170 平方米；
2016 年，购买尼桑汽车 1 辆；
2017 年，购买吉普汽车 1 辆。</td></tr>
</table>

<table>
<tr><td rowspan="3">现有家庭人员</td><th>姓名</th><th>与户主关系</th><th>性别</th><th>出生年月</th><th>民族</th></tr>
<tr><td>沈雪明</td><td>户主</td><td>男</td><td>1952 年 9 月</td><td>汉</td></tr>
<tr><td>陈彩英</td><td>妻子</td><td>女</td><td>1954 年 1 月</td><td>汉</td></tr>
<tr><td>家庭大事</td><td colspan="5">1982 年，造木船 1 条 2 吨；
1983 年，自建房二层 3 间 74 平方米；
2005 年，获动迁安置房 1 套 85 平方米。</td></tr>
</table>

<table>
<tr><td rowspan="4">现有家庭人员</td><th>姓名</th><th>与户主关系</th><th>性别</th><th>出生年月</th><th>民族</th></tr>
<tr><td>沈礼平</td><td>户主</td><td>男</td><td>1978 年 7 月</td><td>汉</td></tr>
<tr><td>贲志兰</td><td>妻子</td><td>女</td><td>1976 年 1 月</td><td>汉</td></tr>
<tr><td>沈铭琴</td><td>女儿</td><td>女</td><td>2008 年 2 月</td><td>汉</td></tr>
<tr><td>家庭大事</td><td colspan="5">2005 年，获动迁安置房 1 套 85 平方米。</td></tr>
</table>

<table>
<tr><td rowspan="4">现有家庭人员</td><th>姓名</th><th>与户主关系</th><th>性别</th><th>出生年月</th><th>民族</th></tr>
<tr><td>沈光明</td><td>户主</td><td>男</td><td>1955 年 8 月</td><td>汉</td></tr>
<tr><td>朱卫琴</td><td>妻子</td><td>女</td><td>1957 年 7 月</td><td>汉</td></tr>
<tr><td>沈丰丰</td><td>儿子</td><td>男</td><td>1981 年 12 月</td><td>汉</td></tr>
<tr><td>家庭大事</td><td colspan="5">1983 年，自建房二层 3 间 74 平方米；
2005 年，获动迁安置房 2 套 170 平方米；
2008 年，购买商品房 1 套 120 平方米。</td></tr>
</table>

	姓名	与户主关系	性别	出生年月	民族
现有家庭人员	沈伯明	户主	男	1956 年 7 月	汉
	徐兰芳	妻子	女	1958 年 10 月	汉
	沈丽英	女儿	女	1983 年 4 月	汉
家庭大事	1983 年，自建房二层 3 间 74 平方米； 2005 年，获动迁安置房 2 套 170 平方米； 2015 年，购买商品房 1 套 120 平方米。				

	姓名	与户主关系	性别	出生年月	民族
现有家庭人员	沈伯弟	户主	男	1966 年 6 月	汉
	戴玉英	妻子	女	1964 年 7 月	汉
	沈　伟	儿子	男	1989 年 4 月	汉
	沈杏妹	母亲	女	1923 年 5 月	汉
家庭大事	1983 年，自建房二层 3 间 74 平方米； 2005 年，获动迁安置房 3 套 255 平方米； 2017 年，购买桑塔纳汽车 1 辆。				

	姓名	与户主关系	性别	出生年月	民族
现有家庭人员	沈礼峰	户主	男	1976 年 6 月	汉
	朱月芬	妻子	女	1976 年 12 月	汉
	沈铭祺	儿子	男	2000 年 3 月	汉
家庭大事	1983 年，自建房二层 3 间 74 平方米； 2005 年，获动迁安置房 2 套 170 平方米； 2013 年，购买北京现代汽车 1 辆。				

	姓名	与户主关系	性别	出生年月	民族
现有家庭人员	沈菊忠	户主	男	1947 年 12 月	汉
	俞小妹	妻子	女	1952 年 12 月	汉
家庭大事	1983 年，自建房二层 3 间 74 平方米； 2005 年，获动迁安置房 1 套 85 平方米。				

	姓名	与户主关系	性别	出生年月	民族
现有家庭人员	沈建荣	户主	男	1976 年 3 月	汉
	岳　云	妻子	女	1981 年 11 月	汉
	沈睿康	儿子	男	2005 年 5 月	汉
家庭大事	2005 年，获动迁安置房 2 套 170 平方米； 2015 年，购买桑塔纳汽车 1 辆。				

	姓名	与户主关系	性别	出生年月	民族
现有家庭人员	沈建民	户主	男	1972 年 12 月	汉
	潘文芳	妻子	女	1972 年 5 月	汉
	沈露霞	女儿	女	1995 年 12 月	汉
	沈钰昆	外孙	男	2016 年 12 月	汉
	骆金心	外孙女	女	2019 年 5 月	汉
家庭大事	1983 年，自建房二层 3 间 74 平方米； 2005 年，获动迁安置房 2 套 170 平方米。				

	姓名	与户主关系	性别	出生年月	民族
现有家庭人员	沈福民	户主	男	1952 年 7 月	汉
	潘月珍	妻子	女	1955 年 9 月	汉
家庭大事	1983 年，自建房二层 3 间 74 平方米； 2005 年，获动迁安置房 1 套 85 平方米。				

	姓名	与户主关系	性别	出生年月	民族
现有家庭人员	沈　军	户主	男	1978 年 1 月	汉
	陆小燕	妻子	女	1981 年 11 月	汉
	沈乐怡	女儿	女	2004 年 5 月	汉
家庭大事	2005 年，获动迁安置房 2 套 170 平方米； 2002 年，购买商品房 1 套 120 平方米； 2015 年，购买奔驰汽车 1 辆。				

	姓名	与户主关系	性别	出生年月	民族
现有家庭人员	沈月明	户主	男	1965 年 5 月	汉
	潘梅芬	妻子	女	1964 年 2 月	汉
	沈天池	儿子	男	1989 年 5 月	汉
	俞静雯	儿媳	女	1989 年 8 月	汉
	沈熙悦	孙女	女	2014 年 8 月	汉
	俞尹莉	孙女	女	2018 年 8 月	汉
家庭大事	1983 年，自建房二层 3 间 74 平方米； 2005 年，获动迁安置房 2 套 170 平方米； 2010 年，俞静雯加入中国共党员； 2015 年，购买本田汽车 1 辆； 2016 年，购买商品房 1 套 120 平方米； 2017 年，购买商品房 1 套 60 平方米。				

	姓名	与户主关系	性别	出生年月	民族
现有家庭人员	沈洪民	户主	男	1967 年 4 月	汉
	潘卫珍	妻子	女	1967 年 8 月	汉
	沈天华	儿子	男	1989 年 12 月	汉
家庭大事	1983 年，自建房二层 3 间 74 平方米； 2005 年，获动迁安置房 2 套 170 平方米； 2008 年，购买丰田汽车 1 辆； 2013 年，获评昆山高新区“文明和谐家庭”； 2019 年，购买商品房 1 套 120 平方米。				

<table>
<tr><td rowspan="3">现有家庭人员</td><td>姓名</td><td>与户主关系</td><td>性别</td><td>出生年月</td><td>民族</td></tr>
<tr><td>沈菊生</td><td>户主</td><td>男</td><td>1943 年 4 月</td><td>汉</td></tr>
<tr><td>沈雪英</td><td>妻子</td><td>女</td><td>1944 年 1 月</td><td>汉</td></tr>
<tr><td>家庭大事</td><td colspan="5">1983 年，自建房二层 3 间 74 平方米；
2005 年，获动迁安置房 1 套 85 平方米。</td></tr>
</table>

<table>
<tr><td rowspan="4">现有家庭人员</td><td>姓名</td><td>与户主关系</td><td>性别</td><td>出生年月</td><td>民族</td></tr>
<tr><td>沈其英</td><td>户主</td><td>女</td><td>1970 年 5 月</td><td>汉</td></tr>
<tr><td>陆雅倩</td><td>女儿</td><td>女</td><td>1994 年 1 月</td><td>汉</td></tr>
<tr><td>吴雪倩</td><td>女儿</td><td>女</td><td>2008 年 1 月</td><td>汉</td></tr>
<tr><td>家庭大事</td><td colspan="5">2005 年，获动迁安置房 1 套 85 平方米；
2016 年，购买北京现代汽车 1 辆。</td></tr>
</table>

<table>
<tr><td rowspan="3">现有家庭人员</td><td>姓名</td><td>与户主关系</td><td>性别</td><td>出生年月</td><td>民族</td></tr>
<tr><td>徐学民</td><td>户主</td><td>男</td><td>1947 年 10 月</td><td>汉</td></tr>
<tr><td>朱金仙</td><td>妻子</td><td>女</td><td>1948 年 5 月</td><td>汉</td></tr>
<tr><td>家庭大事</td><td colspan="5">1983 年，自建房二层 3 间 74 平方米；
2005 年，获动迁安置房 2 套 170 平方米。</td></tr>
</table>

<table>
<tr><td rowspan="5">现有家庭人员</td><td>姓名</td><td>与户主关系</td><td>性别</td><td>出生年月</td><td>民族</td></tr>
<tr><td>徐志强</td><td>户主</td><td>男</td><td>1969 年 11 月</td><td>汉</td></tr>
<tr><td>徐雪花</td><td>妻子</td><td>女</td><td>1970 年 3 月</td><td>汉</td></tr>
<tr><td>徐晨辉</td><td>儿子</td><td>男</td><td>1992 年 9 月</td><td>汉</td></tr>
<tr><td>徐嘉懿</td><td>孙子</td><td>男</td><td>2018 年 9 月</td><td>汉</td></tr>
<tr><td>家庭大事</td><td colspan="5">1983 年，自建房二层 3 间 74 平方米；
2005 年，获动迁安置房 2 套 170 平方米。</td></tr>
</table>

<table>
<tr><td rowspan="4">现有
家庭人员</td><td>姓名</td><td>与户主关系</td><td>性别</td><td>出生年月</td><td>民族</td></tr>
<tr><td>徐志永</td><td>户主</td><td>男</td><td>1971 年 5 月</td><td>汉</td></tr>
<tr><td>沈丽芳</td><td>妻子</td><td>女</td><td>1971 年 6 月</td><td>汉</td></tr>
<tr><td>戴晨溪</td><td>儿子</td><td>男</td><td>1996 年 9 月</td><td>汉</td></tr>
<tr><td>家庭大事</td><td colspan="5">2005 年，获动迁安置房 2 套 170 平方米；
2014 年，购买商品房 1 套 110 平方米。</td></tr>
</table>

<table>
<tr><td rowspan="3">现有
家庭人员</td><td>姓名</td><td>与户主关系</td><td>性别</td><td>出生年月</td><td>民族</td></tr>
<tr><td>徐阿三</td><td>户主</td><td>男</td><td>1954 年 4 月</td><td>汉</td></tr>
<tr><td>戴勤妹</td><td>妻子</td><td>女</td><td>1954 年 6 月</td><td>汉</td></tr>
<tr><td>家庭大事</td><td colspan="5">1983 年，自建房二层 3 间 74 平方米；
2005 年，获动迁安置房 1 套 85 平方米；
2014 年，获评昆山高新区“文明和谐家庭”。</td></tr>
</table>

<table>
<tr><td rowspan="4">现有
家庭人员</td><td>姓名</td><td>与户主关系</td><td>性别</td><td>出生年月</td><td>民族</td></tr>
<tr><td>徐 娟</td><td>户主</td><td>女</td><td>1978 年 11 月</td><td>汉</td></tr>
<tr><td>陶雪明</td><td>丈夫</td><td>男</td><td>1979 年 6 月</td><td>汉</td></tr>
<tr><td>徐 叶</td><td>儿子</td><td>男</td><td>2004 年 8 月</td><td>汉</td></tr>
<tr><td>家庭大事</td><td colspan="5">2005 年，获动迁安置房 2 套 170 平方米；
2007 年，购买别克汽车 1 辆。</td></tr>
</table>

<table>
<tr><td rowspan="4">现有
家庭人员</td><td>姓名</td><td>与户主关系</td><td>性别</td><td>出生年月</td><td>民族</td></tr>
<tr><td>许雪忠</td><td>户主</td><td>男</td><td>1960 年 10 月</td><td>汉</td></tr>
<tr><td>徐彩珍</td><td>妻子</td><td>女</td><td>1963 年 7 月</td><td>汉</td></tr>
<tr><td>许丽君</td><td>女儿</td><td>女</td><td>1986 年 12 月</td><td>汉</td></tr>
<tr><td>家庭大事</td><td colspan="5">1983 年，自建房二层 3 间 74 平方米；
2005 年，获动迁安置房 2 套 170 平方米。</td></tr>
</table>

现有家庭人员	姓名	与户主关系	性别	出生年月	民族
	沈卫珍	户主	女	1966 年 10 月	汉
	潘世超	儿子	男	1990 年 3 月	汉
家庭大事	1983 年，自建房二层 3 间 74 平方米； 2005 年，获动迁安置房 2 套 170 平方米。				

现有家庭人员	姓名	与户主关系	性别	出生年月	民族
	许平生	户主	男	1937 年 8 月	汉
	潘凤宝	妻子	女	1938 年 6 月	汉
家庭大事	1983 年，自建房二层 3 间 74 平方米； 2005 年，获动迁安置房 1 套 85 平方米。				

现有家庭人员	姓名	与户主关系	性别	出生年月	民族
	许雪元	户主	男	1967 年 1 月	汉
	唐红娟	妻子	女	1968 年 7 月	汉
	潘丽沁	女儿	女	1990 年 6 月	汉
	许哲询	外孙	男	2017 年 7 月	汉
家庭大事	1983 年，自建房二层 3 间 74 平方米； 2005 年，获动迁安置房 2 套 170 平方米； 2014 年，购买启辰汽车 1 辆。				

现有家庭人员	姓名	与户主关系	性别	出生年月	民族
	许雪平	户主	男	1967 年 12 月	汉
	潘文英	妻子	女	1970 年 2 月	汉
	潘许燕	女儿	女	1992 年 3 月	汉
	戴泊澜	外孙	男	2016 年 8 月	汉
家庭大事	1983 年，自建房二层 3 间 74 平方米； 2005 年，获动迁安置房 2 套 170 平方米。				

	姓名	与户主关系	性别	出生年月	民族
现有家庭人员	许玉英	户主	女	1954 年 12 月	汉
	许　英	女儿	女	1977 年 1 月	汉
	许刘娟	孙女	女	1998 年 10 月	汉
家庭大事	1983 年，自建房二层 3 间 74 平方米； 2005 年，获动迁安置房 3 套 255 平方米。				

	姓名	与户主关系	性别	出生年月	民族
现有家庭人员	吴三弟	户主	男	1953 年 2 月	汉
	潘福珍	妻子	女	1954 年 8 月	汉
	朱彩芳	女儿	女	1978 年 12 月	汉
	朱希蕾	孙女	女	2006 年 3 月	汉
家庭大事	1983 年，自建房二层 3 间 74 平方米； 2005 年，获动迁安置房 2 套 170 平方米。				

	姓名	与户主关系	性别	出生年月	民族
现有家庭人员	薛玉英	户主	女	1962 年 5 月	汉
	薛　涛	儿子	男	1986 年 9 月	汉
家庭大事	2005 年，获经济适用安置房 1 套 85 平方米； 2005 年，购买别克汽车 1 辆； 2007 年，购买商品房 1 套 87 平方米。				

南渔村第 2 村民小组

<table>
<tr><td rowspan="4">现有
家庭人员</td><th>姓名</th><th>与户主关系</th><th>性别</th><th>出生年月</th><th>民族</th></tr>
<tr><td>俞冬明</td><td>户主</td><td>男</td><td>1952 年 1 月</td><td>汉</td></tr>
<tr><td>徐永珍</td><td>妻子</td><td>女</td><td>1954 年 3 月</td><td>汉</td></tr>
<tr><td>俞冬唯</td><td>弟弟</td><td>男</td><td>1966 年 5 月</td><td>汉</td></tr>
<tr><td>家庭大事</td><td colspan="5">1975 年，徐永珍加入中国共产党；
1987 年，自建房二层 7 间 204 平方米；
2008 年，获动迁安置房 2 套 200 平方米；
2017 年，获评昆山高新区“文明和谐家庭”；
2018 年，购买长安汽车 1 辆。</td></tr>
</table>

<table>
<tr><td rowspan="3">现有
家庭人员</td><th>姓名</th><th>与户主关系</th><th>性别</th><th>出生年月</th><th>民族</th></tr>
<tr><td>沈振荣</td><td>户主</td><td>男</td><td>1974 年 3 月</td><td>汉</td></tr>
<tr><td>俞晨曦</td><td>女儿</td><td>女</td><td>1999 年 8 月</td><td>汉大学</td></tr>
<tr><td>家庭大事</td><td colspan="5">2001 年，购买商品房 1 套 113 平方米；
2008 年，获动迁安置房 2 套 210 平方米；
2011 年，购买商品房 237 平方米；
2017 年，购买宝马汽车 1 辆。</td></tr>
</table>

<table>
<tr><td rowspan="4">现有
家庭人员</td><th>姓名</th><th>与户主关系</th><th>性别</th><th>出生年月</th><th>民族</th></tr>
<tr><td>沈白兔</td><td>户主</td><td>男</td><td>1956 年 1 月</td><td>汉</td></tr>
<tr><td>徐银珍</td><td>妻子</td><td>女</td><td>1957 年 7 月</td><td>汉</td></tr>
<tr><td>沈国荣</td><td>儿子</td><td>男</td><td>1982 年 2 月</td><td>汉</td></tr>
<tr><td>家庭大事</td><td colspan="5">1987 年，自建房二层 4 间 115 平方米；
2008 年，获动迁安置房 1 套 80 平方米。</td></tr>
</table>

<table>
<tr><td rowspan="4">现有
家庭人员</td><th>姓名</th><th>与户主关系</th><th>性别</th><th>出生年月</th><th>民族</th></tr>
<tr><td>沈锋金</td><td>户主</td><td>男</td><td>1977 年 2 月</td><td>汉</td></tr>
<tr><td>姚利红</td><td>妻子</td><td>女</td><td>1973 年 6 月</td><td>汉</td></tr>
<tr><td>沈嘉琪</td><td>女儿</td><td>女</td><td>2000 年 7 月</td><td>汉</td></tr>
<tr><td>家庭大事</td><td colspan="5">1987 年，自建房二层 3 间 100 平方米；
2008 年，获动迁安置房 2 套 210 平方米；
2016 年，购买帕萨特汽车 1 辆；
2018 年，购买商品房 1 套 115 平方米。</td></tr>
</table>

<table>
<tr><td rowspan="4">现有
家庭人员</td><th>姓名</th><th>与户主关系</th><th>性别</th><th>出生年月</th><th>民族</th></tr>
<tr><td>戴伟国</td><td>户主</td><td>男</td><td>1970 年 12 月</td><td>汉</td></tr>
<tr><td>赵彩花</td><td>妻子</td><td>女</td><td>1971 年 1 月</td><td>汉</td></tr>
<tr><td>戴佳逸</td><td>女儿</td><td>女</td><td>1993 年 10 月</td><td>汉</td></tr>
<tr><td>家庭大事</td><td colspan="5">2007 年，购买商品房 1 套 136 平方米；
2008 年，获动迁安置房 2 套 210 平方米；
2015 年，购买商品房 1 套 88 平方米；
2017 年，购买马自达汽车 1 辆。</td></tr>
</table>

<table>
<tr><td rowspan="3">现有
家庭人员</td><th>姓名</th><th>与户主关系</th><th>性别</th><th>出生年月</th><th>民族</th></tr>
<tr><td>潘四妹</td><td>户主</td><td>女</td><td>1949 年 4 月</td><td>汉</td></tr>
<tr><td>戴伟娟</td><td>女儿</td><td>女</td><td>1977 年 1 月</td><td>汉</td></tr>
<tr><td>家庭大事</td><td colspan="5">1996 年，自建房一层 3 间 98 平方米；
2008 年，获动迁安置房 1 套 80 平方米。</td></tr>
</table>

	姓名	与户主关系	性别	出生年月	民族
现有家庭人员	戴正华	户主	男	1962 年 8 月	汉
	沈明花	妻子	女	1964 年 1 月	汉
	戴文韬	儿子	男	1986 年 8 月	汉
	戴玥瑶	孙女	女	2013 年 8 月	汉
	戴阿英	母亲	女	1943 年 4 月	汉
家庭大事	1985 年，造木船 1 条 5 吨； 1987 年，自建房二层 4 间 116 平方米； 2007 年，购买北京现代汽车 1 辆； 2008 年，获动迁安置房 3 套 290 平方米； 2008 年，戴正华获评“玉山镇先进个人”； 2013 年，沈明花被昆山体育局评为“优秀社会体操指导员”； 2015 年，戴文韬加入中国共产党； 2015 年，购买商品房 1 套 90 平方米； 2019 年，购买本田汽车 1 辆。				

	姓名	与户主关系	性别	出生年月	民族
现有家庭人员	戴跃华	户主	男	1972 年 1 月	汉
	冯水琴	妻子	女	1973 年 5 月	汉
	戴诚佳	儿子	男	1994 年 9 月	汉
家庭大事	1987 年，自建房二层 4 间 116 平方米； 2008 年，获动迁安置房 2 套 210 平方米； 2019 年，购买马自达汽车 1 辆。				

	姓名	与户主关系	性别	出生年月	民族
现有家庭人员	沈国龙	户主	男	1954 年 6 月	汉
	俞龙琴	妻子	女	1955 年 1 月	汉
	沈福妹	母亲	女	1933 年 2 月	汉
家庭大事	1987 年，自建房二层 3 间 110 平方米； 2008 年，获动迁安置房 1 套 80 平方米； 2018 年，获评昆山高新区“文明和谐家庭”及“最美家庭”； 2019 年，获评昆山高新区“文明和谐家庭”及“最美家庭”。				

	姓名	与户主关系	性别	出生年月	民族
现有家庭人员	沈雪峰	户主	男	1979 年 9 月	汉
	王彩虹	妻子	女	1978 年 4 月	汉
	沈文浩	儿子	男	2002 年 5 月	汉
家庭大事	1987 年，自建房二层 4 间 130 平方米； 2008 年，获动迁安置房 2 套 210 平方米； 2012 年，购买斯柯达汽车 1 辆； 2019 年，购买商品房 1 套 122 平方米。				

	姓名	与户主关系	性别	出生年月	民族
现有家庭人员	戴银芳	户主	男	1951 年 6 月	汉
	俞龙英	妻子	女	1953 年 5 月	汉
	戴金元	儿子	男	1980 年 12 月	汉
家庭大事	1987 年，自建房二层 4 间 116 平方米； 1989 年，造木船 1 条 5 吨； 2002 年，购买商品房 1 套 85 平方米； 2008 年，获动迁安置房 2 套 210 平方米； 2008 年，戴金元加入中国共产党； 2013 年，购买帕萨特汽车 1 辆； 2019 年，购买商品房 1 套 121 平方米。				

	姓名	与户主关系	性别	出生年月	民族
现有家庭人员	戴伟根	户主	男	1959 年 4 月	汉
	沈国英	妻子	女	1961 年 10 月	汉
	戴文浩	儿子	男	1982 年 9 月	汉
	戴昱同	孙子	男	2012 年 5 月	汉
	周煜宸	孙女	女	2016 年 11 月	汉
家庭大事	1987 年，自建房二层 4 间 116 平方米； 2004 年，购买商品房 1 套 130 平方米； 2008 年，获动迁安置房 2 套 210 平方米； 2012 年，购买丰田汉兰达汽车 1 辆； 2017 年，购买尼桑汽车 1 辆； 2019 年，购买商品房 1 套 168 平方米。				

现有家庭人员	姓名	与户主关系	性别	出生年月	民族
	戴凤根	户主	男	1947 年 1 月	汉
	沈明琴	妻子	女	1947 年 1 月	汉
家庭大事	1984 年，造木船 2 条，3 吨和 5 吨； 1987 年，自建房二层 4 间 124 平方米； 2008 年，获动迁安置房 1 套 80 平方米； 2015 年，获评昆山高新区“文明和谐家庭”。				

现有家庭人员	姓名	与户主关系	性别	出生年月	民族
	戴雪龙	户主	男	1969 年 4 月	汉
	赵利勤	妻子	女	1967 年 11 月	汉
	戴雪婷	女儿	女	1991 年 12 月	汉
家庭大事	1987 年，自建房二层 4 间 124 平方米； 2004 年，购买商品房 1 套 190 平方米； 2008 年，获动迁安置房 2 套 210 平方米； 2011 年，购买帕萨特汽车 1 辆； 2013 年，购买凯美瑞汽车 1 辆； 2018 年，购买商品房 1 套 122 平方米。				

现有家庭人员	姓名	与户主关系	性别	出生年月	民族
	徐小弟	户主	男	1950 年 12 月	汉
	王金英	妻子	女	1956 年 3 月	汉
家庭大事	1984 年，造木船 1 条 5 吨； 2008 年，获动迁安置房 1 套 80 平方米。				

<table>
<tr><td rowspan="4">现有
家庭人员</td><th>姓名</th><th>与户主关系</th><th>性别</th><th>出生年月</th><th>民族</th></tr>
<tr><td>戴可胜</td><td>户主</td><td>男</td><td>1973 年 11 月</td><td>汉</td></tr>
<tr><td>徐　彬</td><td>妻子</td><td>女</td><td>1979 年 8 月</td><td>汉</td></tr>
<tr><td>徐昕怡</td><td>女儿</td><td>女</td><td>2000 年 12 月</td><td>汉</td></tr>
<tr><td>家庭大事</td><td colspan="5">1987 年，自建房二层 4 间 107 平方米；
2002 年，购买商品房 1 套 100 平方米；
2008 年，获动迁安置房 2 套 210 平方米；
2009 年，购买途锐汽车 1 辆；
2012 年，购买商品房 1 套 230 平方米。</td></tr>
</table>

<table>
<tr><td rowspan="4">现有
家庭人员</td><th>姓名</th><th>与户主关系</th><th>性别</th><th>出生年月</th><th>民族</th></tr>
<tr><td>周永昌</td><td>户主</td><td>男</td><td>1974 年 6 月</td><td>汉</td></tr>
<tr><td>徐　萍</td><td>妻子</td><td>女</td><td>1977 年 6 月</td><td>汉</td></tr>
<tr><td>徐周靖依</td><td>女儿</td><td>女</td><td>2007 年 8 月</td><td>汉</td></tr>
<tr><td>家庭大事</td><td colspan="5">1987 年，自建房二层 4 间 110 平方米；
2002 年，购买商品房 1 套 100 平方米；
2008 年，获动迁安置房 2 套 210 平方米；
2012 年，购买雷克萨斯、奔驰汽车各 1 辆；
2012 年，购买商品房 1 套 150 平方米。</td></tr>
</table>

<table>
<tr><td rowspan="3">现有
家庭人员</td><th>姓名</th><th>与户主关系</th><th>性别</th><th>出生年月</th><th>民族</th></tr>
<tr><td>徐阿龙</td><td>户主</td><td>男</td><td>1962 年 5 月</td><td>汉</td></tr>
<tr><td>潘雪芳</td><td>妻子</td><td>女</td><td>1961 年 2 月</td><td>汉</td></tr>
<tr><td>家庭大事</td><td colspan="5">1987 年，自建房二层 6 间 194 平方米；
2008 年，获动迁安置房 1 套 90 平方米。</td></tr>
</table>

现有家庭人员	姓名	与户主关系	性别	出生年月	民族
	徐宏斌	户主	男	1985 年 10 月	汉
	徐诺懿	女儿	女	2009 年 1 月	汉
家庭大事	2008 年，获动迁安置房 1 套 120 平方米； 2018 年，购买宝马汽车 1 辆。				

现有家庭人员	姓名	与户主关系	性别	出生年月	民族
	徐明龙	户主	男	1964 年 9 月	汉
	赵永妹	妻子	女	1966 年 3 月	汉
	徐雅东	儿子	男	1987 年 7 月	汉
	徐　涛	儿子	男	1993 年 6 月	汉
	徐心云	孙女	女	2011 年 6 月	汉
家庭大事	1987 年，自建房二层 3 间 108 平方米； 2004 年，徐明龙加入中国共产党； 2007 年，购买飞度汽车 1 辆； 2008 年，获动迁安置房 2 套 210 平方米； 2012 年，徐明龙被昆山司法局评为昆山“百佳”人民调解员； 2013 年，徐雅东加入中国共产党； 2016 年，购买逍客汽车 1 辆； 2018 年，购买三菱汽车 1 辆； 2018 年，徐明龙获评昆山高新区党工委优秀共产党员。				

现有家庭人员	姓名	与户主关系	性别	出生年月	民族
	赵明龙	户主	男	1959 年 4 月	汉
	赵多兰	妻子	女	1961 年 12 月	汉
	赵　娟	女儿	女	1983 年 5 月	汉
	沈赵贤	孙子	男	2006 年 4 月	汉
家庭大事	1988 年，自建房二层 4 间 130 平方米； 2008 年，获动迁安置房 2 套 210 平方米。				

	姓名	与户主关系	性别	出生年月	民族
现有家庭人员	赵德华	户主	男	1971 年 2 月	汉
	吴林妹	妻子	女	1968 年 6 月	汉
	赵　莉	女儿	女	1993 年 8 月	汉
	赵凤勤	母亲	女	1940 年 3 月	汉
家庭大事	1987 年，自建房二层 4 间 117 平方米； 2008 年，获动迁安置房 3 套 290 平方米； 2016 年，购买商品房 1 套 157 平方米； 2019 年，购买朗逸汽车 1 辆。				

	姓名	与户主关系	性别	出生年月	民族
现有家庭人员	赵德龙	户主	男	1961 年 1 月	汉
	赵素英	妻子	女	1962 年 7 月	汉
	赵艳华	女儿	女	1984 年 8 月	汉
家庭大事	1987 年，自建房二层 4 间 116 平方米； 2008 年，获动迁安置房 2 套 210 平方米。				

	姓名	与户主关系	性别	出生年月	民族
现有家庭人员	赵明华	户主	男	1966 年 8 月	汉
	赵平英	妻子	女	1968 年 3 月	汉
	赵彩珍	女儿	女	1989 年 12 月	汉
	陈君宇	孙子	男	2014 年 11 月	汉
	赵君澜	孙子	男	2018 年 11 月	汉
家庭大事	1987 年，自建房二层 6 间 149 平方米； 2008 年，获动迁安置房 2 套 210 平方米； 2012 年，购买别克汽车 1 辆； 2015 年，购买雅阁汽车 1 辆； 2015 年，购买叉车 1 辆。				

<table>
<tr><td rowspan="3">现有家庭人员</td><th>姓名</th><th>与户主关系</th><th>性别</th><th>出生年月</th><th>民族</th></tr>
<tr><td>赵进龙</td><td>户主</td><td>男</td><td>1942 年 1 月</td><td>汉</td></tr>
<tr><td>徐罗勤</td><td>妻子</td><td>女</td><td>1942 年 10 月</td><td>汉</td></tr>
<tr><td>家庭大事</td><td colspan="5">2008 年，获动迁安置房 1 套 80 平方米。</td></tr>
</table>

<table>
<tr><td rowspan="4">现有家庭人员</td><th>姓名</th><th>与户主关系</th><th>性别</th><th>出生年月</th><th>民族</th></tr>
<tr><td>赵利华</td><td>户主</td><td>男</td><td>1968 年 12 月</td><td>汉</td></tr>
<tr><td>赵阿明</td><td>妻子</td><td>女</td><td>1970 年 2 月</td><td>汉</td></tr>
<tr><td>赵利娜</td><td>女儿</td><td>女</td><td>1991 年 11 月</td><td>汉</td></tr>
<tr><td>家庭大事</td><td colspan="5">1987 年，自建房二层 4 间 116 平方米；
2008 年，获动迁安置房 2 套 210 平方米。</td></tr>
</table>

<table>
<tr><td rowspan="4">现有家庭人员</td><th>姓名</th><th>与户主关系</th><th>性别</th><th>出生年月</th><th>民族</th></tr>
<tr><td>赵建良</td><td>户主</td><td>男</td><td>1974 年 8 月</td><td>汉</td></tr>
<tr><td>戴金花</td><td>妻子</td><td>女</td><td>1974 年 12 月</td><td>汉</td></tr>
<tr><td>赵伟峰</td><td>儿子</td><td>男</td><td>1997 年 9 月</td><td>汉</td></tr>
<tr><td>家庭大事</td><td colspan="5">1987 年，自建房二层 3 间 116 平方米；
2008 年，获动迁安置房 2 套 210 平方米；
2019 年，购买传祺汽车 1 辆。</td></tr>
</table>

<table>
<tr><td rowspan="3">现有家庭人员</td><th>姓名</th><th>与户主关系</th><th>性别</th><th>出生年月</th><th>民族</th></tr>
<tr><td>赵进良</td><td>户主</td><td>男</td><td>1946 年 8 月</td><td>汉</td></tr>
<tr><td>潘花宝</td><td>妻子</td><td>女</td><td>1951 年 4 月</td><td>汉</td></tr>
<tr><td>家庭大事</td><td colspan="5">1987 年，自建房二层 4 间 116 平方米；
1989 年，造木船 2 条 8 吨；
2008 年，获动迁安置房 1 套 80 平方米。</td></tr>
</table>

	姓名	与户主关系	性别	出生年月	民族
现有家庭人员	赵国华	户主	男	1970 年 5 月	汉
	赵国红	妻子	女	1968 年 9 月	汉
	赵力康	儿子	男	1993 年 2 月	汉
家庭大事	1988 年，自建房二层 4 间 128 平方米； 2008 年，获动迁安置房 2 套 210 平方米； 2015 年，购买昂科威汽车 1 辆； 2018 年，购买商品房 1 套 124 平方米。				

现有家庭人员	姓名	与户主关系	性别	出生年月	民族
	俞金花	户主	女	1975 年 7 月	汉
家庭大事	1987 年，自建房二层 4 间 114 平方米； 2008 年，获动迁安置房 2 套 210 平方米。				

	姓名	与户主关系	性别	出生年月	民族
现有家庭人员	赵国跃	户主	男	1972 年 7 月	汉
	赵凤花	妻子	女	1974 年 1 月	汉
	赵伟康	儿子	男	1995 年 9 月	汉
	赵文燕	儿媳	女	1995 年 11 月	汉
家庭大事	1988 年，自建房二层 4 间 128 平方米； 2008 年，获动迁安置房 2 套 210 平方米； 2017 年，购买雷诺汽车 1 辆； 2021 年，购买商品房 120 平方米。				

	姓名	与户主关系	性别	出生年月	民族
现有家庭人员	赵德元	户主	男	1947 年 5 月	汉
	赵家英	妻子	女	1946 年 5 月	汉
家庭大事	1982 年，造木船 3 条 13 吨； 2008 年，获动迁安置房 1 套 80 平方米。				

	姓名	与户主关系	性别	出生年月	民族
现有家庭人员	俞志元	户主	男	1953 年 2 月	汉
	沈国英	妻子	女	1957 年 12 月	汉
	俞小英	女儿	女	1982 年 5 月	汉
	顾正华	非亲	男	1982 年 9 月	汉
	顾瑾颜	外孙女	女	2010 年 5 月	汉
家庭大事	1987 年，自建房二层 3 间 108 平方米； 2006 年，购买商品房 1 套 80 平方米； 2008 年，获动迁安置房 2 套 210 平方米； 2015 年，购买 POLO 汽车 1 辆； 2015 年，购买商品房 1 套 63 平方米。				

	姓名	与户主关系	性别	出生年月	民族
现有家庭人员	褚　健	户主	男	1977 年 3 月	汉
	俞小芳	妻子	女	1979 年 10 月	汉
	俞抒乐	女儿	女	2003 年 7 月	汉
家庭大事	1987 年，自建房二层 3 间 104 平方米； 2000 年，购买桑塔纳出租车 1 辆； 2017 年，购买商品房 1 套 143 平方米。				

	姓名	与户主关系	性别	出生年月	民族
现有家庭人员	俞卫龙	户主	男	1964 年 5 月	汉
	赵根英	妻子	女	1965 年 11 月	汉
	俞庆云	女儿	女	1989 年 1 月	汉
家庭大事	1987 年，自建房二层 4 间 116 平方米； 2008 年，获动迁安置房 2 套 210 平方米。				

	姓名	与户主关系	性别	出生年月	民族
现有家庭人员	俞卫元	户主	男	1966 年 1 月	汉
	戴桂秀	妻子	女	1968 年 1 月	汉
	俞佳丰	儿子	男	1990 年 9 月	汉
	俞晨煜	孙子	男	2014 年 11 月	汉
家庭大事	1987 年，自建房二层 4 间 116 平方米； 2008 年，获动迁安置房 2 套 210 平方米； 2012 年，购买马自达汽车 1 辆。				

	姓名	与户主关系	性别	出生年月	民族
现有家庭人员	徐红弟	户主	男	1966 年 10 月	汉
	张福妹	妻子	女	1966 年 5 月	汉
	徐倍琪	女儿	女	1992 年 12 月	汉
	徐云妹	母亲	女	1930 年 10 月	汉
家庭大事	1987 年，自建房二层 6 间 194 平方米； 2005 年，购买商品 1 套 135 平方米； 2008 年，获动迁安置房 3 套 320 平方米； 2017 年，获评昆山高新区“文明和谐家庭”； 2018 年，购买宝马汽车 1 辆。				

	姓名	与户主关系	性别	出生年月	民族
现有家庭人员	赵国光	户主	男	1971 年 10 月	汉
	俞雪英	妻子	女	1969 年 1 月	汉
	赵如意	儿子	男	1994 年 6 月	汉
家庭大事	1987 年，自建房二层 4 间 113 平方米； 2008 年，获动迁安置房 2 套 210 平方米； 2017 年，购买福特汽车 1 辆。				

<table>
<tr><td rowspan="5">现有
家庭人员</td><th>姓名</th><th>与户主关系</th><th>性别</th><th>出生年月</th><th>民族</th></tr>
<tr><td>赵　勇</td><td>户主</td><td>男</td><td>1976 年 5 月</td><td>汉</td></tr>
<tr><td>潘丽娟</td><td>妻子</td><td>女</td><td>1979 年 6 月</td><td>汉</td></tr>
<tr><td>赵超意</td><td>儿子</td><td>男</td><td>2000 年 7 月</td><td>汉</td></tr>
<tr><td>徐小勤</td><td>母亲</td><td>女</td><td>1948 年 9 月</td><td>汉</td></tr>
<tr><td>家庭大事</td><td colspan="5">1987 年，自建房二层 4 间 113 平方米；
2008 年，获动迁安置房 3 套 290 平方米；
2009 年，购买斯柯达汽车 1 辆；
2018 年，购买商品房 1 套 122 平方米；
2020 年，购买雅阁汽车 1 辆。</td></tr>
</table>

<table>
<tr><td rowspan="6">现有
家庭人员</td><th>姓名</th><th>与户主关系</th><th>性别</th><th>出生年月</th><th>民族</th></tr>
<tr><td>赵平良</td><td>户主</td><td>男</td><td>1961 年 5 月</td><td>汉</td></tr>
<tr><td>赵永珍</td><td>妻子</td><td>女</td><td>1963 年 10 月</td><td>汉</td></tr>
<tr><td>赵罗成</td><td>儿子</td><td>男</td><td>1985 年 10 月</td><td>汉</td></tr>
<tr><td>顾益凡</td><td>孙子</td><td>男</td><td>2009 年 10 月</td><td>汉</td></tr>
<tr><td>赵译琛</td><td>孙子</td><td>男</td><td>2013 年 2 月</td><td>汉</td></tr>
<tr><td>家庭大事</td><td colspan="5">1988 年，自建房二层 7 间 194 平方米；
2008 年，获动迁安置房 2 套 210 平方米；
2009 年，购买别克汽车 1 辆；
2016 年，购买商品房 1 套 100 平方米；
2010 年，获评昆山高新区“文明和谐家庭”；
2018 年，购买凯迪拉克汽车 1 辆。</td></tr>
</table>

	姓名	与户主关系	性别	出生年月	民族
现有家庭人员	赵平国	户主	男	1972 年 7 月	汉
	潘静珍	妻子	女	1974 年 5 月	汉
	赵思宇	儿子	男	1995 年 11 月	汉
家庭大事	2008 年，获动迁安置房 2 套 210 平方米； 2006 年，赵平国被昆山市见义勇为基金会授予“见义勇为奖”； 2007 年，赵平国被昆山市见义勇为基金会授予“见义勇为奖”； 2017 年，购买马自达汽车 1 辆。				

	姓名	与户主关系	性别	出生年月	民族
现有家庭人员	赵夫生	户主	男	1938 年 3 月	汉
	赵爱妹	妻子	女	1938 年 3 月	汉
家庭大事	2008 年，获动迁安置房 1 套 80 平方米。				

	姓名	与户主关系	性别	出生年月	民族
现有家庭人员	戴银凤	户主	女	1956 年 11 月	汉
	沈建洁	女儿	女	1986 年 12 月	汉
家庭大事	1987 年，自建房二层 6 间 214 平方米； 2008 年，获动迁安置房 2 套 210 平方米。				

	姓名	与户主关系	性别	出生年月	民族
现有家庭人员	沈建平	户主	男	1981 年 11 月	汉
	蒋莉莉	妻子	女	1981 年 9 月	汉
	沈馨桐	女儿	女	2007 年 6 月	汉
家庭大事	2004 年，购买商品房 1 套 120 平方米； 2008 年，获动迁安置房 2 套 210 平方米； 2018 年，购买商品房 1 套 170 平方米； 2020 年，购买商品房 1 套 276 平方米； 2020 年，购买奔驰汽车 1 辆。				

<table>
<tr><td rowspan="4">现有
家庭人员</td><td>姓名</td><td>与户主关系</td><td>性别</td><td>出生年月</td><td>民族</td></tr>
<tr><td>赵福龙</td><td>户主</td><td>男</td><td>1972 年 4 月</td><td>汉</td></tr>
<tr><td>俞玉花</td><td>妻子</td><td>女</td><td>1973 年 12 月</td><td>汉</td></tr>
<tr><td>俞立峰</td><td>儿子</td><td>男</td><td>1996 年 9 月</td><td>汉</td></tr>
<tr><td>家庭大事</td><td colspan="5">1987 年，自建房二层 4 间 116 平方米；
2008 年，获动迁安置房 2 套 210 平方米；
2020 年，购买福特汽车 1 辆。</td></tr>
</table>

<table>
<tr><td rowspan="4">现有
家庭人员</td><td>姓名</td><td>与户主关系</td><td>性别</td><td>出生年月</td><td>民族</td></tr>
<tr><td>赵唯龙</td><td>户主</td><td>男</td><td>1962 年 7 月</td><td>汉</td></tr>
<tr><td>徐五芳</td><td>妻子</td><td>女</td><td>1964 年 4 月</td><td>汉</td></tr>
<tr><td>赵四妹</td><td>母亲</td><td>女</td><td>1921 年 4 月</td><td>汉</td></tr>
<tr><td>家庭大事</td><td colspan="5">1987 年，自建房二层 3 间 108 平方米；
2005 年，购买商品房 1 套 139 平方米；
2008 年，获动迁安置房 2 套 210 平方米；
2016 年，购买荣威汽车 1 辆。</td></tr>
</table>

<table>
<tr><td rowspan="5">现有
家庭人员</td><td>姓名</td><td>与户主关系</td><td>性别</td><td>出生年月</td><td>民族</td></tr>
<tr><td>赵　奇</td><td>户主</td><td>男</td><td>1987 年 6 月</td><td>汉</td></tr>
<tr><td>张文婷</td><td>妻子</td><td>女</td><td>1986 年 5 月</td><td>汉</td></tr>
<tr><td>赵若茗</td><td>女儿</td><td>女</td><td>2013 年 10 月</td><td>汉</td></tr>
<tr><td>赵诺芸</td><td>女儿</td><td>女</td><td>2018 年 9 月</td><td>汉</td></tr>
<tr><td>家庭大事</td><td colspan="5">2009 年，赵奇加入中国共产党；
2014 年，购买菲亚特汽车 1 辆；
2019 年，购买领克汽车 1 辆；
2020 年，购买商品房 1 套 120 平方米。</td></tr>
</table>

<table>
<tr><td rowspan="6">现有
家庭人员</td><th>姓名</th><th>与户主关系</th><th>性别</th><th>出生年月</th><th>民族</th></tr>
<tr><td>俞小龙</td><td>户主</td><td>男</td><td>1961 年 11 月</td><td>汉</td></tr>
<tr><td>赵凤珍</td><td>妻子</td><td>女</td><td>1959 年 6 月</td><td>汉</td></tr>
<tr><td>俞文荣</td><td>儿子</td><td>男</td><td>1984 年 11 月</td><td>汉</td></tr>
<tr><td>李俊洋</td><td>儿媳</td><td>女</td><td>1986 年 7 月</td><td>汉</td></tr>
<tr><td>俞梦洁</td><td>孙女</td><td>女</td><td>2008 年 10 月</td><td>汉</td></tr>
<tr><td>家庭大事</td><td colspan="5">1984 年，造木船 1 条 5 吨；
1987 年，自建房二层 4 间 108 平方米；
2008 年，获动迁安置房 2 套 210 平方米；
2017 年，购买尼桑逍客汽车 1 辆。</td></tr>
</table>

<table>
<tr><td rowspan="6">现有
家庭人员</td><th>姓名</th><th>与户主关系</th><th>性别</th><th>出生年月</th><th>民族</th></tr>
<tr><td>赵卫东</td><td>户主</td><td>男</td><td>1968 年 1 月</td><td>汉</td></tr>
<tr><td>俞冬红</td><td>妻子</td><td>女</td><td>1969 年 5 月</td><td>汉</td></tr>
<tr><td>赵纳铎</td><td>儿子</td><td>男</td><td>1990 年 8 月</td><td>汉</td></tr>
<tr><td>赵熙蕾</td><td>孙女</td><td>女</td><td>2015 年 11 月</td><td>汉</td></tr>
<tr><td>赵熙羽</td><td>孙子</td><td>男</td><td>2018 年 7 月</td><td>汉</td></tr>
<tr><td>家庭大事</td><td colspan="5">1987 年，自建房二层 4 间 105 平方米；
2008 年，获动迁安置房 2 套 210 平方米；
2011 年，购买 POLO 汽车 1 辆；
2017 年，购买凯迪拉克汽车 1 辆；
2019 年，购买商品房 1 套 66 平方米。</td></tr>
</table>

<table>
<tr><td rowspan="3">现有
家庭人员</td><th>姓名</th><th>与户主关系</th><th>性别</th><th>出生年月</th><th>民族</th></tr>
<tr><td>赵金弟</td><td>户主</td><td>男</td><td>1940 年 4 月</td><td>汉</td></tr>
<tr><td>赵罗勤</td><td>妻子</td><td>女</td><td>1946 年 6 月</td><td>汉</td></tr>
<tr><td>家庭大事</td><td colspan="5">2008 年，获动迁安置房 1 套 80 平方米。</td></tr>
</table>

	姓名	与户主关系	性别	出生年月	民族
现有家庭人员	顾锡良	户主	男	1978 年 5 月	汉
	俞凤珠	妻子	女	1978 年 8 月	汉
	顾俞凡	儿子	男	2002 年 12 月	汉
家庭大事	2008 年，获动迁安置房 2 套 210 平方米； 2015 年，购买朗逸汽车 1 辆。				

	姓名	与户主关系	性别	出生年月	民族
现有家庭人员	俞桃元	户主	男	1941 年 9 月	汉
	王纪英	妻子	女	1955 年 9 月	汉
家庭大事	1987 年，自建房二层 3 间 106 平方米； 2008 年，获动迁安置房 1 套 80 平方米。				

	姓名	与户主关系	性别	出生年月	民族
现有家庭人员	徐阿根	户主	男	1952 年 7 月	汉
	俞三妹	妻子	女	1955 年 4 月	汉
家庭大事	1996 年，造木船 1 条 12 吨； 2002 年，购铁船 1 条 40 吨； 2004 年，购铁船 2 条 48 吨； 2008 年，获动迁安置房 1 套 80 平方米。				

	姓名	与户主关系	性别	出生年月	民族
现有家庭人员	徐建良	户主	男	1978 年 11 月	汉
	朱琴芳	妻子	女	1979 年 9 月	汉
	徐殷杰	儿子	男	2001 年 7 月	汉
家庭大事	1987 年，自建房二层 4 间 121 平方米； 2008 年，获动迁安置房 2 套 210 平方米； 2010 年，购买本田汽车 1 辆； 2014 年，购买商品房 1 套 190 平方米； 2020 年，购买宝马汽车 1 辆。				

	姓名	与户主关系	性别	出生年月	民族
现有家庭人员	徐建华	户主	男	1981 年 9 月	汉
	支雪芬	妻子	女	1981 年 12 月	汉
	徐支杰	儿子	男	2005 年 6 月	汉
家庭大事	1987 年，自建房二层 4 间 121 平方米； 2002 年，购买商品房 1 套 95 平方米； 2004 年，购买北京现代汽车 1 辆； 2008 年，获动迁安置房 2 套 210 平方米； 2015 年，购买商品房 2 套 257 平方米； 2017 年，购买宝马汽车 1 辆； 2020 年，购买沃尔沃汽车 1 辆。				

	姓名	与户主关系	性别	出生年月	民族
现有家庭人员	潘利明	户主	男	1963 年 6 月	汉
	赵惠萍	妻子	女	1964 年 7 月	汉
	潘秋红	女儿	女	1986 年 12 月	汉
	潘悦涵	外孙女	女	2009 年 1 月	汉
	潘梦瑶	外孙女	女	2015 年 10 月	汉
家庭大事	1988 年，自建房二层 4 间 114 平方米； 2008 年，获动迁安置房 2 套 210 平方米； 2009 年，购买比亚迪汽车 1 辆； 2014 年，获评昆山高新区“文明和谐家庭”。				

	姓名	与户主关系	性别	出生年月	民族
现有家庭人员	潘志明	户主	男	1968 年 11 月	汉
	徐红金	妻子	女	1969 年 8 月	汉
	潘春弟	儿子	男	1994 年 3 月	汉
家庭大事	1988 年，自建房二层 4 间 114 平方米； 2008 年，获动迁安置房 2 套 210 平方米； 2017 年，购买荣威汽车 1 辆。				

	姓名	与户主关系	性别	出生年月	民族
现有家庭人员	潘寻龙	户主	男	1969 年 12 月	汉
	赵卫珍	妻子	女	1970 年 3 月	汉
	潘文迪	儿子	男	1992 年 5 月	汉
	殷祥珍	母亲	女	1950 年 1 月	汉
家庭大事	1988 年，自建房二层 8 间 230 平方米； 1989 年，造木船 1 条 3 吨； 2008 年，获动迁安置房 3 套 290 平方米； 2015 年，购买马自达汽车 1 辆； 2019 年，购买宝马汽车 1 辆； 2019 年，购买商品房 1 套 140 平方米。				

	姓名	与户主关系	性别	出生年月	民族
现有家庭人员	赵明龙	户主	男	1965 年 1 月	汉
	赵明琪	妻子	女	1965 年 11 月	汉
	赵文华	儿子	男	1987 年 10 月	汉
	赵致远	孙子	男	2010 年 7 月	汉
	赵林姐	母亲	女	1934 年 3 月	汉
家庭大事	1987 年，自建房二层 4 间 117 平方米； 2008 年，获动迁安置房 3 套 290 平方米； 2014 年，购买长安汽车 1 辆。				

<table>
<tr><td rowspan="6">现有
家庭人员</td><td>姓名</td><td>与户主关系</td><td>性别</td><td>出生年月</td><td>民族</td></tr>
<tr><td>赵建龙</td><td>户主</td><td>男</td><td>1968 年 10 月</td><td>汉</td></tr>
<tr><td>戴雪花</td><td>妻子</td><td>女</td><td>1971 年 2 月</td><td>汉</td></tr>
<tr><td>赵亚娜</td><td>女儿</td><td>女</td><td>1991 年 7 月</td><td>汉</td></tr>
<tr><td>费姝岑</td><td>孙女</td><td>女</td><td>2017 年 8 月</td><td>汉</td></tr>
<tr><td>赵菊英</td><td>母亲</td><td>女</td><td>1938 年 7 月</td><td>汉</td></tr>
<tr><td>家庭大事</td><td colspan="5">1988 年，自建房二层 4 间 130 平方米；
2008 年，获动迁安置房 3 套 290 平方米；
2014 年，购买菲亚特汽车 1 辆；
2014 年，赵亚娜加入中国共产党；
2015 年，赵亚娜获评昆山市教育局“优秀班主任”；
2018 年，购买马自达汽车 1 辆；
2019 年，购买商品房 1 套 122 平方米；
2020 年，获评昆山高新区“文明和谐家庭”及“最美家庭”。</td></tr>
</table>

<table>
<tr><td rowspan="6">现有
家庭人员</td><td>姓名</td><td>与户主关系</td><td>性别</td><td>出生年月</td><td>民族</td></tr>
<tr><td>戴振龙</td><td>户主</td><td>男</td><td>1964 年 1 月</td><td>汉</td></tr>
<tr><td>赵明珍</td><td>妻子</td><td>女</td><td>1963 年 6 月</td><td>汉</td></tr>
<tr><td>戴晨寅</td><td>儿子</td><td>男</td><td>1986 年 12 月</td><td>汉</td></tr>
<tr><td>戴潘皓</td><td>孙子</td><td>男</td><td>2011 年 8 月</td><td>汉</td></tr>
<tr><td>潘梦琪</td><td>孙女</td><td>女</td><td>2016 年 6 月</td><td>汉</td></tr>
<tr><td>家庭大事</td><td colspan="5">1989 年，自建房二层 4 间 128 平方米；
2008 年，获动迁安置房 2 套 210 平方米；
2009 年，购买长安汽车 1 辆；
2009 年，戴晨寅加入中国共产党；
2013 年，获评昆山高新区“文明和谐家庭”；
2015 年，购买商品房 1 套 95 平方米；
2015 年，购买迈腾汽车 1 辆。</td></tr>
</table>

<table>
<tr><td rowspan="5">现有
家庭人员</td><td>姓名</td><td>与户主关系</td><td>性别</td><td>出生年月</td><td>民族</td></tr>
<tr><td>戴正良</td><td>户主</td><td>男</td><td>1967 年 4 月</td><td>汉</td></tr>
<tr><td>沈兰花</td><td>妻子</td><td>女</td><td>1967 年 2 月</td><td>汉</td></tr>
<tr><td>戴永健</td><td>儿子</td><td>男</td><td>1989 年 9 月</td><td>汉</td></tr>
<tr><td>戴佳俊</td><td>孙子</td><td>男</td><td>2018 年 12 月</td><td>汉</td></tr>
<tr><td>家庭大事</td><td colspan="5">1989 年，自建房二层 4 间 128 平方米；
2008 年，获动迁安置房 2 套 210 平方米；
2015 年，购买哈佛汽车 1 辆。</td></tr>
</table>

<table>
<tr><td rowspan="3">现有
家庭人员</td><td>姓名</td><td>与户主关系</td><td>性别</td><td>出生年月</td><td>民族</td></tr>
<tr><td>戴仕明</td><td>户主</td><td>男</td><td>1936 年 4 月</td><td>汉</td></tr>
<tr><td>戴雪英</td><td>妻子</td><td>女</td><td>1936 年 5 月</td><td>汉</td></tr>
<tr><td>家庭大事</td><td colspan="5">2008 年，获动迁安置房 1 套 80 平方米。</td></tr>
</table>

<table>
<tr><td rowspan="4">现有
家庭人员</td><td>姓名</td><td>与户主关系</td><td>性别</td><td>出生年月</td><td>民族</td></tr>
<tr><td>沈永男</td><td>户主</td><td>男</td><td>1950 年 2 月</td><td>汉</td></tr>
<tr><td>戴龙英</td><td>妻子</td><td>女</td><td>1966 年 2 月</td><td>汉</td></tr>
<tr><td>沈华伟</td><td>儿子</td><td>男</td><td>1987 年 3 月</td><td>汉</td></tr>
<tr><td>家庭大事</td><td colspan="5">1991 年，自建房二层 4 间 118 平方米；
2007 年，购买铃木汽车 1 辆；
2008 年，获动迁安置房 2 套 210 平方米。</td></tr>
</table>

现有家庭人员	姓名	与户主关系	性别	出生年月	民族
	俞玉明	户主	男	1964 年 12 月	汉
	颜素兰	妻子	女	1963 年 6 月	汉
	俞　青	女儿	女	1987 年 10 月	汉
家庭大事	1991 年，自建房二层 3 间 124 平方米； 2008 年，获动迁安置房 3 套 290 平方米； 2009 年，俞玉明被昆山市政府春运办评为“春运工作先进个人”； 2011 年，俞玉明获昆山市公安局辅警大队嘉奖； 2015 年，俞玉明在昆山市公安局辅警大队警辅工作中被记功。				

现有家庭人员	姓名	与户主关系	性别	出生年月	民族
	赵阿桃	户主	女	1950 年 3 月	汉
	潘志英	女儿	女	1976 年 3 月	汉
	陈增爵	外孙	男	1999 年 7 月	汉
家庭大事	2008 年，获动迁安置房 2 套 170 平方米。				

现有家庭人员	姓名	与户主关系	性别	出生年月	民族
	赵静琴	户主	女	1958 年 3 月	汉
	赵志芳	女儿	女	1983 年 6 月	汉
家庭大事	1987 年，自建房二层 4 间 113 平方米； 2008 年，获动迁安置房 2 套 210 平方米。				

现有家庭人员	姓名	与户主关系	性别	出生年月	民族
	赵岳明	户主	男	1951 年 5 月	汉
	赵永勤	妻子	女	1952 年 3 月	汉
家庭大事	1985 年，造木船 1 条 5 吨； 1987 年，自建房二层 4 间 115 平方米； 2008 年，获动迁安置房 1 套 90 平方米。				

	姓名	与户主关系	性别	出生年月	民族
现有家庭人员	赵　伟	户主	男	1982 年 3 月	汉
	沈天乐	儿子	男	2005 年 3 月	汉
家庭大事	2008 年，获动迁安置房 1 套 120 平方米。				

	姓名	与户主关系	性别	出生年月	民族
现有家庭人员	赵　军	户主	男	1977 年 11 月	汉
	顾小纪	妻子	女	1976 年 7 月	汉
	赵夏鹃	女儿	女	2000 年 7 月	汉
家庭大事	1987 年，自建房二层 4 间 115 平方米； 2007 年，赵军被昆山市见义勇为基金会授予“见义勇为奖”； 2008 年，赵军被昆山市见义勇为基金会授予“见义勇为奖”； 2008 年，获动迁安置房 2 套 210 平方米； 2017 年，购买尼桑汽车 1 辆。				

	姓名	与户主关系	性别	出生年月	民族
现有家庭人员	俞雪忠	户主	男	1967 年 4 月	汉
	潘利勤	妻子	女	1966 年 8 月	汉
	俞　凤	女儿	女	1989 年 11 月	汉
	俞昊研	外孙	男	2015 年 5 月	汉
家庭大事	1987 年，自建房二层 4 间 115 平方米； 2008 年，获动迁安置房 2 套 210 平方米。				

<table>
<tr><td rowspan="5">现有
家庭人员</td><th>姓名</th><th>与户主关系</th><th>性别</th><th>出生年月</th><th>民族</th></tr>
<tr><td>俞雪明</td><td>户主</td><td>男</td><td>1970 年 12 月</td><td>汉</td></tr>
<tr><td>潘丽英</td><td>妻子</td><td>女</td><td>1969 年 12 月</td><td>汉</td></tr>
<tr><td>俞佳清</td><td>儿子</td><td>男</td><td>1993 年 9 月</td><td>汉</td></tr>
<tr><td>赵亚英</td><td>母亲</td><td>女</td><td>1940 年 5 月</td><td>汉</td></tr>
<tr><td>家庭大事</td><td colspan="5">1987 年，自建房二层 4 间 115 平方米；
2008 年，获动迁安置房 3 套 290 平方米；
2015 年，购买朗行汽车 1 辆；
2019 年，购买商品房 1 套 58 平方米。</td></tr>
</table>

<table>
<tr><td rowspan="3">现有
家庭人员</td><th>姓名</th><th>与户主关系</th><th>性别</th><th>出生年月</th><th>民族</th></tr>
<tr><td>赵　刚</td><td>户主</td><td>男</td><td>1974 年 10 月</td><td>汉</td></tr>
<tr><td>赵　磊</td><td>儿子</td><td>男</td><td>1998 年 9 月</td><td>汉</td></tr>
<tr><td>家庭大事</td><td colspan="5">1987 年，自建房二层 4 间 124 平方米；
2001 年，购买桑塔纳出租汽车 1 辆；
2006 年，购买商品房 1 套 127 平方米；
2008 年，获动迁安置房 2 套 210 平方米；
2016 年，购买凯美瑞汽车 1 辆。</td></tr>
</table>

<table>
<tr><td rowspan="4">现有
家庭人员</td><th>姓名</th><th>与户主关系</th><th>性别</th><th>出生年月</th><th>民族</th></tr>
<tr><td>赵　斌</td><td>户主</td><td>男</td><td>1977 年 11 月</td><td>汉</td></tr>
<tr><td>王　平</td><td>妻子</td><td>女</td><td>1979 年 12 月</td><td>汉</td></tr>
<tr><td>赵郑言</td><td>儿子</td><td>男</td><td>2007 年 12 月</td><td>汉</td></tr>
<tr><td>家庭大事</td><td colspan="5">2008 年，获动迁安置房 2 套 210 平方米；
2016 年，购买速腾汽车 1 辆；
2020 年，购买商品房 1 套 123 平方米。</td></tr>
</table>

	姓名	与户主关系	性别	出生年月	民族
现有家庭人员	赵兴德	户主	男	1951 年 5 月	汉
	赵明英	妻子	女	1953 年 1 月	汉
家庭大事	1983 年，造木船 1 条 5 吨； 1987 年，自建房二层 3 间 83 平方米； 2008 年，获动迁安置房 1 套 80 平方米； 2014 年，获评昆山高新区“文明和谐家庭”。				

	姓名	与户主关系	性别	出生年月	民族
现有家庭人员	沈玉龙	户主	男	1967 年 4 月	汉
	俞明珍	妻子	女	1967 年 3 月	汉
	沈　俊	儿子	男	1990 年 3 月	汉
	沈金妹	母亲	女	1943 年 7 月	汉
家庭大事	1990 年，自建房二层 4 间 134 平方米； 2008 年，获动迁安置房 3 套 290 平方米； 2008 年，沈玉龙被昆山市公安局治安大队评为“十佳治安辅助班队长”； 2009 年，沈玉龙被昆山市见义勇为基金会授予“见义勇为奖”； 2013 年，购买斯柯达汽车 1 辆。				

	姓名	与户主关系	性别	出生年月	民族
现有家庭人员	潘寻国	户主	男	1972 年 2 月	汉
	赵梅花	妻子	女	1975 年 2 月	汉
	赵银龙	岳父	男	1948 年 1 月	汉
家庭大事	1990 年，自建房二层 4 间 131 平方米； 1992 年，造木船 1 条 3 吨； 2008 年，获动迁安置房 3 套 290 平方米； 2017 年，购买东风本田汽车 1 辆。				

<table>
<tr><td rowspan="5">现有
家庭人员</td><td>姓名</td><td>与户主关系</td><td>性别</td><td>出生年月</td><td>民族</td></tr>
<tr><td>赵杏元</td><td>户主</td><td>男</td><td>1956 年 4 月</td><td>汉</td></tr>
<tr><td>杨成兰</td><td>妻子</td><td>女</td><td>1956 年 12 月</td><td>汉</td></tr>
<tr><td>赵　静</td><td>女儿</td><td>女</td><td>1982 年 12 月</td><td>汉</td></tr>
<tr><td>赵欣怡</td><td>孙女</td><td>女</td><td>2004 年 12 月</td><td>汉</td></tr>
<tr><td>家庭大事</td><td colspan="5">1989 年，自建房二层 4 间 130 平方米；
1990 年，购买船 1 条 18 吨；
2000 年，购买铁船 2 条 50 吨；
2004 年，购买商品房 1 套 129 平方米；
2008 年，获动迁安置房 3 套 290 平方米；
2019 年，购买高尔夫汽车 1 辆；
2020 年，购买商品房 1 套 79 平方米。</td></tr>
</table>

<table>
<tr><td rowspan="3">现有
家庭人员</td><td>姓名</td><td>与户主关系</td><td>性别</td><td>出生年月</td><td>民族</td></tr>
<tr><td>赵明元</td><td>户主</td><td>男</td><td>1959 年 5 月</td><td>汉</td></tr>
<tr><td>沈花英</td><td>妻子</td><td>女</td><td>1961 年 2 月</td><td>汉</td></tr>
<tr><td>家庭大事</td><td colspan="5">1989 年，自建房二层 4 间 120 平方米；
2008 年，获动迁安置房 1 套 80 平方米。</td></tr>
</table>

<table>
<tr><td rowspan="4">现有
家庭人员</td><td>姓名</td><td>与户主关系</td><td>性别</td><td>出生年月</td><td>民族</td></tr>
<tr><td>赵林华</td><td>户主</td><td>男</td><td>1982 年 12 月</td><td>汉</td></tr>
<tr><td>刘长玲</td><td>妻子</td><td>女</td><td>1983 年 3 月</td><td>汉</td></tr>
<tr><td>赵辰溪</td><td>女儿</td><td>女</td><td>2005 年 11 月</td><td>汉</td></tr>
<tr><td>家庭大事</td><td colspan="5">2008 年，获动迁安置房 2 套 210 平方米；
2017 年，购买福特汽车 1 辆；
2019 年，刘长玲加入中国共产党。</td></tr>
</table>

<table>
<tr><td rowspan="5">现有
家庭人员</td><th>姓名</th><th>与户主关系</th><th>性别</th><th>出生年月</th><th>民族</th></tr>
<tr><td>俞冬林</td><td>户主</td><td>男</td><td>1938 年 11 月</td><td>汉</td></tr>
<tr><td>周罗仙</td><td>妻子</td><td>女</td><td>1947 年 10 月</td><td>汉</td></tr>
<tr><td>俞建国</td><td>儿子</td><td>男</td><td>1975 年 12 月</td><td>汉</td></tr>
<tr><td>赵　玲</td><td>儿媳</td><td>女</td><td>1993 年 2 月</td><td>汉</td></tr>
<tr><td>家庭大事</td><td colspan="5">1990 年，自建房一层 3 间 72 平方米；
2008 年，获动迁安置房 2 套 210 平方米。</td></tr>
</table>

<table>
<tr><td rowspan="5">现有
家庭人员</td><th>姓名</th><th>与户主关系</th><th>性别</th><th>出生年月</th><th>民族</th></tr>
<tr><td>赵福良</td><td>户主</td><td>男</td><td>1969 年 5 月</td><td>汉</td></tr>
<tr><td>赵红英</td><td>妻子</td><td>女</td><td>1966 年 8 月</td><td>汉</td></tr>
<tr><td>赵芳佳</td><td>女儿</td><td>女</td><td>1992 年 3 月</td><td>汉</td></tr>
<tr><td>徐雪妹</td><td>母亲</td><td>女</td><td>1933 年 6 月</td><td>汉</td></tr>
<tr><td>家庭大事</td><td colspan="5">2008 年，获动迁安置房 2 套 210 平方米；
2014 年，购买桑塔纳汽车 1 辆；
2017 年，购买商品房 1 套 145 平；
2019 年，购买斯柯达汽车 1 辆；
2021 年，购买商品房 1 套 118 平方米。</td></tr>
</table>

<table>
<tr><td rowspan="4">现有
家庭人员</td><th>姓名</th><th>与户主关系</th><th>性别</th><th>出生年月</th><th>民族</th></tr>
<tr><td>徐惠龙</td><td>户主</td><td>男</td><td>1971 年 3 月</td><td>汉</td></tr>
<tr><td>陆志珍</td><td>非亲</td><td>女</td><td>1975 年 6 月</td><td>汉</td></tr>
<tr><td>陆晓雯</td><td>女儿</td><td>女</td><td>1997 年 1 月</td><td>汉</td></tr>
<tr><td>家庭大事</td><td colspan="5">2008 年，获动迁安置房 2 套 210 平方米；
2016 年，购买荣威汽车 1 辆。</td></tr>
</table>

	姓名	与户主关系	性别	出生年月	民族
现有家庭人员	潘志龙	户主	男	1973 年 12 月	汉
	赵　红	妻子	女	1978 年 10 月	汉
	潘　萍	女儿	女	1999 年 6 月	汉
	潘赵文杰	儿子	男	2006 年 3 月	汉
家庭大事	1987 年，自建房二层 4 间 113 平方米； 2008 年，获动迁安置房 2 套 210 平方米； 2018 年，购买商品房 1 套 75 平方米； 2021 年，购买丰田汽车 1 辆。				

	姓名	与户主关系	性别	出生年月	民族
现有家庭人员	俞玉青	户主	男	1971 年 1 月	汉
	赵兰琴	妻子	女	1968 年 1 月	汉
	俞献文	女儿	女	1993 年 8 月	汉
家庭大事	2008 年，获动迁安置房 2 套 210 平方米； 2018 年，购买本田汽车 1 辆。				

南渔村第 3 村民小组

<table>
<tr><td rowspan="3">现有家庭人员</td><th>姓名</th><th>与户主关系</th><th>性别</th><th>出生年月</th><th>民族</th></tr>
<tr><td>徐生泉</td><td>户主</td><td>男</td><td>1952 年 12 月</td><td>汉</td></tr>
<tr><td>褚小妹</td><td>妻子</td><td>女</td><td>1958 年 11 月</td><td>汉</td></tr>
<tr><td>家庭大事</td><td colspan="5">1984 年，造木船 1 条 8 吨；
1990 年，建楼房二层 7 间 133 平方米；
2019 年，获动迁安置房 1 套 91 平方米。</td></tr>
</table>

<table>
<tr><td rowspan="5">现有家庭人员</td><th>姓名</th><th>与户主关系</th><th>性别</th><th>出生年月</th><th>民族</th></tr>
<tr><td>徐　敏</td><td>户主</td><td>男</td><td>1979 年 1 月</td><td>汉</td></tr>
<tr><td>涂俊姬</td><td>妻子</td><td>女</td><td>1976 年 8 月</td><td>汉</td></tr>
<tr><td>徐凯峰</td><td>儿子</td><td>男</td><td>2003 年 1 月</td><td>汉</td></tr>
<tr><td>徐凯昕</td><td>女儿</td><td>女</td><td>2013 年 4 月</td><td>汉</td></tr>
<tr><td>家庭大事</td><td colspan="5">1996 年，徐敏被昆山市见义勇为基金会授予“见义勇为奖”；
2019 年，获动迁安置房 2 套 223 平方米；
2021 年，购买速腾汽车 1 辆。</td></tr>
</table>

<table>
<tr><td rowspan="6">现有家庭人员</td><th>姓名</th><th>与户主关系</th><th>性别</th><th>出生年月</th><th>民族</th></tr>
<tr><td>徐永林</td><td>户主</td><td>男</td><td>1965 年 10 月</td><td>汉</td></tr>
<tr><td>俞三妹</td><td>妻子</td><td>女</td><td>1964 年 2 月</td><td>汉</td></tr>
<tr><td>徐　强</td><td>儿子</td><td>男</td><td>1989 年 7 月</td><td>汉</td></tr>
<tr><td>徐恒芳</td><td>儿媳</td><td>女</td><td>1987 年 1 月</td><td>汉</td></tr>
<tr><td>徐梓浩</td><td>孙子</td><td>男</td><td>2011 年 6 月</td><td>汉</td></tr>
<tr><td>家庭大事</td><td colspan="5">1988 年，造木船 1 条 1 吨；
1990 年，建楼房二层 7 间 133 平方米；
2012 年，获动迁安置房 3 套 306 平方米；
2014 年，购买斯柯达汽车 1 辆。</td></tr>
</table>

现有家庭人员	姓名	与户主关系	性别	出生年月	民族
	俞青生	户主	男	1959 年 2 月	汉
	陆冬妹	妻子	女	1960 年 4 月	汉
家庭大事	1980 年，造木船 1 条 2 吨； 1990 年，建楼房二层 8 间 181 平方米； 1996 年，陆冬妹被评为玉山镇“优秀计划生育宣传员”； 2012 年，获动迁安置房 1 套 80 平方米。				

现有家庭人员	姓名	与户主关系	性别	出生年月	民族
	俞春花	户主	女	1982 年 1 月	汉
	唐冬林	丈夫	男	1979 年 1 月	汉
	俞唐泽昊	儿子	男	2010 年 5 月	汉
	俞颖菲	女儿	女	2003 年 9 月	汉
家庭大事	2004 年，购买北京现代汽车 1 辆； 2012 年，获动迁安置房 2 套 220 平方米； 2018 年，唐冬林荣获“收赞达人”称号； 2020 年，俞颖菲在中学生英语测评中荣获高中二年级全国二等奖； 2021 年，购买北京现代汽车 1 辆。				

现有家庭人员	姓名	与户主关系	性别	出生年月	民族
	俞杏龙	户主	男	1939 年 9 月	汉
	俞杏妹	妻子	女	1941 年 8 月	汉
家庭大事	1960 年，造木船 1 条 2 吨。				

	姓名	与户主关系	性别	出生年月	民族
现有家庭人员	俞青根	户主	男	1965 年 2 月	汉
	周林妹	非亲	女	1970 年 10 月	汉
	俞　勤	女儿	女	1991 年 7 月	汉
	俞梦琪	孙子	男	2013 年 11 月	汉
家庭大事	1986 年，造木船 1 条 1 吨； 1990 年，建楼房二层 7 间 161 平方米； 2012 年，获动迁安置房 2 套 220 平方米。				

	姓名	与户主关系	性别	出生年月	民族
现有家庭人员	殷菊林	户主	男	1956 年 3 月	汉
	沈银花	妻子	女	1959 年 3 月	汉
家庭大事	1980 年，造木船 1 条 2 吨； 1990 年，建楼房二层 7 间 158 平方米； 2017 年，获动迁安置房 1 套 80 平方米。				

	姓名	与户主关系	性别	出生年月	民族
现有家庭人员	殷舟戟	户主	男	1981 年 6 月	汉
	杨吉花	妻子	女	1981 年 10 月	汉
	殷飞扬	儿子	男	2005 年 1 月	汉
	杨子昂	儿子	男	2010 年 9 月	汉
家庭大事	2017 年，购买长安汽车 1 辆； 2019 年，获动迁安置房 2 套 220 平方米。				

	姓名	与户主关系	性别	出生年月	民族
现有家庭人员	殷菊明	户主	男	1960 年 1 月	汉
	陆金妹	妻子	女	1965 年 12 月	汉
	殷　琦	儿子	男	1985 年 10 月	汉
	殷羽晨	孙女	女	2010 年 11 月	汉
家庭大事	1986 年，造木船 1 条 1 吨； 1988 年，造木船 1 条 5 吨； 1990 年，建楼房二层 7 间 134 平方米； 2009 年，购买北京现代汽车 1 辆； 2012 年，获动迁安置房 3 套 306 平方米； 2021 年，购买大众汽车 1 辆。				

	姓名	与户主关系	性别	出生年月	民族
现有家庭人员	殷祥秀	户主	女	1953 年 3 月	汉
家庭大事	1990 年，建楼房二层 9 间 160 平方米； 2018 年，获动迁安置房 1 套 86 平方米。				

	姓名	与户主关系	性别	出生年月	民族
现有家庭人员	孙　芳	户主	女	1976 年 4 月	汉
	张雪元	非亲	男	1972 年 11 月	汉
	张　文	儿子	男	2000 年 8 月	汉
	孙天乐	儿子	男	2007 年 8 月	汉
家庭大事	2008 年，购买商品房 1 套 170 平方米； 2011 年，获经济适用安置房 1 套 80 平方米； 2019 年，获动迁安置房 2 套 220 平方米。				

	姓名	与户主关系	性别	出生年月	民族
现有家庭人员	孙　燕	户主	女	1979 年 2 月	汉
	朱怡灵	女儿	女	2003 年 2 月	汉
家庭大事	2016 年，购买 POLO 汽车 1 辆； 2019 年，获动迁安置房 1 套 100 平方米； 2008 年，购买商品房 1 套 100 平方米。				

	姓名	与户主关系	性别	出生年月	民族
现有家庭人员	徐梅生	户主	男	1954 年 2 月	汉
	荣桂花	妻子	女	1955 年 8 月	汉
家庭大事	1989 年，造木船 1 条 2 吨； 1989 年，建楼房二层 9 间 163 平方米； 2012 年，获动迁安置房 1 套 86 平方米。				

	姓名	与户主关系	性别	出生年月	民族
现有家庭人员	徐　荣	户主	男	1979 年 10 月	汉
	严燕萍	妻子	女	1981 年 10 月	汉
	徐严同旭	儿子	男	2004 年 9 月	汉
	严昕悦	女儿	女	2013 年 1 月	汉
家庭大事	2004 年，购买商品房 1 套 89 平方米； 2011 年，购买宝来汽车 1 辆； 2012 年，获动迁安置房 2 套 220 平方米。				

<table>
<tr><td rowspan="5">现有家庭人员</td><td>姓名</td><td>与户主关系</td><td>性别</td><td>出生年月</td><td>民族</td></tr>
<tr><td>徐香龙</td><td>户主</td><td>男</td><td>1967 年 4 月</td><td>汉</td></tr>
<tr><td>徐兴珍</td><td>妻子</td><td>女</td><td>1969 年 7 月</td><td>汉</td></tr>
<tr><td>徐　伟</td><td>儿子</td><td>男</td><td>1990 年 4 月</td><td>汉</td></tr>
<tr><td>徐馨妍</td><td>孙女</td><td>女</td><td>2014 年 10 月</td><td>汉</td></tr>
<tr><td>家庭大事</td><td colspan="5">1990 年，建造楼房二层 5 间 122 平方米；
2012 年，获动迁安置房 2 套 220 平方米；
2012 年，购买商铺 1 间 46 平方米；
2015 年，购买北京现代汽车 1 辆；
2017 年，徐伟在昆山公路养护技能比赛中荣获三等奖；
2021 年，购买五菱汽车 1 辆。</td></tr>
</table>

<table>
<tr><td rowspan="3">现有家庭人员</td><td>姓名</td><td>与户主关系</td><td>性别</td><td>出生年月</td><td>民族</td></tr>
<tr><td>徐青弟</td><td>户主</td><td>男</td><td>1960 年 11 月</td><td>汉</td></tr>
<tr><td>张三妹</td><td>妻子</td><td>女</td><td>1960 年 2 月</td><td>汉</td></tr>
<tr><td>家庭大事</td><td colspan="5">1980 年，造木船 1 条 2 吨；
1990 年，建造楼房二层 7 间 128 平方米；
1994 年，徐青弟加入中国共党员；
1997 年，徐青弟被评为玉山镇“优秀共产党员”；
2012 年，获动迁安置房 1 套 80 平方米。</td></tr>
</table>

<table>
<tr><td rowspan="4">现有家庭人员</td><td>姓名</td><td>与户主关系</td><td>性别</td><td>出生年月</td><td>民族</td></tr>
<tr><td>莫金刚</td><td>户主</td><td>男</td><td>1978 年 10 月</td><td>汉</td></tr>
<tr><td>徐奇英</td><td>妻子</td><td>女</td><td>1981 年 9 月</td><td>汉</td></tr>
<tr><td>徐智杰</td><td>儿子</td><td>男</td><td>2004 年 9 月</td><td>汉</td></tr>
<tr><td>家庭大事</td><td colspan="5">2012 年，获动迁安置房 2 套 220 平方米；
2016 年，购买标致汽车 1 辆；
2017 年，莫金刚加入中国共产党。</td></tr>
</table>

	姓名	与户主关系	性别	出生年月	民族
现有家庭人员	张桃妹	户主	女	1940 年 1 月	汉
	张龙生	儿子	男	1968 年 3 月	汉
	缪香妹	儿媳	女	1972 年 9 月	汉
	张旭东	孙子	男	1993 年 10 月	汉
	张艺秋	曾孙女	女	2020 年 7 月	汉
家庭大事	1987 年，造木船 1 条 2 吨； 1990 年，建楼房二层 7 间 128 平方米； 2012 年，获动迁安置房 3 套 306 平方米； 2013 年，缪香妹在河道保洁工作中被评为“先进个人”； 2020 年，购买本田汽车 1 辆。				

	姓名	与户主关系	性别	出生年月	民族
现有家庭人员	沈泉生	户主	男	1965 年 4 月	汉
	周建芬	妻子	女	1963 年 3 月	汉
	沈　丹	女儿	女	1988 年 10 月	汉
	陈庭豪	孙子	男	2012 年 12 月	汉
	王子鑫	孙女	女	2006 年 12 月	汉
家庭大事	1986 年，造木船 1 条 1 吨； 1997 年，建楼房二层 6 间 123 平方米； 2012 年，获动迁安置房 3 套 306 平方米； 2018 年，购买凯迪拉克汽车 1 辆。				

	姓名	与户主关系	性别	出生年月	民族
现有家庭人员	沈泉弟	户主	男	1968 年 7 月	汉
	姚凤娥	妻子	女	1971 年 7 月	汉
	沈燕萍	女儿	女	1991 年 11 月	汉
	费骏豪	孙子	男	2014 年 2 月	汉
家庭大事	1987 年，造木船 1 条 1 吨； 1997 年，建楼房二层 6 间 123 平方米； 2020 年，获动迁安置房 2 套 222 平方米； 2020 年，购买奔驰汽车 1 辆。				

	姓名	与户主关系	性别	出生年月	民族
现有家庭人员	殷福明	户主	男	1964 年 8 月	汉
	殷雨强	儿子	男	1987 年 6 月	汉
家庭大事	1996 年，建平房 3 间 60 平方米； 2012 年，获动迁安置房 3 套 300 平方米。				

	姓名	与户主关系	性别	出生年月	民族
现有家庭人员	陆根林	户主	男	1956 年 9 月	汉
	曹祥宝	妻子	女	1961 年 12 月	汉
	沈金花	女儿	女	1982 年 12 月	汉
	沈佳琦	孙女	女	2010 年 1 月	汉
家庭大事	1980 年，造木船 1 条 2 吨； 1997 年，建楼房二层 5 间 123 平方米； 2012 年，获动迁安置房 3 套 306 平方米； 2021 年，购买领克汽车 1 辆。				

<table>
<tr><td rowspan="4">现有
家庭人员</td><td>姓名</td><td>与户主关系</td><td>性别</td><td>出生年月</td><td>民族</td></tr>
<tr><td>陆金泉</td><td>户主</td><td>男</td><td>1971 年 4 月</td><td>汉</td></tr>
<tr><td>叶金英</td><td>妻子</td><td>女</td><td>1972 年 6 月</td><td>汉</td></tr>
<tr><td>陆　青</td><td>儿子</td><td>男</td><td>1994 年 9 月</td><td>汉</td></tr>
<tr><td>家庭大事</td><td colspan="5">1980 年，造木船 1 条 2 吨；
1997 年，建楼房二层 5 间 123 平方米；
2012 年，获动迁安置房 2 套 220 平方米。</td></tr>
</table>

<table>
<tr><td rowspan="6">现有
家庭人员</td><td>姓名</td><td>与户主关系</td><td>性别</td><td>出生年月</td><td>民族</td></tr>
<tr><td>徐泉生</td><td>户主</td><td>男</td><td>1943 年 12 月</td><td>汉</td></tr>
<tr><td>吴巧兰</td><td>妻子</td><td>女</td><td>1955 年 10 月</td><td>汉</td></tr>
<tr><td>徐　英</td><td>女儿</td><td>女</td><td>1976 年 12 月</td><td>汉</td></tr>
<tr><td>徐　珍</td><td>女儿</td><td>女</td><td>1979 年 1 月</td><td>汉</td></tr>
<tr><td>徐　金</td><td>孙子</td><td>男</td><td>1998 年 9 月</td><td>汉</td></tr>
<tr><td>家庭大事</td><td colspan="5">1982 年，造木船 1 条 2 吨；
1989 年，建楼房二层 9 间 150 平方米；
1998 年，购买商品房 1 套 85 平方米；
2016 年，获动迁安置房 3 套 306 平方米；
2017 年，购买斯柯达汽车 1 辆。</td></tr>
</table>

<table>
<tr><td rowspan="2">现有
家庭人员</td><td>姓名</td><td>与户主关系</td><td>性别</td><td>出生年月</td><td>民族</td></tr>
<tr><td>管寿明</td><td>户主</td><td>男</td><td>1968 年 1 月</td><td>汉</td></tr>
<tr><td>家庭大事</td><td colspan="5">2017 年，获动迁安置房 1 套 100 平方米。</td></tr>
</table>

	姓名	与户主关系	性别	出生年月	民族
现有家庭人员	沈善花	户主	女	1968 年 5 月	汉
	唐新洋	丈夫	男	1970 年 2 月	汉
	沈民春	儿子	男	1989 年 5 月	汉
	陶永婷	儿媳	女	1989 年 10 月	汉
	唐雅曼	女儿	女	1995 年 2 月	汉
家庭大事	1986 年，唐新洋入伍； 1990 年，建楼房二层 5 间 135 平方米； 2017 年，获动迁安置房 1 套 120 平方米，购买车库 1 间 28 平方米。				

	姓名	与户主关系	性别	出生年月	民族
现有家庭人员	潘金弟	户主	男	1972 年 12 月	汉
	杨丽金	妻子	女	1971 年 12 月	汉
	潘　阳	儿子	男	1996 年 4 月	汉
	潘小香	母亲	女	1940 年 8 月	汉
家庭大事	1994 年，建楼房二层 5 间 77 平方米； 2012 年，获动迁安置房 3 套 306 平方米； 2016 年，潘阳入伍。				

	姓名	与户主关系	性别	出生年月	民族
现有家庭人员	欧佰良	户主	男	1965 年 1 月	汉
	潘金秀	妻子	女	1968 年 7 月	汉
	欧　佳	儿子	男	1990 年 4 月	汉
	欧梓澈	孙子	男	2019 年 7 月	汉
家庭大事	2013 年，获经济适用安置房 1 套 120 平方米； 2013—2015 年度，欧佰良荣获牧田（中国）有限公司“优秀员工奖”。				

<table>
<tr><td rowspan="6">现有
家庭人员</td><th>姓名</th><th>与户主关系</th><th>性别</th><th>出生年月</th><th>民族</th></tr>
<tr><td>张木生</td><td>户主</td><td>男</td><td>1945 年 10 月</td><td>汉</td></tr>
<tr><td>严梅英</td><td>妻子</td><td>女</td><td>1951 年 12 月</td><td>汉</td></tr>
<tr><td>张　娟</td><td>女儿</td><td>女</td><td>1976 年 8 月</td><td>汉</td></tr>
<tr><td>闵　芳</td><td>女儿</td><td>女</td><td>1974 年 2 月</td><td>汉</td></tr>
<tr><td>黄张羿</td><td>孙子</td><td>男</td><td>1999 年 12 月</td><td>汉</td></tr>
<tr><td>家庭大事</td><td colspan="5">1997 年，建楼房二层 7 间 111 平方米；
2012 年，获动迁安置房 3 套 306 平方米；
2019 年，购买帝豪汽车 1 辆。</td></tr>
</table>

<table>
<tr><td rowspan="3">现有
家庭人员</td><th>姓名</th><th>与户主关系</th><th>性别</th><th>出生年月</th><th>民族</th></tr>
<tr><td>金全根</td><td>户主</td><td>男</td><td>1965 年 6 月</td><td>汉</td></tr>
<tr><td>金彩凤</td><td>女儿</td><td>女</td><td>1990 年 1 月</td><td>汉</td></tr>
<tr><td>家庭大事</td><td colspan="5">1983 年，造木船 1 条 1 吨；
1985 年，建平房 3 间 60 平方米；
2012 年，获动迁安置房 2 套 220 平方米。</td></tr>
</table>

<table>
<tr><td rowspan="3">现有
家庭人员</td><th>姓名</th><th>与户主关系</th><th>性别</th><th>出生年月</th><th>民族</th></tr>
<tr><td>金大元</td><td>户主</td><td>男</td><td>1937 年 4 月</td><td>汉</td></tr>
<tr><td>金阿林</td><td>妻子</td><td>女</td><td>1939 年 10 月</td><td>汉</td></tr>
<tr><td>家庭大事</td><td colspan="5">1968 年，造木船 1 条 1 吨；
2012 年，获动迁安置房 1 套 86 平方米。</td></tr>
</table>

<table>
<tr><td rowspan="4">现有
家庭人员</td><td>姓名</td><td>与户主关系</td><td>性别</td><td>出生年月</td><td>民族</td></tr>
<tr><td>金全男</td><td>户主</td><td>男</td><td>1968 年 12 月</td><td>汉</td></tr>
<tr><td>黄凤珍</td><td>妻子</td><td>女</td><td>1969 年 12 月</td><td>汉</td></tr>
<tr><td>金　鸿</td><td>女儿</td><td>女</td><td>1992 年 9 月</td><td>汉</td></tr>
<tr><td>家庭大事</td><td colspan="5">1992 年，建楼房二层 5 间 127 平方米；
2012 年，获动迁安置房 2 套 220 平方米；
2015 年，购买商品房 1 套 148 平方米；
2019 年，购买本田汽车 1 辆。</td></tr>
</table>

<table>
<tr><td rowspan="3">现有
家庭人员</td><td>姓名</td><td>与户主关系</td><td>性别</td><td>出生年月</td><td>民族</td></tr>
<tr><td>沈金荣</td><td>户主</td><td>男</td><td>1946 年 4 月</td><td>汉</td></tr>
<tr><td>陆根花</td><td>妻子</td><td>女</td><td>1948 年 11 月</td><td>汉</td></tr>
<tr><td>家庭大事</td><td colspan="5">1982 年，造木船 1 条 2 吨；
1989 年，造木船 1 条 1 吨；
1990 年，建楼房二层 5 间 122 平方米；
2015 年，获动迁安置房 1 套 86 平方米。</td></tr>
</table>

<table>
<tr><td rowspan="4">现有
家庭人员</td><td>姓名</td><td>与户主关系</td><td>性别</td><td>出生年月</td><td>民族</td></tr>
<tr><td>沈伟国</td><td>户主</td><td>男</td><td>1976 年 3 月</td><td>汉</td></tr>
<tr><td>王秀梅</td><td>妻子</td><td>女</td><td>1978 年 9 月</td><td>汉</td></tr>
<tr><td>沈智超</td><td>儿子</td><td>男</td><td>2004 年 3 月</td><td>汉</td></tr>
<tr><td>家庭大事</td><td colspan="5">2015 年，获动迁安置房 2 套 220 平方米。</td></tr>
</table>

<table>
<tr><td rowspan="4">现有
家庭人员</td><th>姓名</th><th>与户主关系</th><th>性别</th><th>出生年月</th><th>民族</th></tr>
<tr><td>凌玉华</td><td>户主</td><td>男</td><td>1971 年 7 月</td><td>汉</td></tr>
<tr><td>沈伟珍</td><td>妻子</td><td>女</td><td>1972 年 11 月</td><td>汉</td></tr>
<tr><td>沈　婷</td><td>女儿</td><td>女</td><td>1994 年 3 月</td><td>汉</td></tr>
<tr><td>家庭大事</td><td colspan="5">1990 年，建楼房二层 5 间 122 平方米；
1995 年，造木船 1 条 1 吨；
2015 年，获动迁安置房 2 套 220 平方米；
2015 年，被评为玉山镇“五好家庭”；
2018 年，购买丰田汽车 1 辆。</td></tr>
</table>

<table>
<tr><td rowspan="4">现有
家庭人员</td><th>姓名</th><th>与户主关系</th><th>性别</th><th>出生年月</th><th>民族</th></tr>
<tr><td>殷银林</td><td>户主</td><td>男</td><td>1956 年 7 月</td><td>汉</td></tr>
<tr><td>沈福妹</td><td>妻子</td><td>女</td><td>1959 年 10 月</td><td>汉</td></tr>
<tr><td>戴年珍</td><td>母亲</td><td>女</td><td>1935 年 4 月</td><td>汉</td></tr>
<tr><td>家庭大事</td><td colspan="5">1989 年，建楼房二层 4 间 95 平方米；
2012 年，获动迁安置房 1 套 80 平方米。</td></tr>
</table>

<table>
<tr><td rowspan="5">现有
家庭人员</td><th>姓名</th><th>与户主关系</th><th>性别</th><th>出生年月</th><th>民族</th></tr>
<tr><td>殷立明</td><td>户主</td><td>男</td><td>1981 年 5 月</td><td>汉</td></tr>
<tr><td>王　群</td><td>妻子</td><td>女</td><td>1982 年 11 月</td><td>汉</td></tr>
<tr><td>殷慧熙</td><td>女儿</td><td>女</td><td>2004 年 11 月</td><td>汉</td></tr>
<tr><td>殷慧琪</td><td>女儿</td><td>女</td><td>2011 年 5 月</td><td>汉</td></tr>
<tr><td>家庭大事</td><td colspan="5">2012 年，获动迁安置房 2 套 220 平方米；
2013 年，购买大众汽车 1 辆。</td></tr>
</table>

	姓名	与户主关系	性别	出生年月	民族
现有家庭人员	殷银男	户主	男	1965 年 11 月	汉
	陆文花	妻子	女	1967 年 7 月	汉
	殷曦岚	女儿	女	1989 年 8 月	汉
	王欣艺	孙女	女	2014 年 9 月	汉
家庭大事	1989 年，建楼房二层 6 间 120 平方米； 2017 年，购买雪佛兰汽车 1 辆； 2019 年，获动迁安置房 2 套 222 平方米； 2020 年，购买商品房 1 套 105 平方米。				

	姓名	与户主关系	性别	出生年月	民族
现有家庭人员	李　芳	户主	女	1981 年 9 月	汉
	孙雨飞	儿子	男	2004 年 3 月	汉
	沈招娥	母亲	女	1962 年 7 月	汉
家庭大事	1989 年，建楼房二层 6 间 123 平方米； 2013 年，获动迁安置房 2 套 220 平方米； 2016 年，购买商品房 1 套 120 平方米。				

	姓名	与户主关系	性别	出生年月	民族
现有家庭人员	孙伯良	户主	男	1962 年 11 月	汉
	黄学珍	妻子	女	1963 年 1 月	汉
	孙结雄	儿子	男	1985 年 12 月	汉
	孙靖赫	孙子	男	2010 年 8 月	汉
	施靖萱	孙女	女	2014 年 1 月	汉
家庭大事	1989 年，造木船 1 条 1 吨； 1989 年，建楼房二层 6 间 124 平方米； 2013 年，购买商品房 1 套 148 平方米； 2013 年，获动迁安置房 3 套 306 平方米； 2019 年，购买路虎汽车 1 辆。				

现有家庭人员	姓名	与户主关系	性别	出生年月	民族
	孙伯云	户主	男	1951 年 12 月	汉
	徐二妹	妻子	女	1955 年 8 月	汉
家庭大事	1971 年，造木船 1 条 2 吨； 1980 年，造木船 1 条 8 吨； 1989 年，建楼房二层 8 间 146 平方米； 2016 年，获动迁安置房 1 套 86 平方米。				

现有家庭人员	姓名	与户主关系	性别	出生年月	民族
	孙　坚	户主	男	1976 年 3 月	汉
	张冬梅	非亲	女	1970 年 6 月	汉
	孙佳妍	女儿	女	2002 年 10 月	汉
家庭大事	2016 年，获动迁安置房 2 套 220 平方米。				

现有家庭人员	姓名	与户主关系	性别	出生年月	民族
	殷银根	户主	男	1959 年 1 月	汉
	叶瑞英	妻子	女	1963 年 3 月	汉
	殷国平	儿子	男	1982 年 11 月	汉
	殷钲皓	孙子	男	2011 年 9 月	汉
家庭大事	1985 年，造木船 1 条 2 吨； 1989 年，建楼房二层 4 间 100 平方米； 2012 年，获动迁安置房 3 套 306 平方米。				

	姓名	与户主关系	性别	出生年月	民族
现有家庭人员	徐兴泉	户主	男	1961 年 7 月	汉
	刘秀英	妻子	女	1963 年 10 月	汉
	徐　军	儿子	男	1983 年 5 月	汉
	陶雪妹	儿媳	女	1984 年 1 月	汉
	徐梓翰	孙子	男	2008 年 4 月	汉
	陶梓琪	孙女	女	2015 年 3 月	汉
家庭大事	1982 年，造木船 1 条 1 吨； 1990 年，建楼房二层 4 间 120 平方米； 2012 年，获动迁安置房 3 套 306 平方米； 2016 年，购买福特汽车 1 辆。				

	姓名	与户主关系	性别	出生年月	民族
现有家庭人员	徐泉根	户主	男	1939 年 7 月	汉
	徐小妹	妻子	女	1938 年 11 月	汉
家庭大事	1968 年，造木船 1 条 2 吨。				

	姓名	与户主关系	性别	出生年月	民族
现有家庭人员	徐兴根	户主	男	1965 年 3 月	汉
	潘金英	妻子	女	1964 年 12 月	汉
	徐　斌	儿子	男	1989 年 3 月	汉
家庭大事	1990 年，建楼房二层 5 间 119 平方米； 2012 年，获动迁安置房 2 套 220 平方米； 2021 年，购买宝马汽车 1 辆。				

<table>
<tr><td rowspan="6">现有
家庭人员</td><th>姓名</th><th>与户主关系</th><th>性别</th><th>出生年月</th><th>民族</th></tr>
<tr><td>金四福</td><td>户主</td><td>男</td><td>1952 年 3 月</td><td>汉</td></tr>
<tr><td>俞三妹</td><td>妻子</td><td>女</td><td>1958 年 10 月</td><td>汉</td></tr>
<tr><td>金　华</td><td>女儿</td><td>女</td><td>1978 年 6 月</td><td>汉</td></tr>
<tr><td>徐建荣</td><td>女婿</td><td>男</td><td>1974 年 3 月</td><td>汉</td></tr>
<tr><td>金　玉</td><td>孙女</td><td>女</td><td>1999 年 11 月</td><td>汉</td></tr>
<tr><td>家庭大事</td><td colspan="5">1980 年，造木船 1 条 2 吨；
1990 年，建楼房二层 6 间 124 平方米；
2012 年，获动迁安置房 3 套 306 平方米。</td></tr>
</table>

<table>
<tr><td rowspan="7">现有
家庭人员</td><th>姓名</th><th>与户主关系</th><th>性别</th><th>出生年月</th><th>民族</th></tr>
<tr><td>徐青龙</td><td>户主</td><td>男</td><td>1964 年 7 月</td><td>汉</td></tr>
<tr><td>金小妹</td><td>妻子</td><td>女</td><td>1964 年 12 月</td><td>汉</td></tr>
<tr><td>刘淳赟</td><td>女婿</td><td>男</td><td>1987 年 8 月</td><td>汉</td></tr>
<tr><td>徐小娟</td><td>女儿</td><td>女</td><td>1987 年 7 月</td><td>汉</td></tr>
<tr><td>刘昊辰</td><td>孙子</td><td>男</td><td>2010 年 2 月</td><td>汉</td></tr>
<tr><td>徐靖辰</td><td>孙子</td><td>男</td><td>2013 年 4 月</td><td>汉</td></tr>
<tr><td>家庭大事</td><td colspan="5">1987 年，造木船 1 条 2 吨；
1990 年，建楼房二层 4 间 100 平方米；
2007 年，徐青龙被昆山市见义勇为基金会授予“见义勇为奖”；
2011 年，购买奇瑞汽车 1 辆；
2012 年，获动迁安置房 3 套 306 平方米。</td></tr>
</table>

<table>
<tr><td rowspan="3">现有
家庭人员</td><th>姓名</th><th>与户主关系</th><th>性别</th><th>出生年月</th><th>民族</th></tr>
<tr><td>陆洪泉</td><td>户主</td><td>男</td><td>1962 年 11 月</td><td>汉</td></tr>
<tr><td>徐小妹</td><td>妻子</td><td>女</td><td>1962 年 6 月</td><td>汉</td></tr>
<tr><td>家庭大事</td><td colspan="5">1980 年，造木船 1 条 1 吨；
1990 年，建楼房 2 间 127 平方米；
2012 年，获动迁安置房 1 套 86 平方米。</td></tr>
</table>

现有家庭人员	姓名	与户主关系	性别	出生年月	民族
	陆建文	户主	男	1981 年 10 月	汉
	徐奇珍	妻子	女	1981 年 9 月	汉
	陆宇锋	儿子	男	2005 年 4 月	汉
家庭大事	2012 年，获动迁安置房 2 套 220 平方米； 2012 年，陆建文被评为“警务辅助人员先进个人”； 2017 年，购买标致汽车 1 辆。				

现有家庭人员	姓名	与户主关系	性别	出生年月	民族
	陆洪生	户主	男	1968 年 2 月	汉
	谢梅龙	妻子	女	1968 年 5 月	汉
家庭大事	1990 年，建楼房二层 5 间 127 平方米； 2002 年，购买商品房 1 套 100 平方米。				

现有家庭人员	姓名	与户主关系	性别	出生年月	民族
	陆　静	户主	女	1990 年 12 月	汉
	周鸣鸣	丈夫	男	1990 年 12 月	汉
	周煜昕	女儿	女	2014 年 12 月	汉
	陆　杰	儿子	男	2018 年 7 月	汉
家庭大事	2012 年，动迁安置 1 套 120 平方米 2013 年，陆静加入中国共产党； 2014 年，购买别克汽车 1 辆。				

现有家庭人员	姓名	与户主关系	性别	出生年月	民族
	冯建华	户主	女	1969 年 3 月	汉
家庭大事	2012 年，获动迁安置 1 套 100 平方米。				

<table>
<tr><td rowspan="5">现有
家庭人员</td><td>姓名</td><td>与户主关系</td><td>性别</td><td>出生年月</td><td>民族</td></tr>
<tr><td>沈国泉</td><td>户主</td><td>男</td><td>1971 年 10 月</td><td>汉</td></tr>
<tr><td>蒋凤珍</td><td>妻子</td><td>女</td><td>1972 年 2 月</td><td>汉</td></tr>
<tr><td>沈　青</td><td>女儿</td><td>女</td><td>1994 年 9 月</td><td>汉</td></tr>
<tr><td>徐大妹</td><td>母亲</td><td>女</td><td>1946 年 6 月</td><td>汉</td></tr>
<tr><td>家庭大事</td><td colspan="5">1985 年，造木船 1 条 2 吨；
1991 年，建楼房二层 5 间 114 平方米；
2012 年，获动迁安置房 3 套 306 平方米；
2016 年，购买马自达汽车 1 辆。</td></tr>
</table>

<table>
<tr><td rowspan="4">现有
家庭人员</td><td>姓名</td><td>与户主关系</td><td>性别</td><td>出生年月</td><td>民族</td></tr>
<tr><td>沈国学</td><td>户主</td><td>男</td><td>1973 年 10 月</td><td>汉</td></tr>
<tr><td>王封瑛</td><td>妻子</td><td>女</td><td>1973 年 1 月</td><td>汉</td></tr>
<tr><td>沈佳欢</td><td>儿子</td><td>男</td><td>1996 年 10 月</td><td>汉</td></tr>
<tr><td>家庭大事</td><td colspan="5">1985 年，造木船 1 条 2 吨；
1991 年，建楼房二层 5 间 114 平方米；
2012 年，获动迁安置 2 套 220 平方米；
2015 年，沈国学在昆山市公安局辅警大队辅警工作中被记功；
2016 年，购买北京现代汽车 1 辆。</td></tr>
</table>

<table>
<tr><td rowspan="3">现有
家庭人员</td><td>姓名</td><td>与户主关系</td><td>性别</td><td>出生年月</td><td>民族</td></tr>
<tr><td>沈冬珍</td><td>户主</td><td>女</td><td>1969 年 3 月</td><td>汉</td></tr>
<tr><td>张沈娟</td><td>女儿</td><td>女</td><td>1992 年 4 月</td><td>汉</td></tr>
<tr><td>家庭大事</td><td colspan="5">沈冬珍出嫁到庙灯村，户口在南渔村，享受南渔村福利待遇。</td></tr>
</table>

	姓名	与户主关系	性别	出生年月	民族
现有家庭人员	陆桃生	户主	男	1949 年 10 月	汉
	俞夫英	妻子	女	1950 年 4 月	汉
	方龙生	儿子	男	1975 年 4 月	汉
	赵勤华	儿媳	女	1978 年 1 月	汉
	方红妹	女儿	女	1978 年 1 月	汉
	陆方俊	孙子	男	2000 年 6 月	汉
	沈俊杰	外孙	男	2001 年 3 月	汉
家庭大事	1990 年，购买商品房 1 套 202 平方米； 2007 年，购雪铁龙汽车 1 辆； 2010 年，获动迁安置房 1 套 120 平方米； 2016 年，购买长安汽车 1 辆。				

	姓名	与户主关系	性别	出生年月	民族
现有家庭人员	吴荣权	户主	男	1952 年 9 月	汉
	王云姿	妻子	女	1959 年 9 月	汉
	吴　淼	儿子	男	1981 年 7 月	汉
	董成月	儿媳	女	1981 年 4 月	汉
	吴梦琳	孙子	女	2007 年 12 月	汉
	吴昕恬	孙女	女	2018 年 9 月	汉
家庭大事	2007 年，购买马自达汽车 1 辆； 2010 年，获动迁安置房 1 套 120 平方米； 2017 年，购买马自达汽车 1 辆； 2019 年，购买商品房 1 套 127 平方米。				

	姓名	与户主关系	性别	出生年月	民族
现有家庭人员	徐小弟	户主	男	1957 年 8 月	汉
家庭大事	1992 年，建平房 3 间 48 平方米； 1992 年，造木船 1 条 2 吨； 2012 年，获动迁安置房 3 套 306 平方米； 2016 年，购买英菲尼迪汽车 1 辆。				

现有家庭人员	姓名	与户主关系	性别	出生年月	民族
	徐三妹	户主	女	1961 年 10 月	汉
	李小明	儿子	男	1984 年 1 月	汉
	白　燕	儿媳	女	1984 年 3 月	汉
	李欣泇	孙女	女	2006 年 7 月	汉
	李欣睿	孙子	男	2017 年 3 月	汉
家庭大事	徐三妹出嫁到庙灯村，户口在南渔村，享受南渔村福利待遇。 2013 年，购北京现代汽车一辆。				

现有家庭人员	姓名	与户主关系	性别	出生年月	民族
	李杏花	户主	女	1966 年 9 月	汉
家庭大事	2014 年，获经济适用安置房 1 套 80 平方米。				

现有家庭人员	姓名	与户主关系	性别	出生年月	民族
	殷月弟	户主	男	1970 年 8 月	汉
	刘　艳	妻子	女	1974 年 11 月	汉
	殷雪莲	女儿	女	1996 年 12 月	汉
	冯根娣	母亲	女	1937 年 9 月	汉
家庭大事	2010 年，获动迁安置房 1 套 120 平方米。				

现有家庭人员	姓名	与户主关系	性别	出生年月	民族
	殷月琴	户主	女	1963 年 7 月	汉
	陈明华	丈夫	男	1962 年 10 月	汉
	丁讯君	儿子	男	1985 年 10 月	汉
	丁蔡澄	孙子	男	2010 年 5 月	汉
家庭大事	2010 年，获动迁安置房 1 套 120 平方米。				

<table>
<tr><td rowspan="3">现有家庭人员</td><td>姓名</td><td>与户主关系</td><td>性别</td><td>出生年月</td><td>民族</td></tr>
<tr><td>孙坚红</td><td>户主</td><td>男</td><td>1977 年 12 月</td><td>汉</td></tr>
<tr><td>孙可欣</td><td>女儿</td><td>女</td><td>2001 年 8 月</td><td>汉</td></tr>
<tr><td>家庭大事</td><td colspan="5">1995 年，孙坚红入伍；
1998 年，孙坚红加入中国共产党；
2016 年，获动迁安置房 1 套 100 平方米。</td></tr>
</table>

<table>
<tr><td rowspan="2">现有家庭人员</td><td>姓名</td><td>与户主关系</td><td>性别</td><td>出生年月</td><td>民族</td></tr>
<tr><td>宗凤连</td><td>户主</td><td>女</td><td>1978 年 11 月</td><td>汉</td></tr>
<tr><td>家庭大事</td><td colspan="5">2014 年，获经济适用安置房 1 套 80 平方米。</td></tr>
</table>

<table>
<tr><td rowspan="2">现有家庭人员</td><td>姓名</td><td>与户主关系</td><td>性别</td><td>出生年月</td><td>民族</td></tr>
<tr><td>赵月娥</td><td>户主</td><td>女</td><td>1965 年 12 月</td><td>汉</td></tr>
<tr><td>家庭大事</td><td colspan="5">赵月娥出嫁到千灯镇陆家村，户口在南渔村，享受南渔村福利待遇。</td></tr>
</table>

<table>
<tr><td rowspan="5">现有家庭人员</td><td>姓名</td><td>与户主关系</td><td>性别</td><td>出生年月</td><td>民族</td></tr>
<tr><td>殷国英</td><td>户主</td><td>女</td><td>1971 年 11 月</td><td>汉</td></tr>
<tr><td>周永华</td><td>丈夫</td><td>男</td><td>1966 年 10 月</td><td>汉</td></tr>
<tr><td>周　邮</td><td>儿子</td><td>男</td><td>1991 年 9 月</td><td>汉</td></tr>
<tr><td>周乾一</td><td>孙子</td><td>男</td><td>2019 年 8 月</td><td>汉</td></tr>
<tr><td>家庭大事</td><td colspan="5">1993 年，建造平房 3 间 80 平方米；
2015 年，获动迁安置房 2 套 220 平方米；
2018 年，购买别克汽车 1 辆。</td></tr>
</table>

<table>
<tr><td rowspan="3">现有
家庭人员</td><td>姓名</td><td>与户主关系</td><td>性别</td><td>出生年月</td><td>民族</td></tr>
<tr><td>殷阿宝</td><td>户主</td><td>女</td><td>1940 年 7 月</td><td>汉</td></tr>
<tr><td>殷国民</td><td>儿子</td><td>男</td><td>1967 年 1 月</td><td>汉</td></tr>
<tr><td>家庭大事</td><td colspan="5">1996 年，建平房 3 间 60 平方米；
2012 年，获动迁安置房 2 套 220 平方米。</td></tr>
</table>

<table>
<tr><td rowspan="4">现有
家庭人员</td><td>姓名</td><td>与户主关系</td><td>性别</td><td>出生年月</td><td>民族</td></tr>
<tr><td>孙小明</td><td>户主</td><td>男</td><td>1957 年 8 月</td><td>汉</td></tr>
<tr><td>殷国勤</td><td>妻子</td><td>女</td><td>1969 年 2 月</td><td>汉</td></tr>
<tr><td>殷怡芸</td><td>女儿</td><td>女</td><td>1995 年 8 月</td><td>汉</td></tr>
<tr><td>家庭大事</td><td colspan="5">1996 年，购木船 1 条 8 吨；
1996 年，建平房 2 间 60 平方米；
2013 年，获动迁安置房 2 套 186 平方米；
2014 年，殷怡芸在暑假社会实践活动中获得优异成绩。</td></tr>
</table>

<table>
<tr><td rowspan="3">现有
家庭人员</td><td>姓名</td><td>与户主关系</td><td>性别</td><td>出生年月</td><td>民族</td></tr>
<tr><td>沈爱弟</td><td>户主</td><td>男</td><td>1937 年 11 月</td><td>汉</td></tr>
<tr><td>沈彩央</td><td>妻子</td><td>女</td><td>1941 年 6 月</td><td>汉</td></tr>
<tr><td>家庭大事</td><td colspan="5">1968 年，造木船 1 条 1 吨。</td></tr>
</table>

<table>
<tr><td rowspan="4">现有
家庭人员</td><td>姓名</td><td>与户主关系</td><td>性别</td><td>出生年月</td><td>民族</td></tr>
<tr><td>沈玉林</td><td>户主</td><td>男</td><td>1964 年 6 月</td><td>汉</td></tr>
<tr><td>吴四妹</td><td>妻子</td><td>女</td><td>1964 年 1 月</td><td>汉</td></tr>
<tr><td>沈建珍</td><td>女儿</td><td>女</td><td>1988 年 12 月</td><td>汉</td></tr>
<tr><td>家庭大事</td><td colspan="5">1993 年，造木船 1 条 2 吨；
1996 年，建平房 4 间 60 平方米；
2012 年，获动迁安置房 2 套 200 平方米；
2016 年，购买大众汽车 1 辆。</td></tr>
</table>

	姓名	与户主关系	性别	出生年月	民族
现有家庭人员	沈冬林	户主	男	1960 年 1 月	汉
	殷银珠	妻子	女	1963 年 2 月	汉
	黄小强	女婿	男	1983 年 10 月	汉
	沈建花	女儿	女	1985 年 6 月	汉
	沈玉婷	孙女	女	2007 年 3 月	汉
家庭大事	1980 年，造木船 1 条 2 吨； 1996 年，建平房 4 间 60 平方米； 1998 年，购买商品房 1 套 100 平方米； 1998 年，购买桑塔纳汽车 1 辆； 2012 年，获动迁安置房 3 套 306 平方米。				

南渔村第 4 村民小组

	姓名	与户主关系	性别	出生年月	民族
现有家庭人员	费建华	户主	男	1967 年 12 月	汉
	费　婷	女儿	女	1990 年 11 月	汉
家庭大事	2019 年，自建房二层 6 间 250 平方米； 2018 年，购买桑塔纳汽车 1 辆。				

	姓名	与户主关系	性别	出生年月	民族
现有家庭人员	费发生	户主	男	1943 年 3 月	汉
	费根妹	妻子	女	1947 年 1 月	汉
家庭大事	2010 年，获动迁安置房 1 套 80 平方米。				

	姓名	与户主关系	性别	出生年月	民族
现有家庭人员	费建英	户主	女	1969 年 8 月	汉
	褚艺萍	女儿	女	1993 年 3 月	汉
家庭大事					

	姓名	与户主关系	性别	出生年月	民族
现有家庭人员	费小弟	户主	男	1957 年 9 月	汉
	王秀英	妻子	女	1961 年 12 月	汉
	王　燕	女儿	女	1982 年 8 月	汉
	郃梓轩	孙子	男	2009 年 6 月	汉
	王阿狗	岳父	男	1935 年 1 月	汉
	陆长妹	岳母	女	1942 年 1 月	汉
家庭大事	2017 年，自建房二层 6 间 250 平方米。				

	姓名	与户主关系	性别	出生年月	民族
现有家庭人员	王　华	户主	男	1983 年 11 月	汉
	王译乐	儿子	男	2010 年 12 月	汉
	周乐其	儿子	男	2017 年 9 月	汉
家庭大事					

	姓名	与户主关系	性别	出生年月	民族
现有家庭人员	费毛弟	户主	男	1966 年 1 月	汉
	费小妹	妻子	女	1966 年 12 月	汉
	费懿嘉	女儿	女	1988 年 11 月	汉
家庭大事	2018 年，购买尼桑汽车 1 辆； 2019 年，自建房二层 6 间 250 平方米。				

	姓名	与户主关系	性别	出生年月	民族
现有家庭人员	费根元	户主	男	1954 年 11 月	汉
	费　剑	儿子	男	1980 年 5 月	汉
	费羽然	孙女	女	2005 年 5 月	汉
家庭大事	1998 年，自建房二层 6 间 188 平方米； 2020 年，购买本田汽车 1 辆。				

	姓名	与户主关系	性别	出生年月	民族
现有家庭人员	顾小弟	户主	男	1967 年 3 月	汉
	潘玉英	妻子	女	1964 年 10 月	汉
	顾　芸	女儿	女	1990 年 6 月	汉
	薛小凤	母亲	女	1943 年 11 月	汉
家庭大事	2001 年，自建房二层 6 间 210 平方米； 2017 年，购买尼桑汽车 1 辆。				

	姓名	与户主关系	性别	出生年月	民族
现有家庭人员	薛根荣	户主	男	1959 年 9 月	汉
	颜冬妹	妻子	女	1965 年 11 月	汉
	陈　强	儿子	男	1984 年 12 月	汉
	彭　瑾	儿媳	女	1985 年 1 月	汉
	彭欣妍	孙女	女	2009 年 11 月	汉
家庭大事	1998 年，自建房二层 3 间 94 平方米。				

现有家庭人员	姓名	与户主关系	性别	出生年月	民族
	陈根娣	户主	女	1963 年 1 月	汉
家庭大事	1998 年，自建房二层 3 间 94 平方米。				

	姓名	与户主关系	性别	出生年月	民族
现有家庭人员	费小元	户主	男	1953 年 4 月	汉
	费国平	儿子	男	1973 年 9 月	汉
	沈红英	儿媳	女	1975 年 1 月	汉
	费　伟	孙子	男	1996 年 9 月	汉
家庭大事	2010 年，获动迁安置房 1 套 80 平方米； 2021 年，自建房二层 6 间 250 平方米； 2019 年，购买五菱汽车 1 辆。				

	姓名	与户主关系	性别	出生年月	民族
现有家庭人员	王建华	户主	男	1968 年 6 月	汉
	杨建珍	非亲	女	1969 年 6 月	汉
	王　芸	女儿	女	1991 年 11 月	汉
家庭大事	2010 年，获动迁安置房 1 套 80 平方米。				

<table>
<tr><td rowspan="3">现有家庭人员</td><th>姓名</th><th>与户主关系</th><th>性别</th><th>出生年月</th><th>民族</th></tr>
<tr><td>王伟忠</td><td>户主</td><td>男</td><td>1948 年 8 月</td><td>汉</td></tr>
<tr><td>徐大妹</td><td>妻子</td><td>女</td><td>1949 年 5 月</td><td>汉</td></tr>
<tr><td>家庭大事</td><td colspan="5">1999 年，自建房二层 6 间 210 平方米。</td></tr>
</table>

<table>
<tr><td rowspan="6">现有家庭人员</td><th>姓名</th><th>与户主关系</th><th>性别</th><th>出生年月</th><th>民族</th></tr>
<tr><td>王小龙</td><td>户主</td><td>男</td><td>1956 年 12 月</td><td>汉</td></tr>
<tr><td>薛招妹</td><td>妻子</td><td>女</td><td>1964 年 2 月</td><td>汉</td></tr>
<tr><td>王承超</td><td>儿子</td><td>男</td><td>1985 年 1 月</td><td>汉</td></tr>
<tr><td>王昱博</td><td>孙子</td><td>男</td><td>2012 年 4 月</td><td>汉</td></tr>
<tr><td>王羿蒙</td><td>孙子</td><td>男</td><td>2017 年 2 月</td><td>汉</td></tr>
<tr><td>家庭大事</td><td colspan="5">1985 年，王小龙加入中国共产党；
2006 年，王小龙在全国 1%人口抽样调查工作中被评为“苏州市级先进个人”；
2010 年，购买马自达汽车 1 辆；
2012 年，购买丽威汽车 1 辆；
2013 年，王承超加入中国共产党；
2018 年，自建房二层 6 间 250 平方米。</td></tr>
</table>

<table>
<tr><td rowspan="5">现有家庭人员</td><th>姓名</th><th>与户主关系</th><th>性别</th><th>出生年月</th><th>民族</th></tr>
<tr><td>王晓芳</td><td>户主</td><td>女</td><td>1979 年 1 月</td><td>汉</td></tr>
<tr><td>丁　健</td><td>丈夫</td><td>男</td><td>1978 年 11 月</td><td>汉</td></tr>
<tr><td>丁锦程</td><td>儿子</td><td>男</td><td>2002 年 9 月</td><td>汉</td></tr>
<tr><td>王彦程</td><td>儿子</td><td>男</td><td>2011 年 5 月</td><td>汉</td></tr>
<tr><td>家庭大事</td><td colspan="5">2002 年，自建房二层 6 间 210 平方米；
2016 年，购买宝马汽车 1 辆。</td></tr>
</table>

现有家庭人员	姓名	与户主关系	性别	出生年月	民族
	丁阿毛	户主	男	1951 年 3 月	汉
	顾小妹	妻子	女	1954 年 10 月	汉
家庭大事	2010 年，获动迁安置房 1 套 80 平方米。				

现有家庭人员	姓名	与户主关系	性别	出生年月	民族
	宗小马	户主	男	1954 年 12 月	汉
	李白兰	妻子	女	1961 年 3 月	汉
	宗芳芳	女儿	女	1983 年 1 月	汉
家庭大事	2018 年，自建房二层 6 间 250 平方米。				

现有家庭人员	姓名	与户主关系	性别	出生年月	民族
	宗金龙	户主	男	1971 年 8 月	汉
	余秀梅	妻子	女	1972 年 12 月	汉
	宗莉杰	女儿	女	1995 年 2 月	汉
家庭大事	2018 年，自建房二层 6 间 250 平方米； 2018 年，购买北京现代汽车 1 辆。				

现有家庭人员	姓名	与户主关系	性别	出生年月	民族
	薛金荣	户主	男	1967 年 3 月	汉
家庭大事					

现有家庭人员	姓名	与户主关系	性别	出生年月	民族
	何建珍	户主	女	1970 年 7 月	汉
	王怡雯	女儿	女	1993 年 6 月	汉
家庭大事	2002 年，自建房二层 6 间 210 平方米。				

现有家庭人员	姓名	与户主关系	性别	出生年月	民族
	王伟明	户主	男	1954 年 1 月	汉
	唐雪花	妻子	女	1959 年 11 月	汉
	王　勇	儿子	男	1982 年 3 月	汉
	王佑昕	孙子	男	2011 年 5 月	汉
	胡若歆	孙女	女	2007 年 10 月	汉
家庭大事	2002 年，自建房二层 6 间 210 平方米。				

现有家庭人员	姓名	与户主关系	性别	出生年月	民族
	王梅玲	户主	女	1961 年 4 月	汉
	王　炎	女儿	女	1983 年 6 月	汉
家庭大事	2002 年，自建房二层 6 间 210 平方米。				

现有家庭人员	姓名	与户主关系	性别	出生年月	民族
	王建荣	户主	男	1971 年 11 月	汉
	罗学平	妻子	女	1976 年 9 月	汉
	王　宇	儿子	男	2004 年 11 月	汉
家庭大事	2010 年，获动迁安置房 1 套 90 平方米。				

现有家庭人员	姓名	与户主关系	性别	出生年月	民族
	王伟泉	户主	男	1975 年 3 月	汉
家庭大事	2010 年，获动迁安置房 1 套 80 平方米。				

	姓名	与户主关系	性别	出生年月	民族
现有家庭人员	陈爱英	户主	女	1963 年 12 月	汉
	沈　斌	儿子	男	1986 年 4 月	汉
	沈依辰	孙子	男	2013 年 3 月	汉
	沈依锋	孙子	男	2015 年 5 月	汉
	陆凤珍	婆婆	女	1929 年 8 月	汉
家庭大事	2002 年，自建房二层 6 间 210 平方米； 2010 年，获动迁安置房 1 套 80 平方米； 2014 年，获评昆山高新区“文明和谐家庭”。				

	姓名	与户主关系	性别	出生年月	民族
现有家庭人员	赵小弟	户主	男	1954 年 4 月	汉
	杨桂芳	妻子	女	1958 年 11 月	汉
	赵　云	女儿	女	1987 年 2 月	汉
	赵雨欣	孙女	女	2010 年 5 月	汉
	卞袖名	孙子	男	2014 年 10 月	汉
家庭大事	2010 年，获动迁安置房 1 套 90 平方米； 2018 年，自建房二层 6 间 250 平方米； 2019 年，购买本田汽车 1 辆。				

	姓名	与户主关系	性别	出生年月	民族
现有家庭人员	杨小英	户主	女	1981 年 8 月	汉
	杨逸佳	女儿	女	2002 年 7 月	汉
家庭大事	2010 年，获动迁安置房 1 套 120 平方米。				

	姓名	与户主关系	性别	出生年月	民族
现有家庭人员	周林弟	户主	男	1941 年 5 月	汉
	周林妹	妻子	女	1944 年 6 月	汉
家庭大事	2010 年，获动迁安置房 1 套 80 平方米。				

	姓名	与户主关系	性别	出生年月	民族
现有家庭人员	周阿明	户主	男	1970 年 1 月	汉
	孟兰平	妻子	女	1969 年 5 月	汉
	周　阳	儿子	男	1993 年 6 月	汉
家庭大事	2014 年，购买商品房 1 套 80 平方米； 2018 年，自建房二层 6 间 250 平方米。				

	姓名	与户主关系	性别	出生年月	民族
现有家庭人员	戴信德	户主	男	1960 年 4 月	汉
	朱小玲	妻子	女	1959 年 11 月	汉
	戴红芳	女儿	女	1984 年 6 月	汉
	苏思源	孙子	男	2012 年 3 月	汉
	戴思奕	孙女	女	2019 年 4 月	汉
家庭大事	2010 年，获动迁安置房 1 套 80 平方米； 2015 年，购买斯柯达汽车 1 辆； 2018 年，自建房二层 6 间 250 平方米； 2019 年，获评昆山高新区“文明和谐家庭”。				

	姓名	与户主关系	性别	出生年月	民族
现有家庭人员	殷阿苟	户主	男	1960 年 1 月	汉
家庭大事	2010 年，获动迁安置房 2 套 180 平方米。				

现有家庭人员	姓名	与户主关系	性别	出生年月	民族
	殷国珍	户主	女	1978年4月	汉
家庭大事	2010年，获动迁安置房2套180平方米。				

现有家庭人员	姓名	与户主关系	性别	出生年月	民族
	殷福林	户主	男	1946年8月	汉
家庭大事					

现有家庭人员	姓名	与户主关系	性别	出生年月	民族
	宗金强	户主	男	1966年6月	汉
家庭大事	2010年，获动迁安置房2套200平方米。				

现有家庭人员	姓名	与户主关系	性别	出生年月	民族
	王昌英	户主	女	1966年3月	汉
	宗　园	儿子	男	1987年9月	汉
	宗　燕	女儿	女	1989年7月	汉
	宗天麒	外孙	男	2010年8月	汉
家庭大事	2010年，获动迁安置房2套200平方米。				

现有家庭人员	姓名	与户主关系	性别	出生年月	民族
	周建明	户主	男	1966年10月	汉
	陈菊英	非亲	女	1972年12月	汉
	周佳丽	女儿	女	1993年10月	汉
家庭大事	2010年，获动迁安置房2套200平方米。				

	姓名	与户主关系	性别	出生年月	民族
现有家庭人员	赵永弟	户主	男	1965 年 3 月	汉
	范梅娟	妻子	女	1972 年 9 月	汉
	赵　琳	儿子	男	1992 年 12 月	汉
	赵凤姐	母亲	女	1932 年 2 月	汉
家庭大事	2010 年，获动迁安置房 2 套 200 平方米。				

	姓名	与户主关系	性别	出生年月	民族
现有家庭人员	薛金妹	户主	女	1966 年 8 月	汉
	薛金娣	妹妹	女	1968 年 1 月	汉
家庭大事	2010 年，获动迁安置房 2 套 170 平方米。				

	姓名	与户主关系	性别	出生年月	民族
现有家庭人员	俞冬生	户主	男	1938 年 12 月	汉
	赵新南	妻子	女	1938 年 3 月	汉
家庭大事	2010 年，获动迁安置房 1 套 80 平方米。				

	姓名	与户主关系	性别	出生年月	民族
现有家庭人员	薛刘宝	户主	男	1950 年 10 月	汉
	薛　强	儿子	男	1979 年 3 月	汉
家庭大事	2010 年，获动迁安置房 2 套 200 平方米。				

	姓名	与户主关系	性别	出生年月	民族
现有家庭人员	杨正平	户主	女	1964 年 10 月	汉
	杨思怡	女儿	女	1985 年 11 月	汉
家庭大事					

南渔村第 5 村民小组

<table>
<tr><td rowspan="5">现有
家庭人员</td><th>姓名</th><th>与户主关系</th><th>性别</th><th>出生年月</th><th>民族</th></tr>
<tr><td>王锦才</td><td>户主</td><td>男</td><td>1971 年 7 月</td><td>汉</td></tr>
<tr><td>王　玮</td><td>儿子</td><td>男</td><td>1994 年 8 月</td><td>汉</td></tr>
<tr><td>王欣宁</td><td>孙女</td><td>女</td><td>2018 年 11 月</td><td>汉</td></tr>
<tr><td>徐小宝</td><td>母亲</td><td>女</td><td>1952 年 10 月</td><td>汉</td></tr>
<tr><td>家庭大事</td><td colspan="5">1990 年，王锦才入伍；
1992 年，王锦才加入中国共产党；
2010 年，获动迁安置房 1 套 80 平方米；
2014 年，王玮入伍；
2016 年，购买 POLO 汽车 1 辆；
2017 年，自建房二层 6 间 250 平方米。</td></tr>
</table>

<table>
<tr><td rowspan="4">现有
家庭人员</td><th>姓名</th><th>与户主关系</th><th>性别</th><th>出生年月</th><th>民族</th></tr>
<tr><td>王锦龙</td><td>户主</td><td>男</td><td>1975 年 6 月</td><td>汉</td></tr>
<tr><td>岳　萌</td><td>妻子</td><td>女</td><td>1977 年 12 月</td><td>汉</td></tr>
<tr><td>王　喆</td><td>儿子</td><td>男</td><td>2000 年 9 月</td><td>汉</td></tr>
<tr><td>家庭大事</td><td colspan="5">2017 年，自建房二层 6 间 250 平方米。</td></tr>
</table>

<table>
<tr><td rowspan="5">现有
家庭人员</td><th>姓名</th><th>与户主关系</th><th>性别</th><th>出生年月</th><th>民族</th></tr>
<tr><td>高洪林</td><td>户主</td><td>男</td><td>1957 年 10 月</td><td>汉</td></tr>
<tr><td>殷永珍</td><td>妻子</td><td>女</td><td>1963 年 8 月</td><td>汉</td></tr>
<tr><td>高　琴</td><td>女儿</td><td>女</td><td>1985 年 10 月</td><td>汉</td></tr>
<tr><td>高一岑</td><td>外孙</td><td>男</td><td>2011 年 12 月</td><td>汉</td></tr>
<tr><td>家庭大事</td><td colspan="5">2018 年，自建房二层 6 间 250 平方米。</td></tr>
</table>

	姓名	与户主关系	性别	出生年月	民族
现有家庭人员	高根林	户主	男	1960 年 2 月	汉
	顾兰妹	妻子	女	1964 年 11 月	汉
	高　军	儿子	男	1986 年 6 月	汉
家庭大事	1981 年，高根林入伍； 2000 年，自建房二层 6 间 210 平方米。				

	姓名	与户主关系	性别	出生年月	民族
现有家庭人员	顾冬妹	户主	女	1962 年 12 月	汉
	周金强	丈夫	男	1956 年 10 月	汉
	徐　萍	女儿	女	1981 年 12 月	汉
	周　萍	女儿	女	1985 年 12 月	汉
	王俊怡	孙女	女	2010 年 2 月	汉
家庭大事	1999 年，自建房二层 6 间 188 平方米。				

	姓名	与户主关系	性别	出生年月	民族
现有家庭人员	高小玲	户主	女	1962 年 4 月	汉
	高　琪	女儿	女	1986 年 9 月	汉
	张　敏	儿子	男	1996 年 12 月	汉
家庭大事	2010 年，获动迁安置房 1 套 120 平方米。				

	姓名	与户主关系	性别	出生年月	民族
现有家庭人员	李文根	户主	男	1942 年 10 月	汉
	曾领秀	妻子	女	1949 年 3 月	汉
	李月妹	女儿	女	1971 年 12 月	汉
家庭大事	2010 年，获动迁安置房 1 套 80 平方米。				

现有家庭人员	姓名	与户主关系	性别	出生年月	民族
	谭良泉	户主	男	1969年12月	汉
	李月勤	妻子	女	1969年11月	汉
	李一鸣	女儿	女	1993年8月	汉
家庭大事	2017年，自建房二层6间250平方米。				

现有家庭人员	姓名	与户主关系	性别	出生年月	民族
	李小弟	户主	男	1973年9月	汉
	李　英	妻子	女	1970年10月	汉
	李　杰	儿子	男	1998年4月	汉
	顾龙香	母亲	女	1944年5月	汉
家庭大事	2010年，获动迁安置房1套80平方米； 2013年，获评昆山高新区“文明和谐家庭”； 2017年，自建房二层6间250平方米； 2020年，李杰入伍。				

现有家庭人员	姓名	与户主关系	性别	出生年月	民族
	管建弟	户主	男	1969年2月	汉
	李春兰	妻子	女	1968年2月	汉
	管　军	儿子	男	1992年3月	汉
家庭大事					

现有家庭人员	姓名	与户主关系	性别	出生年月	民族
	徐秀英	户主	女	1970年2月	汉
	张　玲	女儿	女	1990年12月	汉
家庭大事					

	姓名	与户主关系	性别	出生年月	民族
现有家庭人员	费粉根	户主	男	1963 年 11 月	汉
	徐秀珍	妻子	女	1971 年 8 月	汉
	徐文娟	女儿	女	1992 年 12 月	汉
	陆祉羽	外孙	男	2019 年 11 月	汉
家庭大事	2010 年，获动迁安置房 1 套 80 平方米； 2017 年，自建房二层 6 间 250 平方米； 2018 年，购买帕萨特汽车 1 辆； 2019 年，获评昆山高新区“文明和谐家庭”。				

	姓名	与户主关系	性别	出生年月	民族
现有家庭人员	钮云介	户主	男	1957 年 7 月	汉
	伍天凤	妻子	女	1959 年 11 月	汉
	钮　斌	儿子	男	1984 年 3 月	汉
	钮季杰	孙子	男	2013 年 6 月	汉
	钮季鋆	孙女	女	2017 年 3 月	汉
家庭大事	2003 年，自建房二层 6 间 210 平方米。				

	姓名	与户主关系	性别	出生年月	民族
现有家庭人员	钮俊明	户主	男	1968 年 3 月	汉
	陆伟英	妻子	女	1971 年 5 月	汉
	钮　艳	女儿	女	1992 年 6 月	汉
家庭大事	2018 年，自建房二层 6 间 250 平方米； 2018 年，钮艳被昆山市教育局评为“2016—2018 年义务教育学校教师轮岗交流先进个人”； 2020 年，购买标致汽车 1 辆。				

	姓名	与户主关系	性别	出生年月	民族
现有家庭人员	钮金女	户主	女	1963年5月	汉
	陈　丽	女儿	女	1985年11月	汉
	陈佳莹	孙女	女	2008年3月	汉
家庭大事					

	姓名	与户主关系	性别	出生年月	民族
现有家庭人员	郑步法	户主	男	1945年7月	汉
	董志琴	妻子	女	1946年9月	汉
	郑　兰	女儿	女	1969年1月	汉
家庭大事	2010年，获动迁安置房1套90平方米。				

	姓名	与户主关系	性别	出生年月	民族
现有家庭人员	郑　权	户主	男	1971年4月	汉
	吴　芬	妻子	女	1973年11月	汉
	郑丽文	女儿	女	1997年8月	汉
家庭大事	2010年，获动迁安置房1套120平方米。				

	姓名	与户主关系	性别	出生年月	民族
现有家庭人员	徐茂财	户主	男	1958年1月	汉
家庭大事	2010年，获动迁安置房1套90平方米。				

	姓名	与户主关系	性别	出生年月	民族
现有家庭人员	李彩英	户主	女	1954年10月	汉
	袁　萍	儿子	男	1979年2月	汉
	袁永康	孙子	男	2004年1月	汉
家庭大事	2018年，自建房二层6间250平方米。				

	姓名	与户主关系	性别	出生年月	民族
现有家庭人员	俞国清	户主	男	1978年8月	汉
	马海红	妻子	女	1979年7月	汉
	俞佳欣	女儿	女	2006年2月	汉
	马佳敏	女儿	女	2009年4月	汉
家庭大事	2018年，自建房二层6间250平方米。				

	姓名	与户主关系	性别	出生年月	民族
现有家庭人员	钮金海	户主	男	1965年5月	汉
	钱炳珍	妻子	女	1965年5月	汉
	钮钟敏	儿子	男	1989年8月	汉
家庭大事	2018年，自建房二层6间250平方米。				

	姓名	与户主关系	性别	出生年月	民族
现有家庭人员	俞玲玲	户主	女	1950年7月	汉
家庭大事					